유아수학교육

| 김이영 김경림 김경아 남궁선혜 박병기 박상아 원혜경 윤미경 공저 |

양성원

머리말

21세기 지식정보화 및 첨단과학기술시대는 수학과 관련된 직업 뿐만 아니라 모든 직업세계에서 수학을 요구하고 있다. 즉, 수학은 일상생활과 밀접하게 연결되어 있으며, 특히 4차 산업혁명 시대에는 수학이 필수적인 분야로 국가 경쟁력에도 중요하게 인식되면서 각국에서 수학을 중요한 교과로 가르치고 있고, 우수한 수학인재를 양성하기 위해 많은 투자를 아끼지 않고 있는 실정이다.

전 세계적으로 수학의 중요성을 강조하는 추세에 따라 우리나라에서도 학교의 수학교육을 통해 수학적 사고능력을 길러 개인의 경쟁력 강화와 함께 국가경쟁력을 확보하려는 노력을 기울이고 있다. 구체적으로 우리나라에서도 표준보육과정과 누리과정을 통해 수학교육의 내용을 일선 교육현장에서 실천할 수 있도록 지침을 정해놓고 있고, 수학개념을 수와 연산, 도형, 기하, 측정, 규칙성, 대수, 자료 분석과 확률 등으로 제시하고 있으며, 이를 기반으로 지속적으로 탐구하는 수학적 태도뿐만 아니라 주변의 일상적 상황의 문제를 해결하는 과정을 통해 수학적 기초능력을 기를 수 있도록 중점을 두고 있다.

영유아는 태어나면서부터 수학적 감각을 가지고 있으며, 주변환경을 통해 적극적으로 탐색하면서 수학적 개념을 익히게 된다. 이처럼 영유아기는 수학적 사고발달의 토대가 이루어지는 매우 중요한 시기이기 때문에 일상생활에서의 경험을 통해 비형식적인 수학 지식의 가치를 존중하고 유치원이나 어린이집 등 교육기관과 연계하여 유아가 생활 속에서 자연스럽게 수학적 지식을 스스로 습득하고 개념을 이해할 수 있도록 돕는 것이 필요하다. 그리고 유아교사의 유아수학교육에 대한 전문성은 유아수학교육에 있어 매우 중요한 요인으로, 교사가 가지고 있는 수학과 수학교육에 대한 인식과 태도, 수학개념 및 수학적 지식과 개인적인 경험 등이 유아수학교육에 밀접한 영향을 미치게 된다.

따라서 본 책은 유아교사 및 예비유아교사가 수학과 수학교육에 대한 관심을 가지면서 영유아들에게 효과적인 유아수학교육이 될 수 있도록 도움을 주고자 유아수학교육의 이론적 기초, 유아수학교육의 내용과 과정, 유아수학교육의 방법 및 영유아들을 위한 유아수학교육의 실제편으로 제시하고자 하였다.

구체적으로 본 책은 4부 9장으로 구성하였다. 1부 유아수학교육의 이론적 기초는 2개의 장으로 구성하였는데, 1장 유아수학교육의 이해에서는 유아수학교육의 개념, 유아수학교육의 중요성, 유아수학교육의 목적과 운영, 유아수학교육과 교사의 전문성 및 유아수학교육의 최근 동향과 앞으로의 방향에 대해 기술하였으며, 2장 유아수학교육의 이론적 배경에서는 행동주의 이론, 인지적 구성주의 이론, 사회문화적 구성주의 이론, 발견학습 이론, 다중지능 이론 및 뇌 과학 이론에 대해 소개하였다. 2부 유아수학교육의 내용 및 과정은 3개의 장으로 구성하였는데, 3장 유아수학교육의 내용에서는 물체를 세어 수량 알아보기, 물체의 위치와 방향, 모양을 알고 구별하기, 일상에서 길이, 무게 등의 속성 비교하기, 주변에서 반복되는 규칙 찾기 및 일상에서 모은 자료를 기준에 따라 분류하기에 대해 소개하였으며, 4장 유아수학교육의 수학적 과정기술과 태도에서는 수학적 과정기술과 수학적 태도에 대해 기술하였으며, 5장 국가 수준의 유아수학교육에서는 2019 개정 누리과정과 제4차 표준보육과정에 대해 자세하게 소개하였다. 3부 유아수학교육의 방법에서는 3개의 장으로 구성하였는데, 6장 유아수학교육의 교수 · 학습방법에서는 유아수학교육 교수 · 학습의 기본방향 및 원리, 유아수학교육 학습방법의 유형, 집단 구성활동, 문학을 통한 수학교육, 미술을 통한 수학교육, 음악을 통한 수학교육, 신체를 통한 수학교육 및 야외활동을 통한 수학교육에 대해 소개하였으며, 7장 유아수학교육의 환경에서는 수학교육을 위한 환경구성, 수학교수 · 학습의 활동자료 및 실제 놀이를 통한 수학활동에 대해 기술하였으며, 8장 유아수학교육의 평가에서는 유아수학교육 평가의 이해, 유아수학교육 평가의 내용 및 유아수학교육의 평가방법에 대해 소개하였다. 그리고 4부 유아수학교육의 실제에서는 1개의 장으로 구성하였는데, 9장 유아를 위한 통합적 수학활동에서는 게임을 통한 유아수학활동, 문학을 통한 유아수학활동, 과학을 통한 유아수학활동, 미술을 통한 유아수학활동, 음악 및 동작활동을 통한 유아수학활동, 요리활동을 통한 유아수학활동, 야외활동을 통한 유아수학활동 및 전통놀이를 통한 유아수학활동의 실제 수업방법에 대해 자세하게 소개하였다.

수학적 탐구는 하루아침에 이루어지는 것이 아니며, 유아수학교육을 위한 교사의 전문성이란 일회적인 강의나 수동적 책 읽기로 향상되지 않는다. 따라서 본 책을 통해 예비유아교사들이 수학에 대해 관심을 가지고 유아와 함께 학습하고자 하는 동기가 자신의 내면에서 샘솟는, 끊임없이 탐구하는 교사로 성장할 수 있게 되기를 기대해 본다.

마지막으로 이 책이 나오기까지 적극적으로 도움을 주신 도서출판 양성원의 강철원 사장님과 직원분들께 진심으로 감사의 인사를 전합니다.

2020년 8월

저자 일동

차례

PART 02

유아수학교육의 내용 및 과정

PART 03

유아수학교육의 방법

PART 04

유아수학교육의 실제

유 아 수 학 교 육

PART 1

유아수학교육의 이론적 기초

CHAPTER 01

유아수학교육의 이해

배울내용

1. 유아수학교육의 개념
2. 유아수학교육의 필요성
3. 유아수학교육의 목적과 운영
4. 유아수학교육과 교사의 전문성
5. 유아수학교육의 최근 동향과 방향

학습목표

1. 유아수학교육의 개념을 이해한다.
2. 유사수학교육의 필요성을 설명할 수 있다.
3. 유아수학교육의 목적과 목적 달성을 위한 운영방법을 익힌다.
4. 유아수학교육을 위한 교사의 역할과 자질에 대해 숙지한다.
5. 유아수학교육의 최근 동향과 앞으로의 방향에 대해 안다.

수학은 우리의 삶과 매우 밀접하게 관련되어 있는 개념으로 유아들은 수학적 감각을 가지고 태어나며 호기심과 흥미를 가지고 주변환경을 탐색하면서 비형식적 수학개념을 습득하게 된다. 따라서 부모와 교사는 유아들의 수학적인 관심과 호기심을 기초로 일상생활과 놀이를 통해 자연스럽게 수학을 접하도록 하고 수학에 대한 긍정적인 태도를 형성할 수 있도록 돕는 것이 무엇보다 중요하다. 최근 유아기 수학의 중요성이 강조됨에 따라 질 높은 유아수학교육에 대한 유아교육학계와 현장의 관심이 매우 높아지고 있다. 따라서 본 장에서는 유아수학교육의 기초를 형성하기 위해서 유아수학교육의 개념, 유아수학교육의 필요성, 유아수학교육의 목적과 운영, 유아수학교육과 교사의 전문성 및 유아수학교육의 최근 동향과 방향에 대해 살펴보고자 한다.

1 유아수학교육의 개념

수학은 주변세계를 이해하기 위해 규칙성(pattern)을 찾는 학문으로 규칙성과 순서의 과학이다. 그러므로 수학을 안다는 것은 물리적 세계에 있는 대상과 관계를 추상화하여 규칙성과 순서를 찾고 이를 나타내기 위해 세밀하게 선택된 용어와 기호를 수학적 언어로 표현하는 것을 의미한다. 수학의 영어식 표기인 'Mathematics'는 그리스어로 배운다는 뜻의 'Manthano'와 과학이란 뜻의 'Mathema'에서 유래된 용어로 수학이란 단순히 수(數)나 계산(計算)을 의미하는 것이 아니라 '배우는 것, 생각하는 것, 사고하는 과학'을 뜻한다. 다시 말해 수학이란 사고하는 방법이며, 규칙성을 연구하는 학문이자 추상화된 기호로 이루어진 학문으로 정의할 수 있다.

수학교육은 주로 학교교육에서의 산수 · 수학의 교수법이나 그 원리적인 제 문제를 연구하는 분야로 정의되거나 수 · 양 · 형에서의 여러 관계에 대해 연구하는 학문으로 정의되고 있다. 이러한 맥락에서 유아수학교육은 유아들에게 제공하는 수학교육으로서 수학교육의 의미, 수학교육의 방법, 수학교육의 평가 등을 포함하는 개념이다. 또한 다른 측면에서 유아수학교육은 '유아기 아동의 수학적 사고능력발달의 특성을 고려하여 수학의 기초적 원리와 개념 습득을 도와주고, 수학적 사고과정을 통해 문제를 해결하도록 환경을 제공하는 것'으로 정의할 수 있다. 따라서 유아기의 수학교육은 주로 수학적 개념과 지식 습득을 강조하기보다는 영유아가 수학에 흥미를 가지고 자연스럽게 탐구하는 태도를 길러 수학적 소양(mathematical literacy)을 가지도록 하는 것이 중요하다. 수학교육에 대한 개념과 정의를 바탕으로 유아수학교육의 개념을 살펴보면, 유아수학교육은 유아의 선천적인 호기심을 자극하여 일상생활 속에서 스스로 경험하고 탐구하는 과정에서 유아의 수학적 사고와 태도를 형성하도록 돕는 교육적 활동을 의미한다.

유아기는 수학적 사고발달의 토대가 이루어지는 매우 중요한 시기이다. 이에 미국 수학교사협회(NCTM)에서는 수학교육 대상의 연령 범위가 하향화되어 유치원 이전 시기를 포함시키고 있다(황의명 외, 2012). 따라서 유아기의 시기부터 일상생활에서의 경험을 통해 비형식적인 수학 지식의 가치를 존중하고 유치원이나 어린이집 등 교육기관과 연계하여 유아가 생활 속에서 자연스럽게 수학적 지식을 스스로 습득하고 개념을 이해할 수 있도록 돕는 것이 필요하다. 왜냐하면 유아들은 유아교육기관에 오기 전부터 여러 가지의 직관적이고 비형식적인 수학 지식과 개념을 배우기 때문이다. 또한 유아교육기관에서 자유선택활동, 바깥놀이, 이야기 나누기 시간 등을 통해 놀이와 노래 및 율동, 책 읽기 활동을 하고 수의 이름, 모양, 위치, 많고 적음 등과 같은 수학적 개념과 어휘가 포함된 활동을 하게 되면서 환경과의 적극적인 상호작용을 통해 비형식적인 수학개념을 형성하게 되기 때문이다(정정희 외, 2018).

이러한 유아기의 비형식적 수학개념은 초등학교에 입학해서 습득하게 될 형식적 수학개념들을 배우기 위한 기초를 형성하게 된다. 유아들이 지닌 수학에 관한 비형식적 지식은 성인의 사고와는 다르며 불완전한 것이라도 유아들의 논리 · 수학적 사고 형성에 도움을 주며 일상생활의 문제를 해결하는 데 유용한 역할을 한다. 이에 비해 형식적 수학은 논리적으로 일관성을 가지고 체계적으로 잘 조직되어 있는 형태를 지니고 있다는 특성을 지닌다. 따라서 초등학교에 입학한 아동들이 수학개념을 생소하고 추상적으로 느껴 수학교육을 학습하기에 어려움을 경험할 수 있지만 유아기에 수학에 대한 개념을 구체적인 활동으로 자주 접하고 경험한 경우, 형식적 지식과 비형식적 지식을 자연스럽게 연결하면서 수학적 개념을 더 용이하게 학습하게 된다. 따라서 교사들은 일상생활과 놀이활동을 통해 유아들이 지니고 있는 비형식적 수학 지식을 파악하고 이에 근거하여 수학활동들을 제공함으로써 비형식적 지식과 형식적 지식을 연결할 수 있도록 도와주어야 한다.

2 유아수학교육의 중요성

수학은 일상생활과 밀접하게 연결되어 있으며, 특히 4차 산업혁명시대에는 수학이 필수적인 분야로 포함되고 있을 뿐만 아니라 국가 경쟁력에도 중요하게 인식되고 있다. 이와 같은 맥락에서 유아기의 수학교육의 중요성을 크게 발달적 측면, 사회적 측면 및 교육적 측면으로 구분하여 살펴보면 다음과 같다.

1) 발달적 측면

유아기의 수학교육은 발달적 측면에서 중요하다. 왜냐하면 발달적 측면에서 보면 유아기는 수학적 사고능력발달에 결정적인 시기이기 때문이다. 유아기는 다른 어떤 발달단계보다 인지, 언어, 신체, 사회, 정서 등 모든 영역에서 급격한 발달이 이루어진다. 더하여 수학적 사고능력발달에서도 유아들은 수학적 민감성을 가지고 주변을 탐구하면서 비형식적인 수학 지식을 습득한다(정정희 외, 2016). 본질적으로 유아는 태어나면서부터 능동적인 수학자이며, 일상생활이나 놀이상황에서 수학적 관계를 탐색하고 수학적 개념 습득에 적극적으로 참여하는 모습을 보인다는 특징을 가지고 있다. 따라서 유아들에게 수학은 자신의 삶과 분리된 학문 속에서 존재하는 지식이기보다는 삶 그 자체라고 할 수 있다(조형숙, 2005).

피아제(Piaget)의 인지발달 이론에 따르면, 유아기는 전조작기로 직관적 사고를 하는 시기이며, 이 시기의 유아들은 사물을 능동적으로 조작해 보는 경험을 통해 지식을 구성해 나간다. 또한 이 시기의 유아들은 수학적 민감성을 가지고 세상을 탐구하면서 물리적 · 사회적 환경과의 상호작용을 통해 수학적 개념과 과정기술, 수학적 태도를 형성해 나간다. 이 시기에 형성된 수학적 개념과 과정기술은 이후 수학적 능력의 발달에 토대가 되며 수학에 대한 긍정적인 태도는 수학적 상황에서 유아들에게 자신감을 갖게 한다.

2) 사회적 측면

유아기의 수학교육은 사회적 측면에서도 중요하다. 수학에 대한 의미가 단순한 계산 능력 이상으로 확대되고 있고, 우리의 주변환경과 사물을 이해하는 도구로 간주되면서 이제 수학은 우리 삶에 필수적인 요인으로 인식되고 있다. 사회가 점점 정보화되고 기술사회로 변화하면서 정보를 선별하고 논리적으로 조직하여 활용할 수 있는 수학적 사고능력이 직업 선택에 중요한 변수가 될 뿐만 아니라 고도의 전문적인 역할을 수행하는 데 필수적인 능력으로 포함되고 있는 실정이다(정정희 외, 2018).

특히 앞으로 유아들이 살아가야 할 사회는 빅데이터(Big Data), 로봇(Robot), 인공지능(AI)

등의 핵심 용어로 정의될 수 있으며, 이러한 사회에서는 수학적 능력이 필수적으로 요구된다. 즉, 앞으로의 사회는 수학적 소양이 갖춰진 인재를 필요로 하며 유아기의 수학적 경험은 향후 수학적 능력에 기초가 된다. 따라서 유아기 수학교육은 다양한 상황에서 수학을 경험하고 스스로 문제를 해결해 나가면서 수학에 대한 긍정적인 태도를 형성시키도록 돕는 것이 중요하다.

3) 교육적 측면

유아수학교육의 교육적 측면에서 효과적인 수학교육의 필요성이 증대되고 있다. 최근 우리나라에서도 미국 pre-K에서 제시한 12학년 수학교육에 대한 표준 제시(NCTM)와 영국의 국가 수준 수학교육과정의 강화 등의 영향으로 바람직한 수학교육의 방향에 대한 관심이 증가하고 있다. 수학교육의 효율성 측면에서 살펴보면, 유아수학교육과 초등수학교육의 연계가 무엇보다 중요하고 필요하다. 특히 수학교육의 기초 단계인 유아수학교육을 재조명하고 질 높은 유아수학교육을 제공하는 것이 무엇보다 중요하다. 따라서 우리나라에서도 국가 수준의 교육과정인 누리과정과 표준보육과정에 수학을 포함시켜 영유아기부터 다양하고 효과적인 수학적 탐색 기회를 제공할 수 있는 방안에 대해 관심을 기울이고 있다(정정희 외, 2018).

3 유아수학교육의 목적과 운영

1) 유아수학교육의 목적

수학은 유아가 일상생활을 영위해 나가면서 자신을 둘러싼 주변환경에 대한 이해를 돕기 위한 필수적인 학문이다. 특히 오늘날 정보화 사회에서는 수학적 소양이 모든 사람에게 필수적으로 요구되고 있다. 일상생활에서 유아가 경험하는 수학적 경험을 조직하고 체계적인 수학적 경험으로 이끌 수 있도록 도와주는 것이 유아수학교육의 역할이라고 할 수 있다. 따라서 부모와 교사는 유아수학교육의 의미와 중요성을 인식하고, 적절한 수학경험을 제공하여야 한다. 왜냐하면 유아기의 수학적 경험은 인지발달의 원동력이 되고 합리적인 생활의 자세를 기르며, 유아기는 수학에 대한 흥미를 형성하기에 매우 적절한 시기이기 때문이다.

또한 개인 및 국가의 경쟁력 강화를 위해서 수학적 능력은 필수적으로 요구되는 것으로 유아기에 그 기초가 형성된다. 따라서 유아수학교육의 목적은 유아의 수학적 태도와 수학적 기초능력을 형성하는 것이다. 미국 수학교사협의회(NCTM, 1989)에서는 수학교육의 목적을 수학적 소양을 형성하는 것이라고 주장하면서 수학의 가치를 알고, 수학을 하는 데 있어 자신의 능력에 대한 자신감을 가지며, 수학적 문제의 해결자가 되고 수학적으로 의사소통하는 것을 배우고 수학적으로 추론하는 것을 배우는 것을 목표로 제시하고 있다.

우리나라의 2019 개정 누리과정에서는 자연탐구 영역에서 "탐구하는 과정을 즐기고, 자연과 더불어 살아가는 태도를 가진다"는 목표 아래 구체적으로 수학교육의 목표를 "생활 속의 문제를 수학적 · 과학적으로 탐구한다"라고 기술하고 있다(교육부, 2019). 그리고 유아수학교육과 관련된 내용범주에는 "생활 속에서 탐구하기"로 구체적인 내용은 '물체의 특성과 변화를 여러 가지 방법으로 탐색한다', '물체의 위치와 방향, 모양을 알고 구별한다', '물체를 세어 수량을 알아본다', '일상에서 길이, 무게 등의 속성을 비교한다', '주변에서 반복되는 규칙을 찾는다', '일상에서 모은 자료를 기준에 따라 분류한다', '도구와 기계에 대해 관심을 가진다'로 제시하고 있다.

유·초 연계 교육의 관점에서 초등학교 수학교육의 목표를 살펴보면, 생활 주변현상을 수학적으로 관찰하고 표현하는 경험을 통하여 수학의 기초적인 개념, 원리, 법칙을 이해하고 수학의 기능을 습득하는 것과 수학적으로 추론하고 의사소통하며, 창의·융합적 사고와 정보처리능력을 바탕으로 생활 주변현상을 수학적으로 이해하고 문제를 합리적이고 창의적으로 해결하는 것, 그리고 수학학습의 즐거움을 느끼고 수학의 유용성을 인식하며 수학학습자로서 바람직한 태도와 실천 능력을 기르는 것을 강조하고 있다.

초기의 수학교육은 인간의 생활 속에서 물물교환이나 농업과 목축업 등 생업에 관련된 산술적인 목적으로 삶을 위해 수를 다루어야 할 필요성과 함께 시작되었다. 이러한 시대의 수학교육은 일상생활에서 수·양·형과 관련된 실제적 문제를 해결하는 중요한 수단이었으며, 이후 물질문명이 발달함에 따라 수학은 실용성보다는 기억력이나 계산력 등 정신력 연마를 위한 것으로 인식하거나, 상징적 기호의 조작을 다루는 학문 자체로 변화되었다(이경우 외, 1997). 현대사회에 이르러 수학교육은 삶의 문제해결의 수단으로써 뿐만 아니라 상징적 기호와 체계의 이해, 인지발달수준의 수단으로까지 인식되고 있다(문병환, 2013).

유아수학교육에도 이러한 변화들이 나타나고 있다. 우리나라의 국가 수준의 교육과정인 2007 개정 유치원 교육과정과 표준보육과정 및 누리과정에서도 수학교육의 목적은 유아가 주변환경과 자연환경에 관심과 호기심을 가지고 탐구하게 하여 기초적인 사고능력과 창의적인 문제해결능력을 기르는 것이라고 하고 있다. 또한 NCTM(2000)의 "Principles and Standards for School Mathematics"에서는 수학교육에 사용되는 내용지식과 함께 문제해결을 위한 의사소통, 추론, 표상, 연계를 통한 수학적 과정을 강조하고 있다(이진희, 2019).

수학적 과정이란 수학적 지식과 기능을 획득하고 사용하는 방법이다. 수학적 과정은 수학적 상황을 해결하는 데 필요한 규칙이나 절차에 관한 지식으로, 유아가 기존에 알고 있던 지식과 새롭게 알게 된 지식을 연결하고 문제해결과정에서 의사소통을 통해 적용할 수 있게 해 주는 것이다(NAEYC & NCTM, 2002).

유아를 위한 수학교육이란 유아의 발달수준과 기존 지식, 경험, 흥미를 고려하여 수학의 기초 원리와 개념을 학습하도록 돕고 수학적 기능을 통해 문제를 해결해 나가도록 배려하고 권장하는 환경을 구성하는 일이며, 유아 스스로 능동적으로 물체를 조작하고 탐색하며 또래 및 교사와의 언어적 상호작용을 기초로 실제 문제 상황을 수학적으로 추리하여 해결하는 경험을 제공하는 것이다(권영례, 2003). 또한 이경우(1985)는 유아수학교육을 수학적 지식과 기술 습득, 수학에 대한 긍정적인 태도 형성, 수학적 학습에 대한 가치를 인식하게 하는 것은 물론 수학적 문제해결력, 탐구력, 추리적인 사고 능력을 기르는 것이라고 주장한다.

이상에서 살펴본 바와 같이, 유아수학교육은 수학적 개념과 지식 습득을 강조하기보다는 유아 스스로 물체를 조작하고 적극적으로 탐색해 보며, 또래 및 교사와의 다양한 의사소통을 토대로 실제 문제 상황을 수학적으로 추론해 보고 해결해 보는 경험을 제공하는 것으로 영유아가 수학에 흥미를 갖고 자연스럽게 탐구하는 태도를 길러 수학적 소양을 기르는 데 목적을 두고 있다(정정희 외, 2016). 또한 유아가 향후 수학과 관련한 분야의 전문가가 아니더라도 인생을 살아가면서 갖추어야 할 수학적 소양을 갖게 하기 위해 유아수학교육이 실시되어야 한다는 것을 강조하고 있다(권영례 외, 1998).

시대가 변화 · 발달함에 따라 수학과 수학교육에 대한 요구 또한 증가하고 있다. 즉, 수학능력은 개인 및 국가 경쟁력 강화를 위해서 필수적으로 요구되는 능력인 것이다. 이러한 수학능력의 기초는 유아기에 형성되는 것으로 수학적 기초능력의 형성은 곧 유아수학교육의 궁극적인 목적을 의미하는 것이다. 지금까지의 논의된 주장들을 바탕으로 유아수학교육의 구체적인 목적을 살펴보면 〈표 1-1〉과 같다.

표 1-1 유아수학교육의 목적

• 유아의 문제해결능력을 길러주는 것이다. 즉, 수학교육을 통해 유아는 일상생활과 주변에서 발생하는 문제를 수학으로 해결할 수 있도록 하는 것이다. • 수와 연산, 기하, 측정, 수 등의 수학적 지식과 개념을 이해하게 하는 것이다. 즉, 수학교육을 통해 유아는 일상생활 속에서 수학 지식을 습득하고 이를 적극적으로 활용할 수 있도록 하는 것이다. • 수학과정기술을 증진시키는 것이다. 여기서 수학과정기술이란 수학으로 문제해결하기, 추론 증명하기, 의사소통하기, 연계하기, 표상하기를 의미한다. 즉, 유아수학교육을 통해 유아가 이러한 수학과정기술을 수행할 수 있는 능력을 발달시키는 것이다. • 수학에 대한 긍정적인 태도를 형성시키는 것이다. 즉, 유아수학교육을 통해 유아가 수학에 대한 가치와 유용성을 인식하고 자신의 수학능력에 대한 자신감을 가지며 수학을 즐기고 적극적으로 활용하는 태도를 형성하게 하도록 하는 것이다.

2) 유아수학교육의 운영

유아수학교육은 유아의 수학적 문제를 해결할 수 있는 능력을 향상시키고, 수학개념과 원리에 대한 이해를 도모하며, 수학과정기술을 증진시키고, 수학에 대한 긍정적인 태도를 형성하도록 하는 것이 주 목적이라고 할 수 있다. 이러한 유아수학교육의 목적을 달성하기 위해 유아수학교육의 운영의 조건을 제시하면 〈표 1-2〉와 같다(정정희 외, 2018).

표 1-2 유아수학교육의 운영조건

구분	내용
유아수학교육은 영유아들의 수학에 대한 자연스러운 호기심과 흥미를 기초로 출발해야 한다.	영유아는 주변세계에 대한 호기심과 흥미를 가지고 태어나기 때문에 자연스럽게 주변 상황을 탐색하고 관계 지으며 이해하고자 하는 시도를 한다. 따라서 영유아의 자연스러운 호기심과 흥미가 자발적 탐색으로 이어져 논리 · 수학적 지식을 구성하는 데 영향을 미치게 된다.

구분	내용
유아수학교육은 수학내용과 함께 수학과정기술이 강조되어야 한다.	영유아들이 수와 연산, 공간도형, 규칙성, 측정, 자료 수집 및 결과를 포함하는 수학내용지식을 학습할 때 문제해결, 추론하기, 연계하기, 의사소통하기, 표상하기와 같은 수학과정기술과 함께 제시되는 것이 바람직하다. 이러한 과정기술 중심의 수학교육은 유아들이 수학에 대한 흥미를 가지고 적극적으로 탐색하고 자신감을 가지고 문제를 해결하려는 긍정적인 태도를 길러 주어 수학적 사고력을 증진시키게 된다.
유아수학교육을 위한 교수 · 학습방법은 유아의 발달 수준과 수학능력발달의 특성을 고려하여 구체적인 사물의 능동적 조작을 통해 이루어져야 한다.	유아수학교육은 유아들의 발달 수준과 유아수학능력발달의 특성을 고려하여 제공되어야 한다. 수학교육에서도 유아들의 발달 수준을 고려하여 개별 유아의 발달적 · 언어적 · 문화적 · 경험적 특성을 반영하는 교수 · 학습방법을 고려해야 한다. 유아기의 수학능력발달을 고려할 때, 3세에는 구체적인 물체 탐색, 4세에는 목적에 따른 물체 분류하기, 5세에는 탐색 · 발견 · 문제해결 등의 방법을 활용하는 것이 바람직하다.
유아수학교육은 놀이, 일상생활, 게임 등 다양한 활동을 통해 이루어져야 하며 수학적 사고와 연결되는 학습경험이 이루어져야 한다.	유아들이 수학활동을 하는 맥락은 하루일과, 자유선택활동, 이야기 나누기, 바깥놀이 상황에서 놀이, 게임, 통합활동과 같은 다양한 형태의 활동 유형으로 제공되어야 한다. 유아기에는 수학교과가 별도로 분리되어 제공되지 않고 간식, 정리시간, 화장실 가기 등과 같은 하루일과 가운데 자연스럽게 수학학습이 이루어지거나 이야기 나누기, 자유선택활동, 바깥놀이 상황 가운데 언제든지 수학교육이 이루어질 수 있도록 하는 것이 중요하다. 또한 이러한 상황에서 이루어지는 수학은 놀이, 게임, 통합활동 형태 가운데 하나가 될 수 있으며, 다양한 수학활동의 상황과 여러 가지 형태의 수학활동이 제공됨으로써 영유아가 수학에 관심을 가지고 문제를 해결할 수 있는 태도를 길러 주어야 한다.
유아수학교육은 다양한 영역과의 연계를 통해 제시되는 것이 바람직하다.	유아를 위한 수학교육은 수학영역에서만 이루어지는 것이 아니라 다양한 영역과 연계해서 이루어질 수 있으며 수학의 다양한 개념, 수학이 이루어지는 여러 가지 상황과 연계가 가능하다. 즉, 수 연산, 공간도형, 측정, 규칙성, 자료 수집과 분석과 같은 수학개념의 다양한 영역 간의 연계가 필요하고 언어영역, 미술 · 음률영역 등 각 영역과의 연계, 유아교육기관, 가정, 지역사회와의 연계를 통해 제공하는 것이 유아가 수학을 흥미롭고 의미 있게 학습하는 데 효과적이다.

4 유아수학교육과 교사의 전문성

교사가 가진 전문성은 유아수학교육에 있어 중요한 요소가 된다. 그 이유는 교사가 갖고 있는 수학과 수학교육에 대한 인식과 태도, 수학개념 및 수학적 지식과 개인적인 경험 등을 바탕으로 교육현장에서의 수학교육의 질이 달라지기 때문이다. 이는 각각의 교사가 가지고 있는 개인적이고, 내적인 수학적 배경이 수학교육에 밀접한 영향을 미친다는 것을 의미한다(정솔, 2020). 유아수학교육을 위한 교사의 역할과 자질에 대해 살펴보면 다음과 같다.

1) 유아수학교육을 위한 교사의 역할

유아수학교육에 있어 교사의 역할은 매우 중요하다. 따라서 현장에서 수학교육을 활성화하기 위해서는 교사로서 스스로 수학에 대한 자신의 흥미가 어느 정도이고 태도는 어떠한가에 대한 성찰이 선행되어야 한다. 왜냐하면 교사가 수학적 지식과 개념에 대한 충분한 이해가 없다면 수학적 지식과 개념을 유아의 일상생활 속 경험과 관련짓지 못하고 의미와 맥락 없이 유아들에게 단순히 제시하는 것에 그치고 말기 때문이다.

유아수학교육에서의 통합적이고 놀이 맥락적 접근이 필요하다는 점은 교사라면 누구나 알고 있다. 그러나 수학교육의 활동이 대부분 교구를 활용한 토막나 있는 짧은 놀이시간에 이루어진다는 점, 하루일과가 빈틈없이 짜여진 국가 수준 교육과정 속에서 놀이를 확장할 시간적 · 공간적 여유가 부족하다는 점은 교사들의 질적이고 풍부한 수학교육을 저해하는 이유가 된다(임부연, 2017). 또한 교육과정의 양이 적정화되지 못하고 학부모의 기대에 따라 과잉 학습이 이루어진다는 것과 해야 할 일들이 많아서 교실 맥락에서 발현되는 자유로운 놀이를 지속할 만한 시간적 여유와 융통성이 여전히 부족하다는 점은 교사의 유아수학교육을 방해하는 요인이 된다(이미경 외, 2016). 따라서 교사들은 유아수학교육의 활동으로 제시되고 있는 정형화되고 고정적인 놀이의 틀에서 벗어나려는 시도가 필요하다.

수학은 어디에도 있을 수 있고 동적일 수 있으며, 다른 영역과 연계 확장될 수 있는 성질을 지닌다는 것을 교사는 명심해야 한다. 또한 교사의 개방적인 질문을 통해 수학에 대한 호기심과 탐구심을 기르고 긍정적이고 상호의존적인 분위기를 조정하거나 활동의 도입, 전개, 마무리 과정에서 유아 간의 상호작용의 기회를 제공하는 것이 중요하다(박윤자, 2012). 그리고 유아수학교육에서의 교사의 역할은 유아가 자연스럽게 수학에 관심과 호기심을 가질 수 있도록 적극적으로 상호작용하며, 유아들의 개별적인 발달 특성을 고려하여 유아수학교육을 지원하고 놀이를 통해 유아수학교육이 더욱 풍성해질 수 있도록 촉진하는 것이다(김은숙, 2010; 홍은주, 2006; Catron & Allen, 1999). 유아교육기관에서의 교사의 역할에 대해 캐트런과 앨렌(Catron & Allen, 1999)은 〈표 1-3〉과 같이 8가지 개념으로 정리하고 있으며, 이러한 교사의 역할이 유아의 질 높은 수학교육을 위해서도 필요한 역할들이다.

표 1-3 유아교육기관에서의 교사 역할

- 교사는 유아와 언어적 또는 비언어적으로 상호작용하며 가르침을 제공하고 유아에 대한 존중과 애정을 표시하는 상호작용자이다.
- 교사는 유아의 놀이, 보육, 교수활동에서 적절한 스킨십을 하고 유아가 정서적인 안정감을 가질 수 있도록 도와주는 양육자이다.
- 교사는 유아가 자신의 스트레스를 관리하는 방법을 배우고 자기조절능력을 키울 수 있도록 돕는 역할을 해야 한다.
- 교사는 유아의 사고력, 문제해결능력, 창의력 등이 발달하도록 수용적인 태도로 대하는 촉진자의 역할을 해야 한다.
- 교사는 유아들의 발달 수준과 안전을 고려한 환경을 조성하고 통합적인 교육과정을 수립하는 계획자이다.

- 교사는 유아에게 적합한 활동을 제공하여 유아의 인지 및 언어, 신체, 사회정서 발달을 도와야 하는 강화자이다.
- 교사는 유아의 문제 상황을 인식하고 해결을 위한 정보 수집과 대안을 고민하여 이를 적절한 프로그램으로 적용, 평가하는 문제해결자이다.
- 교사는 유아가 자신의 과업을 스스로 수행할 수 있도록 격려하고 지원해 주는 지지자이다.

2) 유아수학교육을 위한 교사의 자질

수학교육의 실제에 있어 교사 자질의 중요성을 간과할 수는 없다. 임주영(2009)은 수학교수효능감이 높은 교사는 현장에서 수학교육이나 활동에 있어 높은 자신감으로 적극적인 수업을 이끌며, 이는 유아의 상호작용 발달에 긍정적인 영향을 미친다고 주장한다. 이러한 교사효능감은 주어진 상황에서 스스로 지각하는 수행능력을 말한다. 반두라(Bandura, 1977)가 주장한 자기효능감(self efficacy)은 자신의 능력에 대한 스스로의 판단에 근거하여 주어진 행동을 얼마나 성공적으로 수행할 수 있는지에 대한 자기신념으로 정의되고 있다.

반두라(1997)에 의하면, 자기효능감은 결과기대(outcome expectations)와 효능기대(efficacy expectations)로 구분된다. 구체적으로 결과기대는 행동의 결과에 대한 개인의 예측으로 어떤 행동은 어떤 결과를 수반할 것이라는 평가를 의미하며, 효능기대는 결과를 얻기 위해서 필요한 행동을 성공적으로 수행할 수 있다는 신념을 의미한다.

이런 의미에서 유아교사의 수학교수효능감(mathematics teaching efficacy)이란 수학영역에서 수학을 지도하는 교사의 효능감을 말한다고 할 수 있다. 즉, 교사가 자신의 수학교육 결과로 유아들의 수학성취에 긍정적인 영향을 줄 수 있는지에 대한 결과기대 효능감과 교사 자신이 수학교육을 효과적으로 지도할 수 있는지에 대한 신념이라고 정의할 수 있다. 따라서 수학교육에 대한 교사효능감이 높은 교사는 적극적이고 활발하게 수학교육을 이끌어 갈 수 있다.

유아수학교육에 있어 수학교수효능감과 더불어 중요한 점은 수학교육에 임하는 교사의 자세와 태도이다. 현장에서 수학교육을 활성화하기 위해서는 교사가 자기 스스로 수학에 대한 흥미를 갖고 즐기려는 태도가 선행되어야 한다. 즉, 교사는 수학에 대한 사회적 가치와 신념을 인식하고 교사의 삶 속에서 민감하게 수학을 발견하고 이를 유아수학교육에 접목하려는 교사의 흥미 및 관심 그리고 의지가 필요하다. 태도란 어떤 사물이나 사람 그리고 상황에 대해 좋다거나 나쁘다고 반응하는 개인의 내적 성향으로 행동에 영향을 주는 인지적 · 정서적 · 행위적 세 가지 요소들이 복합적으로 구성되어 있는 지속적인 일종의 정신체계로 정의되고 있다. 유아교사가 가지는 수학적 태도란 교사가 수학에 대해 갖고 있는 일반적인 감정 성향으로(Smith, 2000), 수학과 관련된 경험이 유사한 방식으로 반복되면서 자연스럽게 축적되어 형성되며, 이후 수학과 관련된 다양한 면에서 비교적 일관된 방식으로 지속적인 영향을 미치게 된다(김소향, 2004; 황의명 외, 2009). 따라서 교사가 가지고 있는 일반적인 태도는 교실의 분위기와 상황, 교육과정에 영향을 미치며(Spodek & Saracho, 1990), 교사가 무엇을, 어떻게 가르치는지는 교사가 가진 교과나 영역에 대한 태도에 달려 있다고 해도 과언이 아니다. 예를 들어, 교사가 수학에 대한 부정적 태도를 가지게 되면, 교수실제에 부정적인 영향을 주어 유아의 수학학습이 저하될 수 있고 유아의 수학적 능력을 형성하는 데 부정적인 결과를 초래하게 된다(김정은, 2014). 이와 같이 유아교사의 긍정적인 수학적 태도는 영유아가 수학에 대해 긍정적이며 흥미를 가지고 수학에 다가갈 수 있는 태도를 형성하는 데 중요한 요인임을 알 수 있다.

그러나 대부분의 교사들은 수학교육을 하는 데 있어 교수 불안감을 가지고 있다. 이러한 불안감은 학창시절 경험에서 형성된 수학에 대한 부정적인 태도와 수학교육에 대한 자신감 부족 때문으로 지적되기도 한다(계영희, 2011). 따라서 자신의 교수 불안감을 낮추고 높은 수학교수효능감을 키울 수 있도록 교사가 스스로 수학에 대해 가까이 다가가려는 적극적인 자세와 태도가 필요하다.

유아교사는 자신의 현장 안에서 수학교육을 즐기고 수학 지식과 개념을 보다 적극적으로 시도하려고 노력하며 수학교육에 대한 다양한 방안을 모색해 볼 수 있는 활동을 구상하려는 노력이 필요하다. 유아교사가 가진 수학교육에 대한 흥미와 열정을 통해 자신의 성장뿐만 아니라 동시에 유아와 교사가 함께 배우며 성장하는 즐거운 수학교육을 실천할 수 있다. 또한 이러한 경험은 유아의 수학적 흥미와 수학적 문제해결능력을 향상시킬 수 있는 원동력으로 작용할 수 있다.

5 유아수학교육의 최근 동향과 방향

1) 유아수학교육의 최근 동향

21세기 지식정보화 및 첨단과학기술시대는 수학과 관련된 직업 분야뿐만 아니라 모든 직업세계에서 수학을 요구하고 있다. 전 세계적으로 수학의 중요성을 강조하는 추세에 따라 우리나라에서도 학교의 수학교육을 통해 수학적 사고능력을 길러 개인의 경쟁력 강화와 함께 국가경쟁력을 확보하려는 노력을 기울이고 있다.

미국에서는 수학교사협의회(National Council of Teachers of Mathematics)에서 제시하고 있는 '수학교육을 위한 원리와 기준'에 유아기인 pre-K 수준을 수학교육에 포함시켜 유아수학교육에 대한 관심을 유도하고 있다. 2002년 NAEYC과 NCTM(NAEYC & NCTM, 2002)가 공동으로 유아수학의 좋은 출발 촉진하기(Early Childhood Mathematics: Promoting Good Beginning)이라는 기준을 발표하여, 만3~6세 유아의 수학교육 지침을 제시하였다. 이러한 유아수학교육의 내용기준과 지침을 발표한 이후 공통된 수준의 수학교육과정을 운영하고자 노력하고 있으며, 각 주의 지침도 이를 따를 수 있도록 권고하고 있다.

영국에서는 5~11세 아동을 위한 수준별 수학교육내용을 포함하는 국가 수준의 수학교육과정 개정이 있었다(홍혜경, 2010). 영국에서 운영되고 있는 만0~5세 유아를 위한 수학교육의 특징은 교육의 대상을 유아뿐만 아니라 유아교육기관과 학부모까지 넓힌 점이다. 이는 유아뿐만 아니라 유아와 주로 상호작용하는 교사 그리고 부모에게 유아수학교육의 중요성을 강조하고 유아가 흥미를 가지고 일상생활 내에서의 문제해결을 통해 수학적 능력을 기를 수 있도록 하는 것이다. 이에 따라 수학교육은 특수한 전문성을 갖춘 교과 분야임을 강조하고 유아교육기관의 교직원들에게 교육의 목적, 내용, 방향을 안내하고, 학부모들에게 가정 내에서의 교육으로 연계할 수 있도록 하고 있다.

우수한 교육 시스템을 갖추고 있는 핀란드도 수학교육을 강조하고 있다. 핀란드는 수학적 논리능력을 기초로 하는 코딩교육을 교육과정에 포함시켜 운영하고 있다(신승기, 배영권, 2015). 핀란드에서는 미국에서 만5세 유아를 위한 수학교육을 우선적으로 실시했던 것처럼, 2010년부터 초등학교에 취학하기 1년 전의 유아를 대상으로 핵심교육과정에 수학영역을 포함하여 일선 교육현장에 적용하도록 하고 있다. 이와 관련하여 0~5세 유아를 위해 국가 교육과정을 함께 운영하고 있다.

이처럼 세계 각국은 유아수학교육에 대한 관심이 증가하면서 수학교육의 중요성을 강조하고 있으며, 이에 따라 수학교육의 대상 연령이 하향화되는 현상이 두드러지고 있는 실정이다. 이에 발맞추어 우리나라의 교육부에서도 아동의 사고력과 창의력을 증진시키기 위하여 수학교육의 강화를 도모하고 있으며, 이는 2012년을 '수학교육의 해'로 공표한 것과 수학교육 선진화 방안에 잘 반영되어 있다. 또한 정부는 2016년 '산업수학 육성방안'을 발표하여 수학적 이론과 분석방법을 통해 산업과 사회의 문제를 진단하고 해결하여 부가가치를 창출하기를 권고하고 있다(미래창조과학부, 2016). 이러한 정책과 논의들은 미래사회에서의 수학교육의 중요성을 지지해 준다.

이전에는 영유아기와 같이 이른 시기부터 수학교육을 실시하는 것의 효과성에 대한 치열한 논쟁이 이루어져 왔지만 현재는 분명하게 유아기부터 실시되는 조기 수학교육의 중요성이 강조되고 있다(McClure et al., 2017). 무엇보다 유아에게 필요한 수학교육은 단순한 훈련을 통해 수학개념을 익히거나 계산능력을 기르는 것이 아니라 실생활의 문제를 해결하기 위해 수학개념을 적용하여 수학을 활용하는 기초능력을 기르는 것을 강조하고 있다(교육과학기술부, 2012; 김정숙, 2012; 백승선, 2018; 이은영, 2010; 황인주, 2015).

NCTM과 NAEYC(2002)는 수학교육의 내용, 방법, 발달에 적합한 실제 등을 제시하여 수학교육에 대한 지침을 제시하고 있다. NCTM과 NAEYC에서는 유아수학교육의 핵심 영역으로 수학적인 개념을 형성시키는 것보다는 수학적 과정기술, 상호작용을 강조하고 있다. 이는 유아가 수학에 대한 흥미를 갖도록 하는 것이 무엇보다 중요함을 입증하는 것이며 유아가 수학적으로 사고할 수 있도록 하며, 수학적 소양을 갖도록 하는 것이 중요하다는 것을 시사한다.

이상의 내용을 종합하면, 미국과 영국, 핀란드와 같은 교육 선진국들은 유아수학교육을 위한 국가적 지침과 방향, 내용을 구성하여 실천하고 있다. 우리나라도 표준보육과정과 누리과정을 통해 수학교육의 내용을 일선 교육현장에서 실천할 수 있도록 지침을 정해놓고 있다. 수학개념을 수와 연산, 도형, 기하, 측정, 규칙성, 대수, 자료 분석과 확률 등으로 제시하고 있으며, 이를 기반으로 지속적으로 탐구하는 수학적 태도뿐만 아니라 주변의 일상적 상황의 문제를 해결하는 과정을 통해 수학적 기초능력을 기를 수 있도록 중점을 두고 있다.

2) 유아수학교육의 앞으로의 방향

오늘날 고도의 지식정보화 사회로 변화하면서 이러한 시대적 흐름에 맞는 유아수학교육에 대한 개선을 요구하게 되었다. 현재 직업의 80% 이상이 수학과 과학분야에서 숙련된 능력을 요구하기 때문에 수·과학적 기초능력의 발달이 중요시되고 있다(홍혜경, 2010). 이러한 사회적 요구를 반영하기 위해서는 유아시기의 수학교육이 분절된 수업 형태가 아닌 일상생활과 맥락 속에서 수학적 환경을 강조하는 통합적인 형태로 이루어져야 한다. NCTM에서도 수학은 다른 교과목들과 통합적인 형태로 이루어져 그 안에서 깊이 있는 학습이 일어날 수 있도록 교수·학습해야 한다고 주장하고 있다. 이처럼 유아의 발달적 특성에 기초한 바람직한 교수·학습 형태로 수학교육의 통합적 접근을 통해 유아들이 주도하는 의미 있고 구체적인 상황에서 수학적 사고를 탐색할 수 있는 다양한 기회를 제공하여 수학적 지식과 개념에 대한 학습경험을 의미 있게 다루고 포함시켜야 한다.

최근에 유아를 위한 수학교육의 양·질적인 향상을 위해 다각적인 방안들이 제시되고 있지만 유아수학교육의 방향성을 선도적으로 이끌고 있는 NCTM과 NAEYC(2002)의 지침을 기반으로 유아수학교육의 앞으로의 방향을 제시해 보면 다음과 같다(문연심, 이화영, 2005; 홍혜경, 2010).

표 1-4 유아수학교육의 앞으로의 방향

- 유아수학교육은 유아의 수학에 대한 자연스러운 흥미와 일상적인 상황에서 수학을 활용하는 성향을 증진시키는 것에 초점을 두어야 한다. 유아수학교육은 유아가 즐기고 탐구하는 활동을 할 수 있도록 생활과 환경 중심으로 구성하여야 한다. 예를 들어, 교실의 블록을 이용하여 친구와 나의 키를 재는 활동을 하면서 교사가 "너와 친구의 키는 블록 몇 개 차이니?" 하고 상호작용하며 측정의 기초개념을 형성하고 수학적 지식을 생활 속에서 적용할 수 있게 된다.
- 사물과 직접적인 상호작용을 통한 경험과 사회문화적 맥락에 기초하여 유아의 수학적 지식을 형성해야 한다. 유아들이 태어난 사회문화적 환경에 따라 수학적 학습환경이 다양하게 해석될 수 있다. 즉, 유아의 일상적인 생활과 사전 경험이 유아의 사고에 영향을 미치는 것이다. 예를 들어, 유아가 사는 동네에서 생산되는 과일을 직접 세는 경험이 유아에게는 더욱 흥미로울 것이다.
- 영유아 수학교육에서도 수학내용뿐만 아니라 추론하기, 문제해결, 표상하기와 같은 수학적 과정도 함께 강조되어야 한다.
- 유아 교수·학습방법은 유아의 능동적인 조작을 통한 의미 있는 이해와 수학적 사고를 경험하고, 자신의 수학적 이해를 수학화하는 기회를 제공해야 한다.
- 영유아 수학교육이 영유아 주도의 놀이나 활동 중심으로만 이루어져서는 안 되며, 교사에 의해 의도적으로 안내되는 학습경험이 병행되어져야 한다.
- 유아에게 너무 많은 수학적 개념을 다루기보다는 개념적으로 중요하고 추후 학습에 기초가 되는 핵심개념에 초점을 두어 보다 심도 있게 다루어져야 한다.

• 통합적 접근으로 유아수학교육을 위한 교수 · 학습방법을 제시하여야 한다. 유아수학교육을 타 학문과 통합하여 제시하는 교수 · 학습방법으로 프로젝트 접근법, 레지오 에밀리아 접근법, 문학적 접근법, 요리활동 접근법 등의 다양한 형태가 있으며, 이런 방법들을 통합적으로 접근할 필요성이 있다.

CHAPTER 02

유아수학교육의 이론적 배경

배울내용

1. 행동주의 이론
2. 인지적 구성주의 이론
3. 사회문화적 구성주의 이론
4. 발견학습 이론
5. 다중지능 이론
6. 뇌 과학 이론

학습목표

1. 유아수학교육의 행동주의 이론에 대해 이해하고 시사점을 숙지한다.
2. 유아수학교육의 인지적 구성주의 이론에 대해 이해하고 시사점을 숙지한다.
3. 유아수학교육의 사회문화적 구성주의 이론에 대해 이해하고 시사점을 숙지한다.
4. 유아수학교육의 발견학습 이론에 대해 이해하고 시사점을 숙지한다.
5. 유아수학교육의 다중지능 이론에 대해 이해하고 시사점을 숙지한다.
6. 유아수학교육의 뇌 과학 이론에 대해 이해하고 시사점을 숙지한다.

유아가 수학을 어떻게 학습하는지에 대한 이론들의 다양한 관점은 유아의 수학능력 발달을 지원할 수 있는 이론적 토대를 제공해 준다. 하지만 유아수학교육에 대한 이론적 관점은 시대에 따라 다양하게 변화되어 왔다. 따라서 본 장에서는 유아의 수학적 사고와 능력에 대한 이론적 토대를 제공해 주는 행동주의 이론, 구성주의 이론, 발견학습 이론, 다중지능 이론 및 뇌 과학 이론을 중심으로 유아수학교육의 이론적 기초와 시사점을 살펴보고자 한다.

1 행동주의 이론

행동주의 이론의 기본 입장은 인간을 수동적 존재로 본다는 것이다. 즉, 인간은 모두 백지 상태로 태어나서 출생 후 외부의 자극에 대한 반응을 통해 점차 학습해 간다고 주장한다. 따라서 외부에서 어떤 수학적 자극과 경험을 주고, 이에 따른 강화와 처벌이 주어지는가에 따라 수학적 성취가 다르게 나타날 수 있다고 본다. 이와 같은 행동주의 이론에는 파블로프(Pavlov)의 고전적 조건형성 이론, 스키너(Skinner)의 조작적 조건형성 이론 및 모방이나 관찰 등의 경험을 강조하는 반두라(Bandura)의 사회학습 이론이 대표적이다.

1) 행동주의 이론의 학습원리

행동주의 이론에서는 발달과 학습을 동일한 것으로 보며, 수학교육에서도 교사가 유아에게 일방적으로 지식을 전달하고 유아는 수동적으로 받아들여 학습이 이루어진다고 보기 때문에 훈련과 연습 중심의 학습을 강조한다. 이러한 행동주의 이론은 유아의 수학교육에 대한 원리들을 제공하고 있는데, 구체적으로 살펴보면 다음과 같다.

(1) 고전적 조건형성

파블로프(Pavlov)

고전적 조건형성 실험

고전적 조건형성(classical conditioning)는 파블로프(Pavlov)에 의해 주장된 학습원리이다. 파블로프의 고전적 조건형성은 중립자극인 종소리가 무조건자극인 먹이와 결합하여 반복해서 제공했을 때 중립자극인 종소리가 조건자극이 되어 조건반응(타액)을 유발하는 것이다. 다시 말해 반복적인 경험의 제시가 행동상의 변화를 일으키고 이러한 변화는 자극과 반응 간의 연합에 의해 이루어진다는 것이다. 따라서 고전적 조건형성의 학습원리에 의하면, 유아들이 수학학습을 할 때 긍정적인 정서반응과 연결될 수 있도록 하는 것이 중요하다. 또한 학습이 일어나기 위해서는 반복적인 시행이 필요하다는 것이다.

(2) 조작적 조건형성

스키너(Skinner)

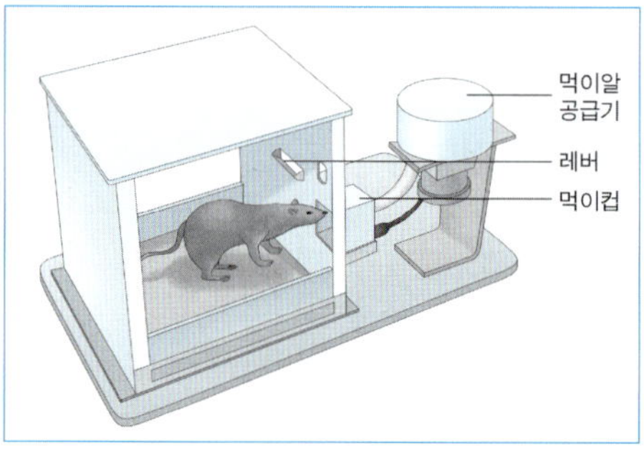

조작적 조건형성 실험

조작적 조건형성(operant conditioning)은 스키너(Skinner)에 의해 주장된 학습원리이다. 이 원리는 인간이 환경적 자극에 능동적으로 반응하여 나타나는 행동, 즉 어떤 자극에 대해 강화가 없으면 조작적 조건형성이 일어나지 않는 것으로 본다. 따라서 스키너는 반사행동의 학습을 설명해 주는 고전적 조건형성과 달리 유아가 스스로 조작하는 행동의 학습과정을 설명한다. 즉, 수학학습을 할 때 유아가 보여 주는 행동에 대해 보상이나 처벌을 사용함으로써 학습이 일어난다고 주장한다. 구체적으로 자발적으로 수학활동을 하고 있는 유아에게 칭찬해 주면 강화가 주어져서 그 행동이 계속 증가하게 되지만 수학활동을 할 때 장난치면서 방해하는 유아에게 벌을 주면 그러한 행동이 감소하게 된다. 이처럼 조작적 조건형성은 보상을 통해 원하는 조작행동을 하는 정적 강화와 불쾌한 자극을 제거해 줌으로써 어떤 행동의 빈도를 증가시키는 부적 강화로 구분된다.

조작적 조건형성이 가정하고 있는 두 가지 학습원리는 첫째, 강화적 자극(보상)에 따라오는 반응은 어떤 것이든 반복되는 경향이 있으며 둘째, 조작적 반응이 일어나는 비율을 증가시켜 주는 것은 모두 강화적 자극(보상)이라는 것이다.

(3) 사회학습 이론

반두라(Bandura)

사회학습 실험

사회학습은 반두라(Bandura)에 의해 주장된 학습원리이다. 이 원리는 인간은 사회적 존재이고 학습을 비롯한 인간의 모든 활동은 일정한 사회적 환경 속에서 전개되며, 인간 상호 간에 영향을 미치고 영향을 받는다고 가정한다. 따라서 인간은 타인의 행동을 관찰함으로써 학습이 이루어지게 되는 것으로 보았기 때문에 사회학습 이론을 관찰학습이라고도 한다. 예를 들어, 교사가 수학영역에서 패턴블록으로 패턴을 만드는 과정을 유아에게 보여 줌으로써 유아는 모델(교사)의 행동을 보고 관찰을 통해 모방함으로써 그 행동을 학습하게 된다.

반두라는 인간의 모든 행동은 모델 없이 개인 각자의 강화만을 통해서 형성될 수 없다고 주장한다. 대부분의 사회적 행동들은 자연스러운 학습조건 아래서 관찰을 통해서 학습되며, 사람은 모델이 행한 행동을 관찰한 뒤 그것을 모방하고 보상을 받는다고 보았으며, 이를 모델링(modeling)이라고 하였다. 모델링을 통하여 일단 행동이 학습되면 그 행동은 외적 강화 없이도 유지될 수 있다고 한다. 따라서 이 이론에서는 인간이 사회적 상황에서 많은 것을 학습하는 데 가장 중요하다고 생각한 개념이 모델링이다. 모델링에는 3가지 유형의 학습이 있는데, 첫째는 모방이다. 모방은 주로 언어학습에서 볼 수 있는데, 사회화 과정에서 어린이들이 어른을 흉내 냄으로써 얻어지는 것으로서 거의 인식 없이 자동적으로 이루어진다. 둘째는 관찰학습이다. 관찰학습은 사회적 상황 속에서 단순히 사람들의 행동을 관찰하면서 행동을 획득하는 과정이다. 이 과정에서 모델에 관심을 기울이는 주의과정, 자기가 본 것을 상징적인 형태로 저장하는 저장과정, 인지적 구조를 운동기술로 전환시키는 운동재생과정 및 강화와 동기적 과정으로 이루어진다고 보았다. 셋째는 대리학습이다. 대리학습이란 다른 사람들이 새로운 행동을 시작할 때 어떤 결과가 나타나는지를 봄으로써 자기 자신의 행동결과를 예상하는 학습방법이다.

2) 유아수학교육에 주는 시사점

행동주의 이론의 관점에서는 수학교육을 통해 수학적 사실이나 기술을 습득하기 위해 수학내용과 기술을 단순한 것에서 복잡한 것으로, 위계적이고 체계적인 순서로 제공하여야 한다고 보았다. 또한 수학교육방법으로 교사의 직접적 언어 설명, 반복적 연습, 상이나 벌을 활용한 강화 등을 제안하였다. 즉, 교사가 무엇을 어떤 순서로, 어떻게 가르쳐야 하는지를 구체적으로 상세하게 제시하였다. 그러나 유아를 외부적 자극에 반응하는 수동적 존재로 보기 때문에 수학적 지식의 구성과정이나 문제해결과정을 밝히지는 못하는 문제점이 있다. 또한 관찰할 수 있는 행동만을 다루기 때문에 모든 수학교육의 학습내용을 적용하는 데에는 한계점을 가지고 있다(신현옥 외, 2004). 행동주의 이론이 유아수학교육에 주는 시사점을 살펴보면 다음과 같다.

첫째, 행동주의 이론은 여전히 상업적 학습지나 교재, 유아교육현장에서 교수·학습에 적용되고 있다. 예를 들어, 수학적 내용을 습득하도록 하기 위해 스티커나 칭찬과 같은 보상을 활용하고 반복적 연습 문제를 통해 문제를 해결하는 능력을 기르는 것을 중요하게 생각한다. 따라서 교사는 유아의 반응에 따라 강화를 적절하게 이용하여 학습에 대한 효과를 극대화할 수 있도록 도와야 한다. 구체적으로 유아의 적절한 반응에는 보상을 해 주고 그렇지 않은 반응에는 보상을 해 주지 않음으로써 즉각적인 피드백을 제공해 주어야 한다.

둘째, 유아수학교육을 위해 학습목표를 구체적이며 체계적으로 계획할 것을 강조한다. 즉, 교사는 수학교육내용을 낮은 단계에서 높은 단계로 진행하는 위계적 교수방법을 사용하는 것이다. 이렇게 수학적 절차에 대한 반복적 연습으로 문제를 효율적으로 해결할 수 있도록 할 수 있다. 따라서 유아들이 수학학습을 할 때 행동주의의 강화나 모델링 같은 원리를 효과적으로 활용하는 것은 좋은 방법이다. 그러나 유아의 흥미나 동기유발과 같은 내적 특성을 고려하지 않고 단순 암기, 반복, 연습을 통한 수학교육이 이루어질 경우에는 유아가 수학에 대한 흥미를 잃을 수 있다는 점을 유의해야 한다.

2 인지적 구성주의 이론

피아제(Piaget)의 이론에 기초를 두고 있는 인지적 구성주의는 생물학적 관점을 배경으로 유기체가 환경에 적응하기 위해 주변환경과 계속적인 상호작용을 통해 자신의 인지구조(schema)를 재구성하는 것으로 보았다. 피아제 이론은 수학교육에 있어 유아가 스스로 수학적 지식을 어떻게 구성하며 획득하는가에 대해 설명하는 데 기여하였다. 이 이론에 의하면 환경에 적응하기 위해서 인간이 가지고 태어난 인지구조와 주위 환경과의 상호작용을 통해 인지활동이 이루어진다고 본다.

1) 지식의 구성과정

피아제(Piaget)

피아제에 의하면, 유아는 주위 환경에 적응하기 위해 인지구조(schema)를 가지고 태어난다. 인지구조는 사물이나 사건을 이해하는 기본적인 지식의 틀로 사람은 환경과의 적극적인 상호작용을 통해 끊임없이 자신의 인지구조를 재구성해 나간다. 유아는 지식을 형성해 나가는 과정에서 동화(assimilation)와 조절(accomodation)이라는 상호보완적 기능을 통해 인지발달을 이루게 되며 인지구조에 양적 변화를 가져오는 동화와 질적 변화를 일으키는 조절과정을 반복적으로 거치면서 점차 인지구조가 발달하게 된다(정정희 외, 2018).

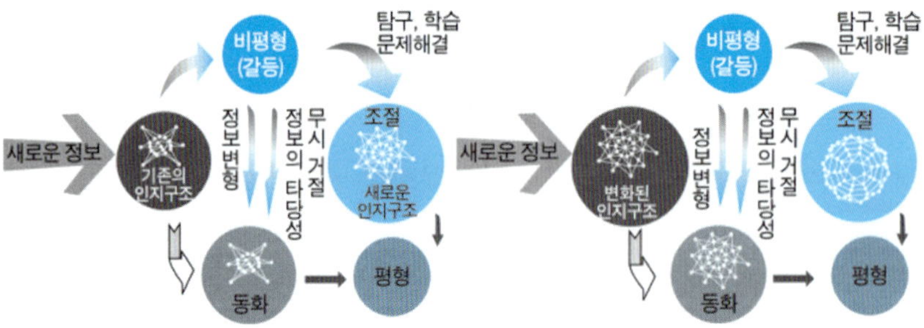

그림 2-1 새로운 지식 창출에 있어 동화–조절–평형

출처: 김이영 외(2016). 교육심리학. 양성원.

〈그림 2-1〉에서 보는 것과 같이 유아는 환경과 상호작용하면서 관심 있는 사물이나 현상에 대해 나름대로 이해하고 해석하게 되는 과정에서 동화와 조절을 경험하게 된다. 이러한 과정에서 유아가 자신이 이미 가지고 있는 인지구조의 틀에 맞추어 해석하는 과정을 동화라고 하고, 자신의 인지구조가 새로운 것을 이해하는 데 적합하지 않을

때(비평형으로 갈등을 경험함)는 인지구조를 수정하여 사물이나 사건을 이해하게 되는데 이를 조절이라고 한다. 예를 들어, 우리나라 유아들이 수 세기를 배울 때 하나부터 열을 세는 유아가 '열하나'를 알고 '열아홉'까지 쉽게 세는 것을 동화라고 할 수 있고, '열아홉' 다음에 '스물'부터는 새로운 도식을 만들어야 하는데, 이 과정에 조절이 일어나는 것이다(권은서, 2017).

2) 지식의 유형

인지적 구성주의에서는 지식의 유형을 물리적 지식, 논리 · 수학적 지식, 사회적 지식으로 구분하고 이러한 유형에 따라 지식 구성방법이 다르지만 이들 지식은 지식형성 과정과 서로 관련되어 있다고 주장한다. 예를 들어, 수의 개념을 알기 위해서는 수량을 나타내는 구체물의 조작적 경험이 필요하고, 이러한 경험을 통해 수량적 관계를 유추하여야 하고, 수의 이름을 아는 것처럼 사회적 지식을 획득해야 한다는 것이다. 구체적인 지식의 유형은 〈표 2-1〉과 같다(정정희 외, 2018).

표 2-1 지식의 유형

구분	내용
물리적 지식	물리적 지식은 환경에서 물체와 자연현상의 특성에 대해 학습하는 것이다. 색깔, 크기, 무게, 조직 등 관찰을 통해 알 수 있는 것이나 물체 내의 물리적 특성을 결정하는 속성들을 포함한다. 예를 들어, 공을 만져 보고 둥글다고 생각하거나 진흙을 만져 보고 진흙의 성질을 알게 되는 것이다. 이러한 과정에서 모양이나 색깔 같은 물리적 성질은 유아가 기존에 가지고 있던 인지구조에 동화되고 조절된다. 따라서 물리적 지식은 동화와 조절의 두 과정과 연관이 있으며, 물리적 지식을 학습하기 위해서는 유아가 물체를 직접보거나 듣고 만지고 그 변화를 관찰할 수 있는 많은 기회를 제공하는 것이 필요하다.

구분	내용
논리 · 수학적 지식	논리 · 수학적 지식은 고등 지식의 형태로 사물과 사물의 관계를 이해함으로써 형성되는 지식이다. 관계란 그 관계를 만들어 내는 사람들의 정신 내부에 존재한다는 의미에서 반성적 추상이라고도 한다. 이러한 유형의 지식은 외부에서 다른 사람이 직접 가르쳐서 이해하기보다는 유아들이 구체적인 사물을 조작해 봄으로써 스스로 관계를 만드는 과정에서 형성된다. 물리적 지식과 논리 · 수학적 지식은 서로 밀접한 관련이 있다. 예를 들어, '공은 둥글다'와 '공이 굴러간다'(물리적 지식)를 관찰하지 못하면 공의 두 가지 성질을 관련지어(논리 · 수학적 지식) 공이 구르는 특성을 이해할 수 없다. 그러므로 유아의 수학적 사고발달을 위해서는 유아 스스로 여러 가지 사물이나 사건을 관계 지을 수 있는 많은 기회를 제공하는 것이 필요하다.
사회적 지식	사회적 지식은 그 사회 내에 함께 살아가는 사람들에 의해 만들어진 지식을 의미한다. 예를 들어, 사회 구성원들 간에 임의적으로 이루어진 약속으로 규칙, 가치, 도덕이나 언어체계 등이다. 따라서 사회적 지식은 사회 안에서 다른 사람들에 의해 전수되거나 직접적인 가르침을 통해 이해될 수 있다.

3) 인지발달 단계

피아제(1954)에 의하면, 〈표 2-2〉와 같이 인지발달은 질적으로 다른 네 단계가 있으며, 이 단계들은 정해진 순서대로 진행되며, 단계가 높아질수록 복잡성이 증가하는 것으로 보았다(김이영 외, 2019).

표 2-2 피아제의 인지발달 단계

발달단계	연령	특징
감각운동기	0~2세	아이가 태어나면서 시작되며 모든 지각의 방식은 감각과 행동을 통해서 일어난다. 처음에는 신체나 감각적인 관계 그리고 환경적인 대상에 대한 의식이 없다가 나중에는 대상과 자기를 의식하게 되고 물체를 잡거나 목표물을 향해 움직이거나 소리와 행동을 모방할 수 있게 된다. 이 단계의 영아는 자기중심적인 특징을 보인다. 즉, 모든 행동과 세계는 자기를 중심으로 전개되며 자신에게 보이지 않거나 들리지 않는 것은 세계에 존재하지도 않는

발달단계	연령	특징
		것으로 인식한다. 또한 이 단계의 마지막 부분에 가면 대상영속성(object permanence)이란 개념을 갖게 된다. 즉, 대상은 그가 직접 경험하고 있지 않을 때도 계속 존재한다는 것을 이해하게 된다. 이런 감각-운동적인 활동은 발달 전단계에 영향을 미치는 아주 중요한 활동이다.
전조작기	2~7세	조작단계로 넘어가기 위한 과도기이다. 감각적 행동을 통해 세계에 대해 인식을 하는 단계에서 개념적 · 상징적인 조작이 가능한 단계의 사이에 위치한다. 이 단계의 유아는 사물의 이름을 알게 되고, 단일 차원에서 사물들을 구분할 수 있으며, 감각-운동능력도 정교하게 발달한다. 이 기간에는 새로운 상징의 능력들이 많이 나타나는데, 이 시기에 가장 중요하게 여겨지는 특징들은 언어발달 · 중심화 · 불가역성(不可逆性) 등이다. 이 단계의 또 다른 특징은 자기중심성(ego-centrism), 즉 다른 사람의 역할과 견해를 고려할 줄 모른다는 것이다. 그리고 어떤 수 · 길이 · 물질 · 면적 · 부피 등을 그 차례나 형태를 바꾸어 여러 가지 다른 방법으로 제시한다 하더라도 그것들은 항상적으로 남아 있고, 변하지 않음을 아는 능력인 보존성(conservation)이 발달하지 못한다.
구체적조작기	7~11세	이 단계의 아동은 논리적 추리력을 갖는다. 그러나 논리적인 사고력이 발달하지만, 그 사고과정 역시 아동이 관찰한 실제 사실에만 한정되어 있고, 미래의 가능성에 대한 추상적인 사고의 조직화된 방법으로만 가능한 것들은 사고할 수 없다.
형식적조작기	11~15세	이 단계의 아동은 가장 발달한 인지적인 조작단계에 들어선다. 구체적이고 실제적인 상황을 넘어서는 문제를 다룰 수 있게 된다. 추상적인 사물들에 대해서 논리적으로 생각할 수 있고, 추상적인 언어를 통한 교육이 비로소 가능해지는 단계이다.

피아제는 감각운동기(0~2세), 전조작기(2~7세), 구체적 조작기(7~11세), 형식적 조작기(11세 이후)의 네 단계의 발달단계를 거쳐 인지발달이 이루어진다고 주장한다. 이러한 단계는 개인의 지능이나 사회 환경에 따라 각 단계에 도달하는 시기는 개인 간에 차이가 있지만 발달 순서는 바뀌지 않는 것으로 보았다.

유아교육기관을 이용하는 유아들은 전조작기와 구체적 조작기의 발달 특성이 함께 나타날 수 있는데, 먼저 전조작기는 상징적 사고의 출현과 자기중심적 사고, 물활론적 사고, 보존개념 결여, 비가역적 사고의 발달특성이 나타나고, 이때 지각적 판단 오류 경험활동과 상징놀이, 극화놀이, 조작 및 구성놀이, 패턴활동, 규칙 찾기의 인지활동이 일어난다. 구체적 조작기의 발달특성으로는 분류 및 보존개념이 형성되고 탈중심적 사고, 조망수용능력이 형성되며 가역관계의 조작활동, 시행착오과정의 탐색활동, 규칙이 있는 게임과 같은 인지활동이 이루어진다. 따라서 유아수학교육에 있어 이러한 발달단계의 수준에 따라 유아들에게 주어지는 놀이나 활동과제의 유형 및 범위, 제시방법 등을 고려하는 것이 중요하다.

4) 유아과학교육에 주는 시사점

피아제의 인지발달 이론은 유아가 주도적으로 참여하는 놀이나 게임을 제공하고 이러한 활동 속에서 유아가 인지적으로 조작적 경험을 해야 한다는 것을 강조한다. 피아제는 지식 구성의 주체자는 유아이기 때문에 교사가 환경을 제공하거나 개입하기도 하지만 결국 유아가 지식을 구성하는 것으로 본다. 인지적 구성주의 이론이 유아수학교육에 주는 시사점을 살펴보면 다음과 같다.

첫째, 피아제는 교수 · 학습 시 성인이 선택한 일방적인 과제를 유아에게 주어 반복적인 연습을 시키는 것은 부적절하다고 보았고, 유아가 선택한 과제나 활동을 조작적으로 경험하고 사고하면서 학습이 이루어진다고 주장하였다. 즉, 유아가 주도적으로 탐색하는 능동적 역할을 하고, 교사는 유아의 학습과정을 관찰하면서 적절한 때를 포착하여 개입과 도움을 주는 지원자의 역할을 해야 한다고 주장한다. 따라서 교사는 주도적인 유아의 학습과정을 주의 깊게 관찰하면서 적절한 시기에 개입을 해 주어야 한다. 또한 인지적 구성주의자들은 유아들에게 미리 준비된 성인의 사고를 받아들이게 하기보다는 수학적 관계를 스스로 찾아보도록 기회를 부여하는 것을 중요시한다(백경미, 2007). 이러한 기회는 유아가 개별적인 욕구와 관심에 따라서 문제를 제기하고 그것을 해결하려고 노력하는 가운데서 발생하는 것이며, 정답을 얻는 것보다는 추론하는 과정을 강조한다는 것을 교사는 알고 있어야 한다.

둘째, 인지적 구성주의 관점에서는 유아를 학습의 주체자로 보고 능동적 개념을 구성하는 존재로 보고 있기 때문에 유아가 어떤 개념을 구성하려면 경험적 추상(empirical abstraction)과 반성적 추상(reflection abstraction)이 서로 관련되어 이루어져야 한다고 본다. 경험적 추상은 유아가 능동적으로 활동에 참여하여 직접적으로 사물을 다루면서 그 속성을 파악하는 것이며, 반성적 추상은 사물과 사물과의 관계를 정신적으로 이해하는 것이다. 따라서 교사는 유아들이 경험적 추상과 반성적 추상이 형성될 수 있도록 도움을 주어야 한다.

셋째, 인지발달 단계를 고려한 유아수학교육이 이루어져야 한다. 피아제는 유아의 수 개념 발달은 수에 대한 보존 능력, 특히 가역적 사고를 기준으로 본다. 가역적 사고는 특정 변화를 지각하는 동시에 역으로 변화를 상상함으로써 그 변화를 상쇄시킬 수 있는 사고능력이다. 피아제의 이론에서 가역성은 모든 논리와 수학의 핵심에 위치한다(Bryant, 1982). 즉, 유아가 기수와 서수의 원리를 이해하려면 수를 보존할 수 있어야 하고 가역적 사고가 가능해야 하는데 6, 7세가 되기 이전에는 이러한 보존과 가역적 사고가 불가능하기 때문에 유아들은 수를 직접 다룰 수 없다. 유아들이 상당히 능수능란하게 수를 세기도 하지만 그들은 수의 의미와 원리를 완전히 이해하지 못하고 비논리적이고 자기중심적이며 물체의 외양에 지배되는 발달특성을 지니므로 수 개념을 형성시키는데 매우 제한적인 존재이다. 그러므로 피아제의 관점에서 유아들이 수를 직접 다루기 위해서는 그 준비 과정으로 위계적 포함관계와 연속적 비대칭 관계를 비롯하여 특정 집합 내 사물들 간의 관계를 이해할 수 있는 논리 · 수학적 사고능력을 키워야 한다(DeVries & Kohlberg, 1987). 따라서 진정한 수의 이해는 논리적 구조 및 수 보존이 성취된 이후에 가능해지며, 이를 위해서 교사는 유아들이 사물이나 사건들에 대하여 다양하게 관계 지어보는 경험이 선행될 수 있도록 지도해야 한다.

3 사회문화적 구성주의 이론

비고츠키(Vygotsky)

사회문화적 구성주의 이론은 러시아의 심리학자인 비고츠키(Vygotsky)의 발달심리이론에 기반을 두고 있으며, 개인의 인지적 발달과 지식을 구성하는 데 있어 사회적 상호관계를 가장 중요한 요소로 보았다. 즉, 사회문화적 구성주의는 사회적 상호작용이 내면화되어 인간의 인지적 발달과 기능이 이루어진다고 주장한다. 그리고 인간의 인지적 갈등은 사회적 상호작용으로부터 발생한다고 보고, 인간의 발달은 사회문화적으로 밀접한 관련을 가지고 있다고 주장한다. 따라서 피아제는 수학적 사고와 획득과정이 보편적이라고 하였지만 비고츠키는 사회적 · 역사적 맥락에 따라 유아의 인지과정의 틀이 다를 수 있으므로 지식은 자신이 참여하는 사회활동의 패턴 속에 있다고 보았다. 예를 들어, 각 문화권에서의 수 단어 체계와 연산전략의 활용은 유아의 수학개념과 발달에 사회문화적 요인의 영향을 받은 것이라 할 수 있다. 즉, 각 문화권마다 다른 수 단어 체계를 가지고 있으며, 수 단어 체계의 규칙성 여부가 유아의 수 개념발달에 큰 차이를 가져오게 된다는 것이다. 또한 각 문화권마다 일상생활에서 활용하는 더하기와 빼기의 상황에 적용하는 전략에서도 차이가 있는 것으로 본다(홍혜경, 2010).

1) 학습과 발달

비고츠키는 학습에 의해 발달이 촉진될 수 있다고 보았기 때문에 교사는 보다 적극적인 촉매자로서의 역할을 해야 한다고 강조하였다. 이 이론에서 제시하는 근접발달지대(Zone of Proximal Development: ZPD)는 현재 유아가 혼자 수행할 수 있는 실제적 발달수준과 다른 사람의 도움을 받아 도달할 수 있는 잠재적 발달수준이 있다고 보고 이 간격을 근접발달지대라고 하였다. 만약 성인이나 능숙한 또래의 도움을 받으면 보다 쉽게 잠재적 발달수준까지 도달할 수 있으며, 이를 비계설정(scaffolding)이라고 하였다(〈그림 2-2〉). 즉, 교사나 부모 그리고 유능한 또래는 유아의 수준에 맞게 근접발달지대 내에서 과제와 환경을 설정하여 유아의 발달수준과 요구에 따라 개입의 양을 계속적으로 조절함으로써 유아가 적절하게 도전하도록 도움을 줄 수 있다. 따라서 교사는 각 유아의 수학능력에 대한 현재 수준과 잠재적 발달수준을 파악한 후, 적절한 수학적 상호작용과 활동 등의 도움을 제공해야 한다.

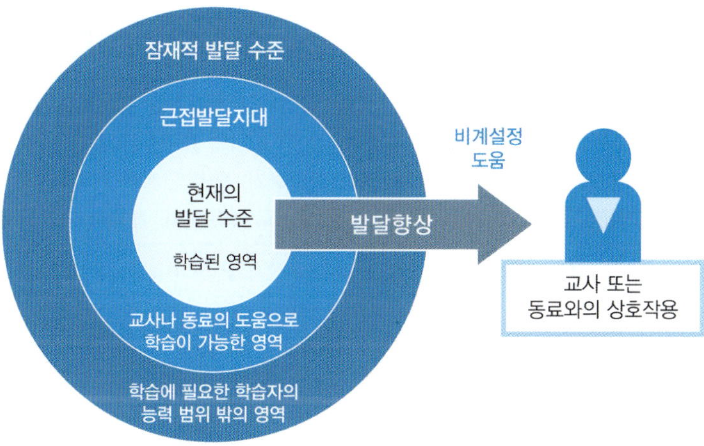

그림 2-2 근접발달지대와 비계설정

비고츠키 이론에 기초한 교실에서는 또래들과 많은 시간을 보내게 되는데, 또래들 간의 인지적 갈등을 경험하면서 공동의 과제 상황에 대한 공동의 의견을 모으게 되고 상호주관성에 도달하면서 인지적 발달을 촉진할 수 있게 된다. 그러므로 유아의 지식 구성을 위해 교사의 보다 적극적인 안내와 지원이 필요하고, 여러 유아가 공동으로 참여하여 각자의 경험과 아이디어를 공유하는 활동에 참여하게 하는 것이 중요하다.

그리고 효과적인 비계설정을 위해서는 공동의 문제해결, 상호주관성, 따뜻함과 반응 및 언어의 매개를 중요한 요인으로 보았다. 이들 구성요소에 대해 살펴보면 〈표 2-3〉과 같다(권은서, 2017).

표 2-3 비계설정을 위한 구성요소

구분	내용
공동의 문제해결	공동의 문제해결은 유아가 다른 사람과 상호작용하면서 유아에게 흥미롭고 문화적으로 의미 있는 문제를 해결하기 위해 노력하는 것을 말한다.
상호주관성	상호주관성(intersubjectivity)은 공동의 과제를 시작할 때는 서로 다른 이해를 가지고 있던 두 참여자가 서로의 의견을 받아들이고 자신의 생각을 조정하면서 공유된 이해에 도달하게 되는 과정을 말한다.
따뜻함과 반응	따뜻함과 반응은 교사가 따뜻하고 반응적으로 유아와 상호작용할 때 유아가 과제에 대해 더욱 집중하고 도전하려는 태도를 가지게 되는 것이다.
언어의 매개	언어를 매개로 한 거리두기 전략은 유아의 문제해결을 증진시킬 수 있는 효과적인 교수방법이다. 거리두기는 교사의 정신적 조작의 요구수준에 따라 언어적 진술을 낮은 단계의 거리두기로 명명하기나 묘사하기, 중간 단계의 거리두기로 분류하기, 비교하기, 관련짓기, 높은 단계의 거리두기로 추론하기, 계획하기로 구분할 수 있다.

2) 수학적 지식의 구성과정

사회문화적 구성주의에서 지식은 한 사회의 시대적 산물이며, 각 언어공동체가 공유하고 있는 지적 특성을 의미한다(한유미, 2009). 수학도 하나의 사회적 구성물로 절대화된 수학적 지식은 없으며 오류가 가능하다는 것을 전제로 하고 있다. 사회문화적 구성주의는 수학적 지식의 정당화보다는 수학적 지식의 발생에 초점을 두고 있으며, 주관적 지식과 객관적 지식이 서로 새롭게 발생하는 순환적 관계로 이를 설명하고 있다(Ernest, 2006). 여기서 객관성이란 한 개인을 넘어선 사회 공동체가 옳다고 인정하는 것 혹은 역사와 문화를 통해 인정된 것을 의미하는 것으로 사회적 합의 가능성을 뜻한다. 이와 같은 수학적 지식의 구성과정을 그림으로 제시하면 〈그림 2-3〉과 같다(이은영, 2010).

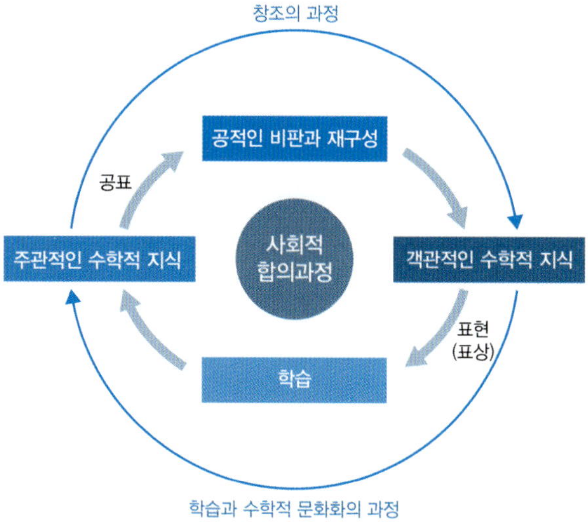

그림 2-3 사회문화적 구성주의에서의 수학적 지식의 구성과정

출처: 황혜정 외(2007). 수학교육학신론. 문음사.

〈그림 2-3〉에서 보는 바와 같이 사회문화적 구성주의에서 수학적 지식이 구성되는 과정은 개인의 주관적인 수학적 지식이 사회의 객관적인 수학적 지식이 되는 창조의 과정과 사회의 객관적인 수학적 지식이 개인의 주관적인 수학적 지식이 되는 학습과 수학적 문화화의 과정으로 구분된다. 창조의 과정은 개인이 갖고 있는 주관적인 수학적 지식이 공적인 비판과 재구성을 통해 객관적인 수학적 지식이 되는 것을 말하고, 학습과 수학적 문화화의 과정은 이렇게 형성된 객관적인 지식이 다시 학습, 재구성, 문화화의 과정을 거쳐 개인의 주관적 지식으로 내면화되는 것을 의미한다(황혜정 외, 2007). 즉, 유아는 일상적 경험을 통해 다양한 수학적 지식을 형성하는데, 이것이 바로 주관적인 수학적 지식이다. 그리고 유아는 생활 속 문제를 해결하거나 다른 사람과 상호작용하는 과정에서 이를 활용하고, 이 과정에서 자신의 비형식적인 수학적 지식을

반성적으로 검토하게 되어 점차 객관적인 수학적 지식으로 재구성하게 된다(이은영, 2010).

이렇게 습득된 객관적인 수학적 지식은 다시 일상생활 또는 교육적 맥락에서 일어나는 수학적 경험에 의해 다시 주관적인 수학적 지식으로 내면화되는데, 유아는 이와 같은 순환적 과정을 끊임없이 거치며 수학적 지식을 발달시켜 나가는 것이다. 여기서 중요한 역할을 하는 것이 바로 언어이다. 즉, 학습, 재구성, 문화화의 의미는 단순히 외부에서 주어진 수학적 지식을 그대로 복사하는 것이 아니라 자기 나름대로의 수학적 지식을 형성함을 의미하는 것으로, 언어를 통한 내면화의 과정이 중요하다(배소연 외, 2003).

3) 유아수학교육에 주는 시사점

비고츠키 이론을 통해 수학교육은 유아의 지식획득이 이루어지는 맥락과 연계되어져야 한다는 것을 강조하게 되었다. 따라서 유아가 속한 사회문화적 맥락이 반영된 수학활동을 제공하여야 하고 가르치는 시기도 이를 반영해야 한다. 최근 일상적 상황이나 이야기 맥락에서의 수학적 사고를 경험하도록 하는 것도 이것을 반영한 것이라고 할 수 있다. 비고츠키의 사회문화적 구성주의 이론이 유아수학교육에 주는 시사점을 살펴보면 다음과 같다.

첫째, 사회문화적 인지주의 이론에 따르면, 실제로 우리가 살고 있는 세계는 다양한 수학적 지식들이 존재하고 있기 때문에 유아기에 다룰 수 있는 수학교육내용을 수 세기, 수 체계, 계산, 분류하기, 서열화하기 등으로 제한할 필요가 없다는 것이다. 오히려 유아의 잠재적 발달수준을 고려하여 조금 앞선 수준의 교육내용을 선정하는 것이 좋다. 물론 처음에는 명확하게 이해하지 못하지만, 유아는 교사와 또래의 도움과 지원을 받으면서 점차 수학적 이해를 발전시켜 나갈 수 있기 때문이다. 이때 교사는 유아와 지속적으로 대화를 통해 수학교육을 지원해야 하는데(Anderson, 1997), 유아가 발견한 수학적 사실에 대해 이야기 나누고, 일상생활 속에서 발생하는 여러 가지 수학적 문제를 해결하기 위해 토의하며, 자신과 다른 사람의 생각을 비교하는 과정에서 수학적 지식을 형성하도록 도와주어야 한다(정연희, 2009; Wood & Turner-Vorbeck, 2001).

둘째, 비고츠키의 사회문화적 구성주의 이론은 유아의 수학학습에서 교사는 개입과 안내, 지도 등의 적극적인 역할을 해야 한다고 주장한다. 또한 또래와의 상호작용을 통한 정보나 생각을 나누는 과정을 중요시하여 혼합연령으로 집단을 구성하거나 공동으로 조사 및 발표를 하는 협동작업을 강조하는 등 다양한 수준의 사회적 상호작용을 중요하게 생각한다. 이를 토대로 사회문화적 구성주의 수학활동은 유아의 일상생활과 유아가 이미 알고 획득한 비형식적 수학 지식에서부터 시작하는 것이 유아에게 의미 있는 접근이 되므로 일상생활에서의 수학이 유용하다고 주장한다. 그리고 유아가 혼자서는 해결하지 못하였지만 교사나 또래들과 함께 활동하여 해결을 위한 여러 가지 전략을 찾고 이를 실행하고 결과를 공유하는 과정을 통해 문제해결능력을 향상시킬 수 있다. 이를 통해 수학활동에 대한 도전 의식이 생기며, 사회적 상호작용을 통해 합의에 의한 수학적 지식을 구성함으로써 폭넓은 수학적 사고능력을 기를 수 있게 된다. 따라서 교사는 유아를 지원하기 위해 힌트와 단서를 제공하고, 수학적 질문을 사용하고, 언어적 상호작용 및 시범 보이기 등의 다양한 비계설정을 제공해야 한다.

4 발견학습 이론

브루너(Bruner)

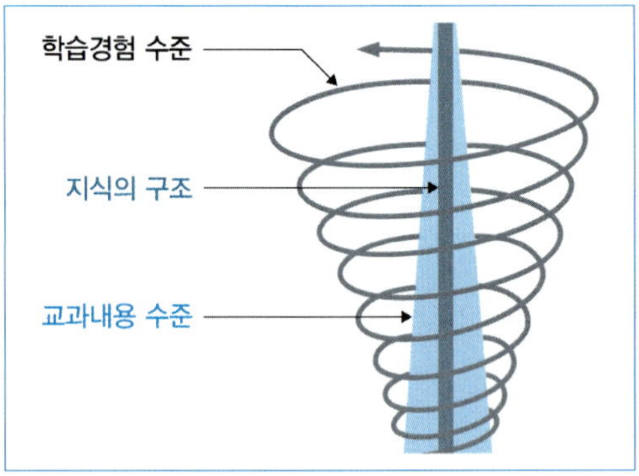

나선형 교육과정

브루너(Bruner)의 이론적 핵심은 학습이란 능동적인 과정이며, 학습자는 그들의 과거나 최근 지식을 바탕으로 새로운 아이디어나 개념들을 구성한다는 것이다. 즉, 학습자는 자신의 인지적 구조(schema)가 경험에 대한 의미와 구조를 제공하고 이것들이 개인으로 하여금 주어진 정도 이상으로 변화할 수 있도록 한다는 것이다(김재현, 2001). 따라서 브루너 이론의 원리는 세 가지로 요약할 수 있는데 첫째, 수업은 반드시 학습자들이 스스로 배우고자 하는 학습(학습 의욕)과 배울 수 있는(준비성) 경험과 생활 맥락에 관련지어져야 한다는 점이다. 둘째, 수업은 학생들에 의해 쉽게 성취될 수 있도록 반드시 구조화되어야 한다. 그리고 마지막으로 수업은 반드시 추상적인 사고를 촉진할 수 있어야 하고 주어진 정보 이상을 추구할 수 있어야 한다는 것이다.

1) 발견학습의 개념

브루너에 의해 제안된 발견학습이란 학생이 교사의 설명에 의해 지식을 습득하는 것이 아니라 사실이나 문제의 파악, 가설의 설정, 가설검증과 확인, 실제에의 적용 등의 과정의 추리와 직관을 통해 학생 스스로 지식을 발견하고, 한 교과의 기본적인 지식의 구조를 이해해 나가는 과정이라는 것이다(김준권 외, 2012). 그러므로 교수·학습의 과정에서 지식습득의 결과보다는 과정을 중요시한다. 이를 위해 브루너는 학습자들에게 스스로 개념 간의 관계를 발견할 수 있도록 기회를 부여하는 것이 중요하다고 보았다(임채식 외, 2013). 즉, 교사가 학습자들에게 일련의 문제를 제시하게 되면 학습자들은 그 문제와 유사한 문제들을 해결하였을 때 사용했던 법칙이나 방법으로 주어진 문제를 탐구하게 된다. 따라서 교사는 과학자들이 어떤 개념이나 이론을 발견하였을 때 사용하였던 사고과정과 유사한 탐구사고를 할 수 있도록 지도해야 한다. 그 결과 학습자들은 그 속에서 여러 개념 간의 관계를 발견하게 되며, 자료를 재조직하거나 분류하게 된다.

2) 발견학습의 구성원리(주요 개념)

발견학습이란 학습자에게 교과를 최종적인 형태로 제공하는 것이 아니라 그 최종형태를 학습자 스스로 조직하도록 요구되는 상황에서 일어나는 학습으로 정의될 수 있다(이인학 외, 2012). 브루너의 발견학습과 관련된 주요 개념인 학습경향성, 지식의 구조, 지식의 계열화, 강화 등을 살펴보면 다음과 같다(윤지혜, 2013).

(1) 학습경향성

교수 · 학습 활동에서 우선적으로 고려해야 할 사항은 학습자로 하여금 학습하고자 하는 의욕을 가지게 해야 한다는 것이다. 아무리 좋은 교수방법을 가지고 교수 · 학습 활동을 전개해 나간다 할지라도 학습자의 학습동기가 유발되지 않는다면, 그것은 교수 활동만 있을 뿐 학습활동은 보장하지 못한다. 즉, 학습활동이 이루어지기 위해서는 학습자 자신이 학습하고자 하는 의욕이 우선적으로 생겨나야 하는데, 이를 학습의 경향성(predisposition to learn)이라고 한다. 따라서 학습자가 학습하고자 하는 의욕이 생기도록 교사는 구체적인 탐구활동들을 마련해야 한다. 학습경향성과 관련된 교수변인에는 〈표 2-4〉와 같이 탐구의 자극, 탐구의 유지, 탐구의 방향성 등이 있다.

표 2-4 학습경향성과 관련된 교수변인

구분	내용
탐구의 자극	학습자가 학습의욕을 가지고 탐구를 하기 위해서는 적절한 수준의 불확실성을 가진 문제 및 상황을 제시하여 학습자를 자극하는 것이 필요하다. 학습자의 사고를 자극하기 위해서는 너무 어려운 과제나 너무 쉬운 과제를 제시하지 말고, 적절한 수준의 모호성을 지닌 과제를 제시해야 한다. 이러한 최적 수준의 모호성이 학습자의 학습경향성을 불러일으키고 학습을 지속해 가는 데 도움이 된다.
탐구의 유지	자극된 학습자의 탐구의욕은 학습목표가 달성될 때까지 유지되어야 한다. 이를 위해 교사는 학습자가 학습의 과정에서 실패에 대한 불안감을 갖지 않도록 해 주어야 한다. 학습자의 학습활동을 통해 탐구되고 발견된 것이 비록 사소한 것이라도 그를 격려함으로써 탐구활동을 지속시킬 수 있다. 이와 같은 교수활동을 위해서는 허용적이고 민주적인 분위기에서 수업이 이루어져야 한다.
탐구의 방향성	교사는 학습자가 가능성을 탐색할 때 방향성을 제시해 주어야 한다. 가능성 탐색의 방향성을 주기 위해서는 학습과제가 어떤 목표를 향해 나아가고 있다는 것과 진행 중인 학습활동이 그 목표와 관련된다는 것을 학생들이 알도록 해야 한다. 따라서 교사가 수업목표를 분명하게 제시해 주는 것이 학습자의 방향성 탐색에 도움을 주는 요인이 된다.

(2) 지식의 구조

브루너의 교수이론에서 가장 핵심이 되는 개념이 바로 지식의 구조이다. 지식의 구조(the structure of knowledge)란 일종의 분류체계로, 특정 학문을 구성하고 있는 가장 기본적인 아이디어, 개념, 원리, 법칙 등을 말한다(김진아, 2008). 즉, 해당 지식을 성립시키는 일반적인 원리나 기본적 관념으로서 이를 토대로 다양한 사실적 지식이 파생되어 새로운 영역을 개척할 수 있는 것을 의미한다. 브루너는 학교에서 가르쳐야 할 것은 지식의 내용이 아닌 지식의 구조라고 주장한다. 즉, 지식의 구조화는 학습자의 수준이나 과제의 특성에 따라 다르게 조직하여 제시할 수 있으며, 지식의 어떠한 방식으로든 쉽게 조작하여 누구에게나 가르칠 수 있다는 것이다. 지식의 구조화에 내포되어 있는 하위 개념인 표상양식(mode of representation), 경제성(economic) 및 생성력(power)을 살펴보면 〈표 2-5〉와 같다(윤지혜, 2013).

표 2-5 지식의 구조화의 하위개념

구분	내용
지식구조의 표상양식	브루너는 어떤 영역의 지식이라도 세 가지 표상양식인 행동적 표상(enactive representation), 영상적 표상(iconic representation), 상징적 표상(symbolic representation) 등의 방법으로 나타낼 수 있다고 보았다. 행동적 표상은 학습자가 직접 경험한 것이나 알고 있는 사실을 적절한 행위와 동작을 통해서 표상하는 것을 말한다. 영상적 표상은 간접적인 그림이나 영상 또는 모형을 사용하여 이해하는 것이며, 상징적 표상은 언어나 기호 등을 사용하여 언어적 진술이나 공식을 통해 추상적이고 상징적으로 이해하는 것이다.

<table>
<tr><th>구분</th><th>내용</th></tr>
<tr><td></td><td>
<table>
<tr><th>표상양식</th><th>평형의 예</th></tr>
<tr><td>상징적 표상</td><td>$m_1 \times a = m_2 \times b$
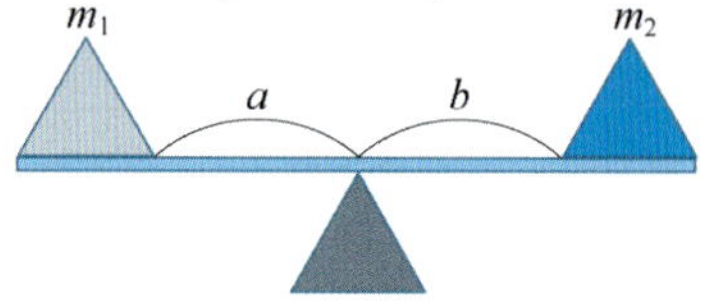
</td></tr>
<tr><td>영상적 표상</td><td>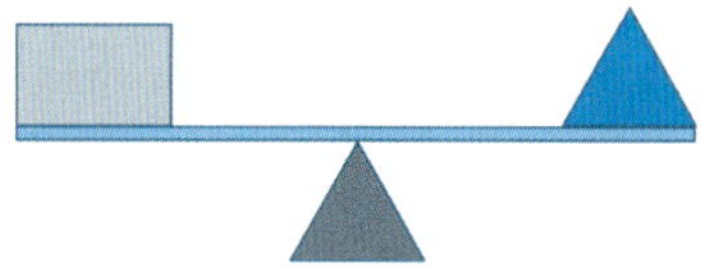</td></tr>
<tr><td>행동적 표상</td><td>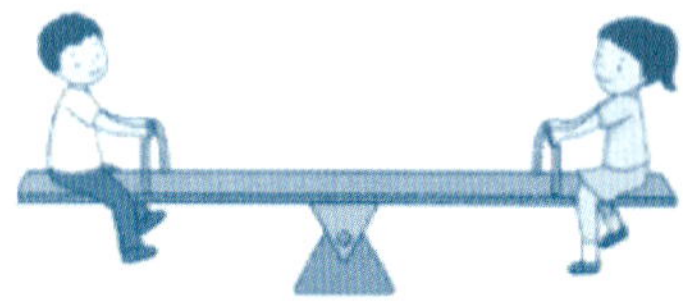</td></tr>
</table>
</td></tr>
<tr><td>지식구조의 경제성</td><td>지식구조의 경제성이란 어떤 문제를 해결하기 위해 학습자가 소유해야 할 최소 정보의 양을 말한다. 지식의 구조는 한 학문의 기본적인 아이디어, 개념, 원리, 법칙을 뜻하기 때문에 지식의 구조를 중심으로 하는 학습은 경제적이라고 이야기할 수 있다. 이는 많은 사실적 지식들을 요약하여 개념, 원리법칙으로 학습하기 때문이다. 표상양식과 관련하여 가장 경제성이 높은 표현은 상징적 표현이다.</td></tr>
<tr><td>지식구조의 생성력</td><td>특수한 구조가 학습자로 하여금 일련의 명제나 지식이 그와 관계되는 새로운 명제나 지식의 결과를 찾아내게 하거나 발생시키는 용이성의 정도를 말한다. A, B, C가 있을 때 'A>B'이고, 'B>C'라는 관계에서 'A가 가장 크고, B는 두 번째로 크며 C가 가장 작다'는 결과를 알 수 있다. 한편 이와 같은 결과의 생성은 처음부터 'A>B>C'와 같은 구조의 관계에서 훨씬 빠르고 쉽게 도출될 수 있으므로 보다 생성력이 있다고 할 수 있다.</td></tr>
</table>

(3) 지식의 계열화

계열(sequence)이란 학습할 과제를 제시해 주는 순서와 관련이 있다. 즉, 학생들이 학습내용을 이해, 변형, 전이하는 데 도움이 될 수 있도록 학습과제를 순서대로 조직하여 제시하는 원칙을 말한다. 계열화의 특징은 일반적으로 단순한 내용에서 복잡한 내용으로 혹은 구체적인 내용에서 추상적인 내용으로 조직해 나가는 것이다. 하지만 브루너가 제시하고 있는 일반적인 계열화는 지식의 구조화의 표현방식의 순서를 의미한다. 이러한 지식의 일반적인 계열화를 바탕으로 브루너는 다음과 같은 기본 가정을 제시하였다. 첫째, 모든 학습자에게 통용되는 고정적인 계열은 없다. 최적의 계열화란 학습경험이나 능력수준 등과 같은 학습자의 특성에 따라 달리 적용되는 것으로 학습자의 개인차를 고려하여 제시되는 계열화가 가장 적당한 것으로 본다. 둘째, 최초의 지식이나 정보에 대한 학습에서는 가능한 행동적 표상, 영상적 표상, 상징적 표상의 순서로 계열화 하는 것이 바람직하다. 이와 같은 가정을 통해 지식의 계열화는 학습자의 특성이나 과제특성에 부합되어야 하며, 상황에 따라 이러한 계열을 적절히 혼용하는 것이다. 즉, 어떤 아동은 지식의 이해를 위해 행동적 표상이, 또 다른 아동은 영상적 표상이 필요할 수 있다는 것이다.

(4) 강화

브루너는 학습증진을 위해 적절한 강화의 필요성을 주장하였다. 강화란 학습결과에 대해 보상해 주는 것을 말한다. 발견학습에서 강화가 효과적인 것은 자기학습의 결과를 확인하고 거기서 만족을 맛보는 내적 보상에 의한 의욕 및 내적 동기이다(이상헌 외, 2013). 따라서 학습자가 스스로 탐구해가는 발견학습에서 교사는 학습자의 학습정도를 수시로 확인해 줌으로써 학습자의 방향이 올바르게 나아갈 수 있도록 해야 한다. 이러한 과정에서 교사는 학습자의 학습 정도에 대한 적절한 피드백을 해 주는 것이 중요하며, 긍정적인 성과에 대해서는 칭찬해 주고, 부적절한 성과에 대해서는 교정적인 정보를 제공해 주어야 한다.

3) 발견학습의 과정

발견학습의 주요개념인 학습경향성, 지식의 구조, 지식의 계열화, 강화, 즉 네 가지의 수업원리를 통합하여 교육현장에 적용한 교수방법이 바로 발견학습이다. 발견학습의 과정은 구체적으로 6단계(〈그림 2-4〉), 즉 탐색 및 문제파악, 가설설정, 실험설계, 실험수행, 가설 검증 및 적용단계로 구분할 수 있지만 일반적으로 4단계, 즉 탐색 및 문제파악, 가설의 설정, 원리의 발견(실험 설계, 실험 수행 및 가설의 검증) 및 원리의 적용으로 구분할 수 있다(윤지혜, 2013).

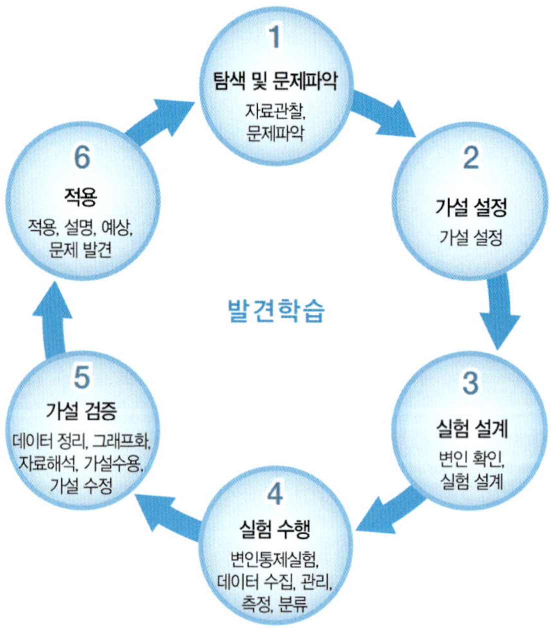

그림 2-4 발견학습의 과정

(1) 탐색 및 문제파악

교사는 발견할 과제를 학습자에게 명확히 파악시키는 것으로 문제의식을 분명히 가지고 의욕적으로 학습하도록 돕는다. 이 단계에서 파악되어야 할 과제는 문제해결학습에서와 같이 생활에 직결된 과제가 아닌 교과의 구조로, 이 단계에서 교사는 과제파악에 어느 정도 필요한 자료를 제시한다. 이것은 곧 문제해결학습에서와 같이 현실적 장면에서 일어나는 문제 중에서 학습자의 관심을 끄는 것만이 아니고 교사가 의도한 과제가 곧 학생의 과제가 될 수 있는 상황을 구성해야 한다. 이렇게 제시된 자료를 학습자들은 주의 깊게 관찰하고 이미 가지고 있는 경험을 이야기하거나 교사의 생생한 설명을 들으며 문제장면을 고찰한다. 이때 중요한 것은 학생들이 학습의욕과 문제의식을 가지고 제시된 자료나 구체적인 사실에 적극적인 관찰을 할 수 있도록 하는 것이다.

(2) 가설의 설정

이 단계에서는 제시된 자료와 추가 자료를 수집하여 임시로 해결방안을 설정한다. 이는 발견학습에서 특히 중요한 부분으로 직관적 사고에 의한 창조적 가설이 착상되는 단계이다. 이때 무엇이라고 분명히 설명하기 어렵지만 문제해결의 단서가 되는 생각이 바로 직관적 사고인데, 이 직관적 사고가 논리적 사고로 구축될 때 창조적 발견이 가능하게 된다. 이때 중요한 점은 교사의 적절한 조언과 학습자 개인 및 집단에서 진행되는 의견교환이라 할 수 있다.

(3) 원리의 발견(실험 설계, 실험 수행, 가설 검증)

이 단계는 사실의 분석과 가설의 종합적 확인이 이루어지며 체계적으로 중요한 사고가 진행되는 단계이다. 두 번째 단계까지 거쳐 온 가설은 아직 주관적인 상념에 지나지 않는다. 이러한 가설을 객관적으로 타당화시킴으로써 사고의 본질이 이루어지게 되는 것이다. 즉, 가설의 논리적 모순을 수정함과 동시에 사실에 비추어 가설이 갖고 있는 그릇된 점을 수정해야 한다. 이러한 양면을 시정하는 것은 논리적 사고의 분석과 종합에 의해서 전체 형상의 윤곽이 확정되고 내부의 상호관계가 분명하게 파악되며 객관적인 원리를 발견하게 한다. 이를 위해 교사는 부족한 점을 보완해 주고 사고의 진행을 도와주지만 앞의 단계보다는 적은 개입을 해야 한다.

(4) 원리의 적용

이 단계는 발견된 원리를 실제로 활용하고 자신의 것으로 정착시키기 위해 구체적으로 현실적 장면에 적용 · 활용하는 지식의 전이단계로, 원리를 보다 명확하게 이해하고 적용하거나 연습하는 것이 필요하다. 따라서 교사는 총괄평가에 활용 여부를 포함시켜 학습자들의 지식의 활용 및 적용결과를 관찰하고 지도해야 한다.

4) 유아수학교육에 주는 시사점

발견학습의 과정은 지식의 구조화 과정으로 전이가치가 강조되고 학습의 결과보다는 학습과정이 강조되며 발견학습과정은 학습자의 주체적 과정이 된다는 특징을 가지고 있다. 또한 발견학습은 학습자의 사고력을 기르는 데 유익하며 발견의 결과는 내적 동기를 유발시키고 일상생활의 문제들을 적극적으로 탐구하고 해결하는 보편적 전략 습득이 가능해지며 발견적 활동을 통해 알게 된 내용은 머릿속에 기억되는 시간이 길고 지식의 기억과 회상에만 의존하지 않고 평생 학습자로서의 태도를 가지게 할 수 있다는 장점을 가지고 있다. 발견학습 이론이 유아수학교육에 주는 시사점은 다음과 같다.

첫째, 브루너의 지식 표상 이론을 유아수학교육방법에 적용시켜 유아들이 의미 있는 수학개념을 구성할 수 있도록 하기 위해서는 구체적인 사물로 충분히 경험하게 한 후 유아가 그림으로 표상하도록 격려해 주어야 한다.

둘째, 발견학습은 유아가 주체이기 때문에 유아 스스로 자기가 탐구한 학습결과가 성공한 것이라는 것을 알고, 스스로 보상받을 수 있도록 해 주는 것이 바람직하다. 내적 동기를 부여하기 위해 가능한 한 학습단위가 끝나는 단계에서 유아 자신이 세운 가설 시행 과정을 확인하도록 하며, 유아가 독립적으로 자기 학습의 결과를 확인하고, 그것을 자기의 학습에 재활용할 수 있도록 도와주는 형식으로 수업을 진행하는 것이 효과적이다.

셋째, 브루너가 주장한 나선형 교육과정(spiral curriculum)은 발달단계에 따른 지식의 구조를 제시하는 것으로 지식의 구조를 계속적 · 연속적으로 반복 제시하는 것이다. 지식의 표상양식인 행동적 · 영상적 · 상징적 표현양식을 통해 어떤 교과든지 지적으로 올바른 형식으로 표현하면 어떤 발달단계에 있는 아동에게도 효과적으로 가르칠 수 있다고 주장한다. 브루너는 유아의 효과적인 학습을 위해서는 유아의 발달단계를 고려하고 표상양식에 적절하게 교과내용을 재조직해야 함을 강조한다. 즉, 유아를 위한 학습의 주제는 이전 학습내용을 반영하면서 같은 내용을 계속 단순히 반복하는 것이 아니라 점차 심화 · 확대하면서 그 이상으로 발전할 수 있어야 한다. 이와 같이 수학의 개념이나 원리를 유아의 발달단계가 높아짐에 따라 좀 더 심화된 형태로 가르치도록 계획하는 것이 나선형 교육과정이다. 따라서 유아수학교육에 있어 나선형 교육과정을 구성하여 운영하는 것이 좋다. 나선형 교육과정은 어린 유아들에게 광범위한 주제를 학습할 수 있게 해 주며, 이러한 주제는 매년 순환되지만 연령이 증가할수록 좀 더 심도 있는 주제로 확장되어 다룰 수 있어야 한다(정정희 외, 2018).

5 다중지능 이론

가드너(Gardner)는 지금까지 수용해왔던 일반적인 지능개념이 인간이 가지고 있는 능력의 다양성을 표현하는 데 부적절하다고 주장하면서 1983년 "Frame of Mind: The Theory of Multiple Intelligence"를 통해 다중지능 이론을 주장하였다. 그는 지금까지 인정되어 왔던 지능의 존재를 부인하는 것은 아니지만 기존의 문화는 지능을 너무 좁게 해석하고 있으며, 하나의 개념으로 설명되지 않는 지능의 가능성을 탐구하는 것이 필요하다고 주장하였다.

가드너(Gardner)

PART 1
유아수학교육의 이론적 기초

1) 다중지능의 개념

가드너는 기존의 지능에 대한 이해를 넘어서, 지능을 특정 문화권에서 중요한 문제해결능력 혹은 문화적 산물을 창출해 내는 능력으로 본다. 문제해결능력은 문제를 파악한 후 목적을 달성하여 그 목적 달성에 가장 적절한 방법을 파악하는 것이고, 문화적 산물은 지식을 알아내고 전달하며, 다른 사람의 기분이나 관점을 표현하면서 생겨나는 결정체이다. 이러한 정의는 전통적으로 지능을 정의하고 이해하는 방식과는 두 가지 점에서 차이를 보인다.

첫째, 전통적인 심리측정이론에서 일반요인(g)에 해당하는 언어적 지능과 논리-수학적 지능을 중심으로 인간의 지적능력을 이해하는 것에서 벗어나려는 것이다. 즉, 인간의 지능은 하나의 요인이 아니라 여러 가지 요인들로 구성되며, 각 지능요인들의 결합 형태에 따라 개인의 독특성이 결정된다는 것이다. 따라서 개인의 지적능력은 개

개인의 지능요인별 측정과 프로파일 형태의 분석이 병행되어야 정확하게 알 수 있게 된다.

둘째, 인간의 지능은 '문화적으로 상대적'이라는 관점이다. 즉, 각 문화권마다 성인들의 일상생활에서 가치가 인정되는 지적능력들이 다르기 때문에 지능은 각 문화권에 따라 달리 정의될 수 있다는 것이다.

또한 다중지능(multiful intelligence)에서 가드너는 지능의 독립성과 동등성을 강조한다. 지능의 독립성이란 모든 인간은 상대적으로 여덟 가지 독특한 지능을 소유하고 있으며, 각 지능은 비교적 독립적이기 때문에 한 영역의 지능이 높다고 해서 다른 영역의 지능 또한 높은 것을 예언할 수 없다는 것이다. 지능의 동등성은 일반적으로 영리한 사람의 기준으로 여겨온 언어와 논리-수학적 지능이 강조된 것은 문화적인 영향일 뿐이며, 일반적으로 여덟 가지 영역에서 지능은 동등하다고 가정한다. 즉, 좀 더 직관적이고 넓은 시야로 여덟 가지 지능 모두를 동등하게 보아야 한다는 것이다.

2) 다중지능의 영역

가드너는 지능 분류를 〈그림 2-5〉와 같이 8가지, 즉 언어적 지능, 논리-수학적 지능, 신체운동적 지증, 공간적 지능, 음악적 지능, 대인관계 지능, 개인이해 지능 및 자연적 지능으로 구분하고 있다(홍은하, 2007).

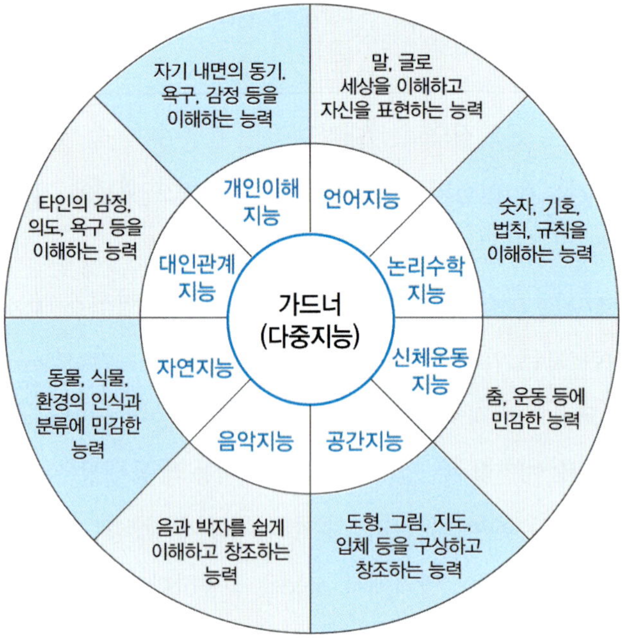

그림 2-5 다중지능의 영역

(1) 언어적 지능(Verbal/Linguistic Intelligence)

언어적 지능이란 말로 하든 혹은 글로 표현하든 언어를 효과적으로 구사하는 능력을 말한다. 이 지능에는 구문론(언어의 구조), 음성학(언어의 소리), 의미론(언어의 의미), 언어의 실용적 차원 혹은 실제 활용 등을 통제하는 능력이 포함된다. 이 지능의 활용방법 가운데는 언어를 통해 타인이 특정 행동을 취하도록 납득시키는 설득과 언어를 이용해서 정보를 기억하는 기억조성술, 언어를 구사하여 정보를 알려주는 설명, 그리고 언어를 통해 언어 자체를 논하는 초언어 등이 포함된다.

언어적 지능의 소유자는 책읽기를 즐기고, 책에 빠져 있는 시간이 많거나 이야기를 잘 하는 재능을 가지고 있으며, 이와 같은 언어적 지능은 구술작가, 정치가, 웅변가, 시인, 극작가, 언론인 등에서 찾아볼 수 있다.

(2) 논리-수학적 지능(Logical-Mathematical Intelligence)

논리-수학적 지능은 숫자를 효과적으로 사용하는 능력 및 추론을 잘하는 능력을 말한다. 즉, 추상적 유형을 확인하고 귀납적 · 연역적으로 추리하고, 관계와 결합을 구별하고, 복잡한 계산을 수행하고 과학적 추리를 하는 과학적 사고에 관한 능력을 의미한다. 이 지능에는 논리적 유형과 논리적 관계, 진술문과 명제(원인 및 결과, 만약 ~라면 ~이다), 함수와 기타 이와 관련된 추상적 사고능력이 포함된다.

논리-수학적인 경향을 가진 개인의 특성은 추론하고 결과를 내며, 원인과 결과의 관점에서 사고하며 가설을 만들어내고 개념적인 규칙성이나 수와 관련된 유형을 찾아내며 생에 대한 일반적이고 합리적인 관점을 즐긴다. 관련 직업으로는 컴퓨터 프로그래머, 구매대리인, 생활설계사, 공인회계사, 회계감사원, 탐정, 의사, 수학자, 은행원 등을 들 수 있다.

(3) 신체-운동적 지능(Bodily-Kinesthetic Intelligence)

신체-운동적 지능은 신체적인 자아와 관련되는 지능으로 자신의 모든 신체를 이용하여 어떤 생각이나 감정을 포함하는 능력과 자신의 손을 이용하여 사물을 만들거나 변형시키는 능력을 말한다. 이 지능에는 자기 자극에 대한 감수성이나 촉각적 능력뿐만 아니라 협응, 균형, 손재주, 힘, 유연성, 속도 등과 같은 특정 신체기술이 포함된다. 어느 정도의 차이는 있지만 모든 사람들에게 존재하는 것으로 볼 때, 보편적 능력이라 할 수 있다.

신체-운동적 지능은 배우, 운동선수, 무용가, 조각가, 기계공, 외과 의사, 행위 예술가 등에게서 찾아볼 수 있으며, 바느질이나 목수 또는 보디빌딩 선수 역시 이 범주에 넣을 수 있다. 그들은 신체적인 감수성을 가지며 몸을 수시로 움직이는 경향이 있고 사물에 대한 즉각적인 반응을 한다.

(4) 공간적 지능(Spatial Intelligence)

공간적 지능은 시각적 세계와 공간적 세계를 정확하게 지각할 수 있으며, 그 지각을 통해 형태를 바꾸는 능력으로 추상적인 것을 구체화하는 시각화 능력, 시각적 · 공간적 아이디어를 기하학적으로 표현하는 능력, 자신을 어떤 공간상에 적절하게 위치시키는 능력을 말한다. 이는 안내자, 정찰병, 사냥꾼처럼 시각적 공간적 세계를 정확하게 지각하는 능력과 디자이너, 조각가, 건축가, 예술가, 실내장식가, 발명가처럼 이런 지각력을 변형시킬 수 있는 능력과 관련된다.

공간적 지능이 높은 사람은 시각적인 시안에 대하여 민첩한 통찰력을 가지고 있고 생생하게 시각화하여 개념을 기하학적으로 구성하거나 스케치하여 3차원적인 공간에 쉽게 적용한다. 누구나 길을 찾고 장소를 기억할 수 있다는 점에서 공간적 지능은 보편적인 지적능력이라 할 수 있으며, 사고의 보조 수단, 정보 획득 방법, 문제를 형성하는 방법, 문제해결수단 등의 유용한 도구로 작용한다.

(5) 음악적 지능(Musical Intelligence)

음악적 지능의 기본적인 성격은 리듬과 멜로디를 인지하고 감상하며 만들어 낸다는 것이다. 음악에 대한 전반적인 직관적 이해와 분석적이고 기능적인 능력(음에 대한 지각력, 변별력, 변형 능력, 표현 능력)을 말한다. 음악적 지능은 생후 2개월이 되면서 엄마의 자장가의 가락과 음조를 구별할 수 있게 되면서 발달이 시작되지만 취학연령 이후에는 기술적 측면 외의 음악적 능력은 발달하지 않는다. 음악은 인간 사회에서 석기시대부터 중요한 역할을 해 왔으며, 누구나 흥얼거리고 노래한다는 점에서 모든 문화에서 볼 수 있는 보편적인 능력이라고 할 수 있으며, 자폐스펙트럼 장애를 가진 아이도 악기를 훌륭히 연주해 낼 수 있다는 사실로 음악적 지능은 독립된 지능으로 볼 수 있다.

관련 직업으로는 음악가, 음악치료사, 음향기술자, 피아노 조율사, DJ, 가수, 댄서, 음악교사, 음반 제작자 등이 있다.

(6) 대인관계 지능(Intrapersonal Intelligence)

대인관계 지능은 다른 사람의 기분, 의도, 동기, 느낌을 분별하고 지각하는 능력, 특정 행위에 따르도록 집단의 사람들에게 영향력을 행사하는 능력, 감각과 대인관계의 암시를 구별해내는 능력, 실용적인 방식으로 암시에 반응하는 능력을 말한다. 이는 다른 사람들을 이해하고 그 사람들과 일할 수 있는 능력이다. 특히 다른 사람들의 분위기, 기질, 의도와 욕구를 알아내고 이에 반응할 것을 요구한다. 이러한 사람들은 다른 사람들의 감정에 쉽게 동조할 수 있으며 사회적으로 책임감 있는 사람이거나 예리하고 책략적이며 다른 사람들의 내면으로 들어가 그 사람의 관점으로 세상을 바라보는 능력을 가지고 있다.

이러한 지능이 뛰어난 사람은 상담자, 교사, 사회학자, 배우, 정치가, 종교지도자, 사회운동가, 사업가 등의 직업을 가질 수 있다.

(7) 개인이해 지능(Interpersonal Intelligence)

개인이해 지능은 자아를 이해하는 것과 관련된 지식과 그 지식을 기초로 적응하는 능력, 자신에 대한 정확한 모습을 알아내고, 그에 따른 자아훈련, 자아이해, 자존감을 위한 능력, 복합적이고 고도로 분화된 여러 감정들을 알아내어 상징화하는 능력을 말한다. 즉, 내면적인 자아와 관련되는 지능이다. 이러한 지능을 가진 사람들은 자신의 감정 속으로 깊이 빠져 들어가 여러 가지의 다른 내적인 감정 상태의 다른 점들을 식별할 수 있고, 자신의 생애를 풍부하게 이끌어 나가기 위해 자기이해를 사용할 수 있다. 이들은 매우 자기 반성적이고 명상에 몰두하며 혼자 있는 것을 즐기며 다른 사람들과 함께 일하는 것보다는 혼자 일하는 것을 즐긴다. 관련 직업으로는 신학자, 심리학자, 작가, 발명가, 철학자, 작곡가, 기업가, 자기인식 훈련 프로그램 지도자 등이 있다.

개인이해 지능은 매우 개인적인 지능이며 다른 지능과 혼합되어 나타나는 것이 일반적이기 때문에 구체적으로 개인이해 지능을 파악하는 것은 어려우며 언어, 음악과 같은 다른 형태의 표현적 지능을 요구한다. 그러나 자신의 감정을 느끼고 자신의 존재를 느낀다는 점에서 개인이해 지능은 보편적인 지적능력으로 볼 수 있다.

(8) 자연적 지능(Naturalist Intelligence)

자연적 지능은 식물, 동물, 광물을 포함한 자연의 세계에 흥미와 관심이 있으며 자신의 환경으로부터 최상의 것을 얻어내는 능력, 환경에 관심을 갖고 자연을 연구하는 능력, 그리고 환경에서 생존하고 적응할 수 있는 능력을 말한다. 개인, 종과 생태학적 관계를 인식하고 분류하기 위한 것이며 살아 있는 창조물과 효과적으로 상호작용하기 위해 생명과 자연력의 유형을 분류하는 것이다. 자연 탐구가는 자신이 살아가고 있는 환경의 동·식물군을 비롯한 방대한 종들에 대한 인식과 분류에 탁월한 전문지식과 기술을 지닌 사람이다.

관련 직업으로는 유전공학자, 식물학자, 생물학자, 수의사, 농화학자, 조류학자, 의사, 약사, 환경 운동가, 원예가, 식물도감 제작자 등이 있다. 이러한 지능을 가진 사람들은 유기체의 세계 안에서 편안함을 느끼며, 다양한 생물체들을 돌보고, 기르며, 민감하게 상호작용하는 재능을 갖는다. 이러한 잠재력은 최종적인 상태로 존재하기도 하며, 사냥꾼, 낚시꾼, 농부, 정원사, 요리사에 이르기까지 다양한 역할들로 나타나기도 한다.

3) 유아수학교육에 주는 시사점

다중지능 이론이 유아수학교육에 주는 시사점을 살펴보면, 첫째, 어린 시절부터 유아들은 수학적 흥미를 가지고 있으며 일상생활의 경험을 바탕으로 숫자, 유형, 형태, 양, 자료, 크기에 대한 복잡한 비형식적 생각들을 점진적으로 발달시켜 나가게 된다. 유아기의 수학학습에 있어 논리-수학적 지능이 덜 발달한 유아는 논리-수학적 지능이 잘 발달된 유아보다 어려움을 겪을 수 있다. 만약 어떤 유아가 수학문제 풀기에서 어려움을 겪으면, 다른 지능을 활용하여 수학을 가르치기 위한 방법을 찾아야 한다. 수학적 매개체는 완전히 말로 바꾸어 설명하거나 다른 것으로 대체할 수 없기 때문이다. 논리-수학적 지능이 부족한 유아에게는 다른 대안적 지능을 사용하다가 적절한 때에 수학적 방법으로 전환하는 등의 방법을 사용하는 것이 바람직하다. 그러나 한 문제를 달리 표현하는 대안적 지능을 찾는 일은 쉽지 않으며 학습이 점점 복잡하고 다양화되면서 대안적 지능을 찾는 일은 더욱 어려워진다. 이와 같이 수학문제유형에 따라 다양한 해결책을 제시하는 데에 다중지능 이론은 유용하게 사용될 수 있다(홍은하, 2007).

둘째, 다중지능 이론은 다양한 형태의 학습기회를 유아에게 제공할 수 있는 수학교육과정과 수업을 계획하는 데 도움을 준다. 즉, 교사들은 활동에 포함되어 있는 개념과 그 개념에 가장 적절한 지능이 무엇인지를 인식하고, 유아가 좋아하는 작업 형태로 수업을 계획할 수 있다. 언어와 수학에만 의존하는 교육과정으로부터 모든 인간이 소유하고 있는 다양한 지능을 교육과정에 투입하여 유아기 때부터 각 개인이 지닌 우수한 지능영역을 발견하게 하고, 연습을 통하여 성인이 되었을 때, 그들의 직업을 훌륭히 수행할 수 있도록 하기 위해 다중지능 이론을 유아교육과정에 적용하는 것은 아주 의의 있는 작업이다.

6 뇌 과학 이론

최근 의학적 진단을 위해 새롭게 개발된 자기공명영상법(Magnetic Resonance Imaging: MRI), 양전자방사단층촬영법(Positron Emission Tomography: PET)과 같은 측정 장비들의 사용으로 사고과정에 따른 뇌 신경세포의 위치 추적을 가능하게 되었다. 연구자들은 이러한 기술을 활용하여 학습활동을 하는 동안 뇌의 어느 부분이 활성화되는지 알 수 있게 되었으며, 이러한 뇌 과학연구가 발달하면서 유아교육에 대한 방향과 시사점을 제공해 주고 있다.

1) 뇌 발달과 학습

신경세포(nerve cell) 혹은 뉴런(neuron)으로 불리는 세포는 1839년 독일 동물학자 데오돌 슈반(Theodor Schwann)에 의해 발견된 것이다. 뉴런은 수행하는 일에 따라 크기와 모양이 다르지만, 정보를 전달한다는 공통된 특징을 가지고 있다. 뉴런의 기본적인 모양은 〈그림 2-6〉과 같다.

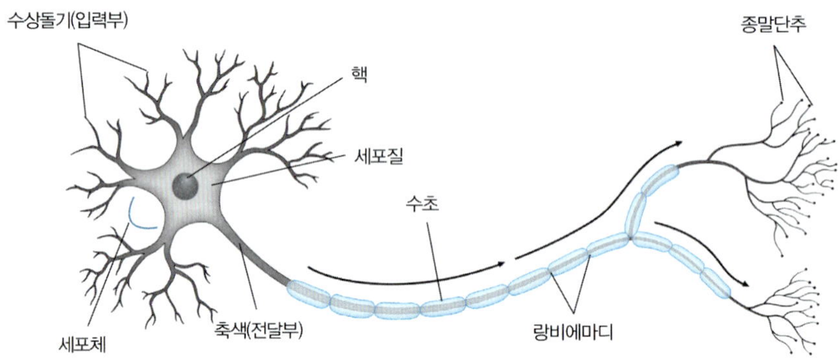

그림 2-6 뉴런(neuron)의 구조

인간의 두뇌는 1,000억 개의 신경세포로 구성되어 있다. 신경세포의 기본 구조는 세포체(cell body)와 세포체에서 뻗어 나온 돌기인 수상돌기(dendrite)와 축색(axon) 그리고 종말단추(terminal button)로 구성되어 있다. 수상돌기 끝에는 수천 개의 On-Off 스위치 역할을 일으키는 시냅스에 둘러싸여 전기화학적 방법으로 수용기(receptor)에서 신호를 받아들이는 역할을 한다. 수상돌기로부터 들어온 정보를 통합하는 역할을 세포체에서 담당한다. 세포체는 세포막을 형성하고 있으며, 그 내부에는 세포질이라는 세포막과 세포핵이 있다. 세포막은 외부로부터 선별적으로 물질을 세포막 안팎으로 통과시키는 역할을 하여 신호의 전달 혹은 차단하는 중요한 역할을 한다. 세포핵은 미토콘드리아를 비롯한 소포체(조면, 활면)와 골지체, 리보솜 등의 소기관과 물로 구성되어 있다. 미토콘드리아는 세포에 에너지를 공급하는 역할을 하고, 소포체는 효소 반응 등을 통하여 필요 물질(단백질)을 생산하는 역할을 담당하며, 리보솜은 핵에서부터 나오는 아미노산을 단백질로 만든다. 이렇게 만들어진 물질을 돌기 끝으로 운반하는 것이 골지체의 역할이다. 세포체에서 통합된 정보는 다음 뉴런으로 정보를 보내기 위해 축색을 지나게 되고, 종말단추에서 다음 뉴런으로 정보를 전달하게 된다.

성인의 경우 뇌의 크기는 1,200~1,880cc 정도이며 무게는 1.4kg 정도이다. 이렇게 작은 뇌이지만 산소 소비량은 전신 소비량의 20%, 포도당 소비량은 전신의 25%를 차지한다. 뇌는 뇌막(meninge)이라고 하는 3겹의 질긴 보호막과 두개골로 보호되어 있으며 뇌막 사이의 공간과 뇌 내부의 공간들은 뇌척수액(cerebro spinal fluid)으로 채워져 있는데, 이 액체는 압력과 충격을 흡수한다.

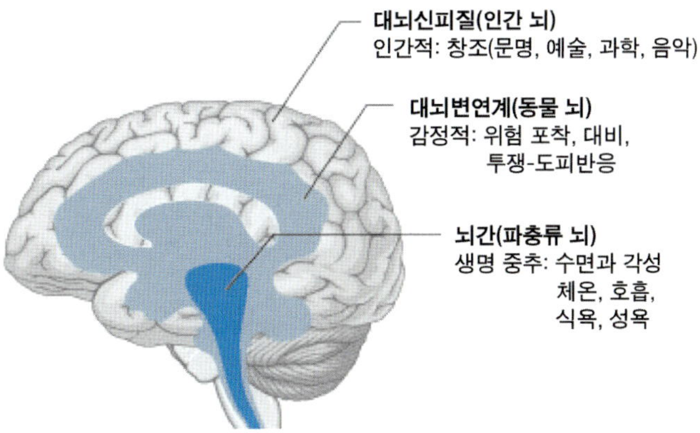

그림 2-7 뇌의 3중 구조

출처: 이시형(2010). 세로토닌하라. 중앙books.

〈그림 2-7〉에서 보는 것과 같이 뇌의 구조를 크게 세 가지로 분류하면, 파충류 뇌로 비유되는 뇌간, 동물 뇌로 비유되는 대뇌변연계, 인간 뇌로 불리는 대뇌신피질로 구분된다. 뇌간은 생명중추이며, 인간의 수면과 각성, 체온, 호흡, 식욕, 성욕을 담당한다. 대뇌변연계는 동물 뇌라고 하며, 위험 포착, 대비, 투쟁–도피반응을 담당한다. 대뇌신피질은 인간 뇌라고 하며, 인간의 창조(문명, 예술, 과학, 음악 등)를 담당하게 된다. 뇌의 외부를 감싸고 있는 것을 대뇌피질이라고 한다. 자세한 뇌의 구조와 기능은 〈그림 2-8〉과 같다(김이영 외, 2020).

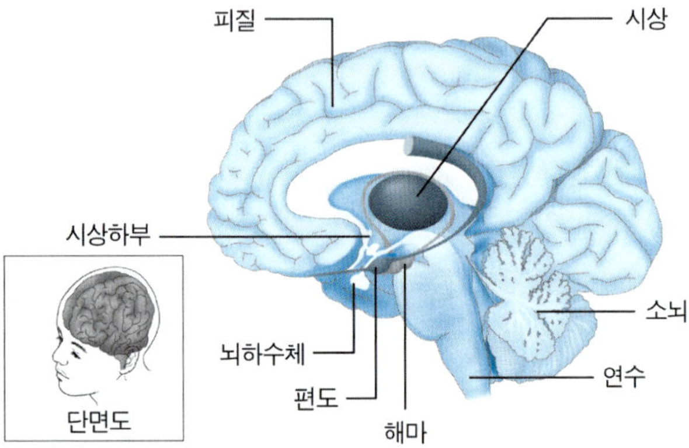

그림 2-8 뇌의 구조

출처: 김이영 외(2020). 영유아발달. 양성원.

뇌간에 위치한 연수는 뇌신경을 통해 호흡, 심장박동, 구토, 기침 그리고 재채기와 같은 생명과 직결된 행동을 담당한다. 소뇌는 깊게 파인 주름을 가진 후뇌의 구조물로서 피아노를 치거나 바느질과 같은 빠르고 정교한 운동을 통제하고 신체의 평행유지를 담당한다. 시상은 대뇌피질에 투사하는 주요 감각기관의 최종 중계소 역할을 한다. 즉, 신체의 감각기관을 통해 들어온 정보 중 후각을 제외하고는 모두 시상을 거쳐 대뇌로 전달된다. 시상하부는 뇌하수체를 통제하여 여러 호르몬 분비를 조절한다. 그리고 시상하부는 동기와 감정적인 행동의 많은 측면을 조절한다. 만약 시상하부에 손상이 오면 동기적 행동, 즉 먹는 것, 마시는 것, 온도 조절, 성행동을 비정상적으로 하게 된다. 그리고 망상체는 흥분이나 각성, 수면을 조절하는 데 중요한 역할을 하고, 주의집중에도 중요한 역할을 한다. 대뇌피질 아래에 피질하구조물로는 변연계와 기저핵이 있는데 변연계는 정서, 학습, 기억에 중요하고 특히 편도체는 공포에 중요한 역할을 한다. 기저핵은 점진적이고 느린 운동을 통제하는 기능, 즉 자신에게 익숙하지 않은 행동을 하는 것과 관련된다.

대뇌피질의 무게는 뇌 전체의 약 80%이며, 표면이 쭈글쭈글하게 주름져 있으며, 좌우 대뇌반구로 나누어져 있다. 이곳에 가득 차 있는 뉴런(신경세포)은 신체 각 부위에서 전달된 정보를 인출하여 몸의 말단으로 명령을 보내는 역할을 한다. 대뇌피질은 각 부위별로 몸의 특정 부위에 반응하므로 뇌파의 기록을 통해 어떤 정신활동을 하는지 알 수 있다. 인간의 뇌 중에서 복잡한 정신활동이 일어나는 부분이 대뇌피질이다. 이 대뇌피질에서 고도의 감각과 지각, 운동과 기술, 사고력, 상상력, 언어활동이 일어난다. 대뇌피질은 다시 네 가지 영역 전두엽, 측두엽, 두정엽, 후두엽으로 나뉘고, 이 부분을 제외한 나머지는 연합영역으로 대뇌피질의 75%를 차지한다(〈그림 2-9〉).

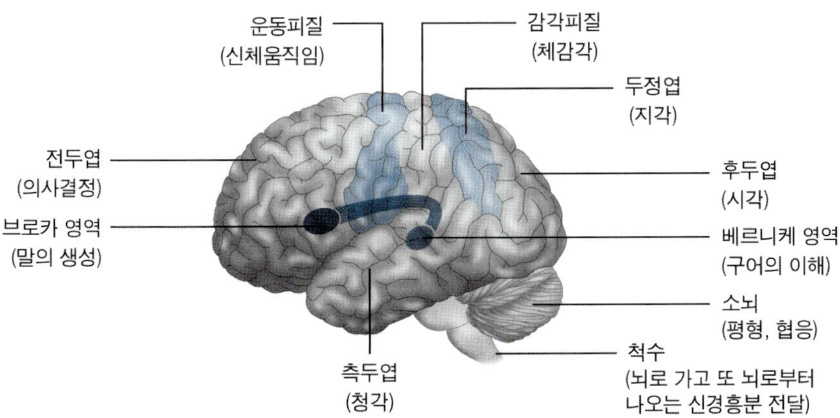

그림 2-9 대뇌피질

출처: 김이영 외(2020). 영유아발달. 양성원.

좌우 대뇌반구의 후두엽에는 1차 시각피질이 있어 시각을 담당하게 된다. 측두엽에는 1차 청각피질이 있어, 청각을 처리하게 된다. 전두엽에는 근육을 통제하는 1차 운동피질이 있으며, 이 부분에서는 움직임을 계획하고, 계속 받아들이는 정보를 움직임과 통합하는데, 부적절한 행동을 억제하는 데 중요한 역할을 한다. 두정엽은 신체 각 부위에서 수용한 체감각 정보를 받아들이고 공간 내에서의 신체적 위치나 운동지각에 중요한 역할을 한다.

출생 당시 뇌 무게는 성인 뇌 무게의 25%에 불과하지만 생후 6개월에는 성인 뇌 무게의 50%, 2세에는 약 75%, 2세에서 6세 사이에 뇌의 무게는 성인의 90%로 증가하게 된다. 동시에 학령 전기 유아들은 신체협응력, 지각력, 기억력, 언어력, 논리적 사고, 상상력 등의 다양한 능력이 발달하게 된다.

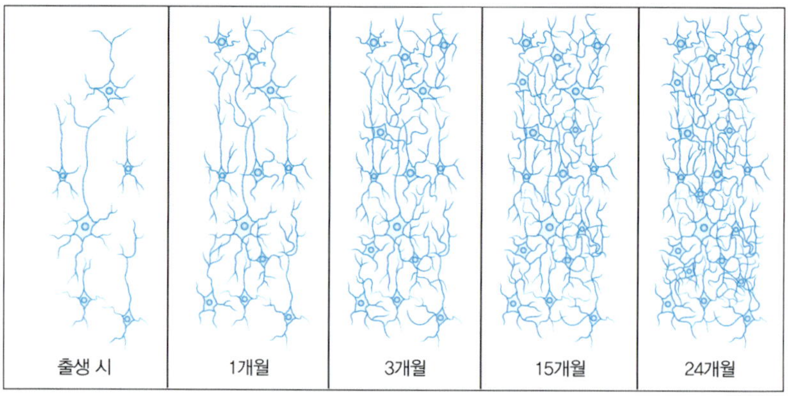

그림 2-10 시냅스의 발달

출처: 김이영 외(2020). 영유아발달. 양성원.

시냅스의 밀도(〈그림 2-10〉)는 출생 후 2세까지 급격히 증가하다가 그 후 서서히 감소하여 7세경에는 성인의 수준에 도달하게 된다(김나영 외, 2007). 뇌발달이 3세까지는 영역별로 골고루 발달하지만 3세 이후부터는 부위별로 발달이 집중된다. 즉, 발달양상에 차이를 보이는데, 3~6세 사이에는 사고와 인간성을 담당하는 전두엽이 발달하게 되고,

7~12세는 뇌회로가 입체와 공간을 지각하는 두정엽과 소리를 담당하는 측두엽이 발달하고, 12세 이후에는 시각을 담당하는 후두엽이 발달하게 된다.

2) 유아수학교육에 주는 시사점

갓 태어난 아기의 경우 성인과 신경세포의 수는 같지만 말을 할 수 없으며 시력도 충분하지 않는 등 뇌 이외의 기능도 미숙하다. 따라서 영아의 경우 신경세포의 네트워크를 형성하는 것이 중요하다. 신경세포의 네트워크는 태어나 성장하면서 만들어지며, 특히 3년 정도가 매우 중요한 시기이다. 즉, 이 시기에 다양한 경험을 통해 영유아의 뇌를 발달시킬 수 있는데, 뇌 발달을 위한 구체적인 개입방안과 유아수학교육에 주는 시사점을 살펴보면 다음과 같다.

첫째, 영아기 때는 누워 있어도 계속해서 움직이면서 주변세계를 탐색하고 이후에는 앉고 기고 서고 걷기와 같은 움직임과 관련된 기본적인 과제를 서서히 습득해 나간다. 특히 8개월 무렵 아이의 기는 동작은 양반구의 교류를 활발하게 할 뿐만 아니라 다양한 감각과 움직임을 조절하는 데 중요한 역할을 한다. 이러한 움직임의 발달은 직접적으로는 아이의 대뇌 전두엽에 있는 운동피질 및 소뇌발달과 관련되고, 간접적으로 두뇌 모든 부위의 발달을 촉진한다. 따라서 교사와 보호자는 영아가 기고 서고 걷는 활동을 통해 아이의 대근육 발달이 자연스럽게 이루어지도록 지원하며, 더하여 소근육 운동 특히 손놀림을 요구하는 활동을 충분히 할 수 있도록 해야 한다.

둘째, 스킨십이 부족한 영유아의 경우 운동기능과 정신기능이 저하될 수 있다는 보고가 있다. 즉, 스킨십은 영유아의 정서발달뿐만 아니라 두뇌발달에도 매우 중요한 역할을 한다. 특히 피부감각의 발달은 곧 두뇌발달과 연결된다. 따라서 교사는 유아들에게 유아수학교육에서 강화를 줄 때 스킨십을 활용하는 것이 좋다.

셋째, 지구상의 많은 생물들을 살펴보면 뇌는 움직이는 동물에게만 있다는 것을 알 수 있다. 움직이지 않는 식물에게는 뇌가 필요 없는 것이다. 이와 같은 점은 태어난 아기에게 움직임을 많이 제공해 주는 것이 두뇌발달에 유익하다는 것을 말해 준다. 즉, 단편적인 방법으로 어떤 물체를 접할 때보다 오감을 통한 학습을 할 때 시냅스가 더 치밀해지기 때문에 오감을 활용한 유아수학교육이 영유아의 두뇌 기능을 향상시키게 된다.

넷째, 영유아들 중 주로 오른손을 사용하는 오른손잡이나 주로 왼손을 사용하는 왼손잡이가 나타나는 것은 뇌의 편측성에 의한 결과이다. 손잡이가 명확히 결정되는 것은 1세 반에서 5세 사이이다. 영아의 90%가 오른손잡이이고, 나머지 10%가 왼손잡이이다. 그리고 남아가 여아보다 왼손잡이인 경우가 약간 더 많다. 일반적으로 글을 쓰기 시작하면 왼손잡이인지 오른손잡이인지를 알 수 있게 된다. 언어를 관장하는 뇌의 좌반구는 오른손잡이에게 우세하다. 왼손잡이 유아의 경우 언어는 두 개의 반구가 함께 작용하는데 이것은 왼손잡이의 경우 뇌의 편측성이 덜하다는 것을 의미한다. 따라서 유아들의 경우 수학교육에 있어 양손을 모두 사용할 수 있는 기회를 줄 수 있는 교육내용의 구성이 뇌의 편측성을 줄여 궁극적으로 뇌 발달에 긍정적인 영향을 미치게 된다.

유아수학교육

PART 2

유아수학교육의 내용 및 과정

CHAPTER 03

유아수학교육의 내용

배울내용

1. 물체를 세어 수량을 알아본다
2. 물체의 위치와 방향, 모양을 알고 구별한다
3. 길이와 무게 등의 속성을 비교한다
4. 주변에서 반복되는 규칙을 찾는다
5. 일상에서 모은 자료를 기준에 따라 분류한다

학습목표

1. 물체를 세어 수량 알아보기의 구체적인 내용을 숙지한다.
2. 물체의 위치와 방향, 모양을 알고 구별하기의 구체적인 내용을 숙지한다.
3. 일상에서 길이, 무게 등의 속성 비교하기의 구체적인 내용을 숙지한다.
4. 주변에서 반복되는 규칙 찾기의 구체적인 내용을 숙지한다.
5. 일상에서 모은 자료를 기준에 따라 분류하기의 구체적인 내용을 숙지한다.

최근 수학교육의 목적이 수학적 지식과 개념 습득에 집중하기보다 호기심을 가지고 주변세계를 탐구하며, 일상생활에서 수학적 · 과학적으로 생각하는 능력과 태도를 기르는 것으로 변경되었다. 따라서 유아수학교육의 내용도 유아의 발달에 적합하고 놀이를 통해 수학적 소양을 증진시키는 내용으로 구성할 필요가 있다. 다음은 국가 수준의 교육과정으로 2019년 개정되어 2020년 3월부터 적용되고 있는 "유아 · 놀이 중심 누리과정"에서 유아수학교육의 내용을 담은 자연탐구 영역의 '생활 속에서 탐구하기' 내용의 유아수학교육 부분이다.

표 3-1 누리과정 자연탐구 영역 내용

내용범주	내용
생활 속에서 탐구하기	물체를 세어 수량을 알아본다.
	물체의 위치와 방향, 모양을 알고 구별한다.
	일상에서 길이, 무게 등의 속성을 비교한다.
	주변에서 반복되는 규칙을 찾는다.
	일상에서 모은 자료를 기준에 따라 분류한다.

유아는 물체를 세어 수량을 알아보고, 물체의 위치나 방향, 모양을 알고 구별하며, 길이와 무게 등의 속성을 비교하고, 반복되는 규칙을 찾아보며, 모은 자료들을 기준에 따라 분류해 보는 과정을 통해 생활 속의 문제들을 해결하는 방법을 다양하게 탐구할 수 있다.

1 물체를 세어 수량을 알아본다

2019 개정 누리과정의 자연탐구 영역에서 생활 속에서 탐구하기 내용에는 수와 연산의 기초개념 알아보기인 물체를 세어 수량을 알아보기와 관련된 내용들이 포함되어 있다(교육부, 보건복지부, 2020).

표 3-2 누리과정 물체를 세어 수량을 알아보기의 내용

	3~5세 누리과정(2015)			2019 개정 누리과정
내용 범주	수학적 탐구하기			생활 속에서 탐구하기
내용	수와 연산의 기초개념 알아보기			물체를 세어 수량을 알아본다
연령	3세	4세	5세	3~5세 모든 유아
세부 내용	생활 속에서 수에 관심을 갖는다.		생활 속에서 사용되는 수의 여러 가지 의미를 안다.	
	구체물 수량의 많고 적음을 비교한다.	구체물 수량에서 '길다', '더 많다', '더 적다'의 관계를 안다.	구체물 수량의 부분과 전체 관계를 알아본다.	
	다섯 개가량의 구체물을 세어보고 수량에 관심을 갖는다.	열 개가량의 구체물을 세어보고 수량을 알아본다.	스무 개가량의 구체물을 세어보고 수량을 알아본다.	
			구체물을 가지고 더하고 빼는 경험을 해 본다.	

영유아기 수의 개념발달에서 수는 양과 관계를 나타내며, 정보를 수집하고 인식하는데 도움이 되는 필수적 도구이기 때문에 매우 중요하다. 수는 사물에 대한 양을 정의하고, 크기와 부피 등을 측정하여 비교하며, 정보를 해석하여 문제를 해결하는데 사용된다. 영유아는 점진적으로 수의 사용과 이해 능력이 발달하는데 이는 수량에 대해 인식하고, 수를 세고, 수 체계를 이해하며, 연산에 관한 지식과 수들 사이의 비교 기술들을 통해 실제 생활 속에서 수를 사용하고 해석할 수 있게 됨을 의미한다.

1) 수의 의미 이해

영유아는 주변환경 속에서 수가 활용되는 다양한 상황을 통해 수 인식과 수가 갖는 다양한 의미를 이해하게 된다. 이러한 경험을 통해 유아들은 수를 구별하고 인식할 수 있으며, 수와 관련된 여러 단어를 습득하여 수를 세거나 순서를 나타내는 단어를 사용할 수 있게 된다. 권민균 등(2017)은 수의 의미와 수 표상에 대해 다음과 같이 제시하였다.

(1) 수의 의미

영유아의 수에 대한 이해는 생활환경에서 접하게 되는 사물과 상황 속에서 반복되는 경험을 통해 수와 연관된 의미를 이해하고 활용하게 된다. 다음은 수 세기, 순서짓기, 명명하기의 수의 의미를 예를 들어 살펴보면 다음과 같다.

① 수 세기: 계산기의 번호는 양을, 저울 눈금은 무게를, 주사위의 점은 점수를 의미한다.

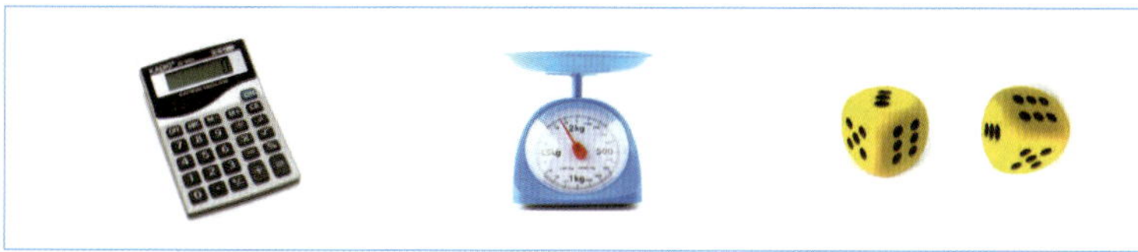

② **순서짓기**: 달력의 "15"는 4월 15일을 의미하며, "14"일 다음날이고, 접수번호 "209"는 "208" 다음이 나의 순서임을 의미하며, "2F"는 계단이 2층으로 "1F"인 1층 위에 있음을 의미한다.

③ **명명하기**: 전화기 한 대에 각각 부여된 수의 조합을 전화번호라고 명명한다. 10000 숫자의 지폐를 만원이라고 명명한다. 운동복의 숫자는 순서나 수량과는 상관이 없고 이름처럼 그 선수를 명명하기 위해 사용된다.

(2) 수 표상

유아들은 먼저 숫자의 모양을 인식하여 구별하고 적절하게 쓰기 위해 시각적 변별력, 좌우 변별력, 개 · 폐의 개념, 눈과 손의 협응력, 소근육 능력 등의 발달이 선행되어야 한다. 수 표상은 그림, 기호, 숫자, 글자 등을 구별하여 수를 표현하는 것으로 다음은 수 표상 활동지도 시 교사의 고려사항이다.

• 놀이를 통한 일상생활 속에서 다양한 숫자 인식의 기회를 제공한다.
• 다양한 자료를 활용하여 숫자 쓰기 기회를 제공한다.
• 신체를 이용하여 숫자를 표현함으로써 숫자 모양을 좀 더 자세히 관찰하게 한다.
• 숫자의 모양을 말로 표현함으로써 모양, 크기, 개·폐, 방향 등 이해를 돕는다.

2) 수의 관계 이해

많은 학자들은 수 감각을 인간이 태어날 때부터 이미 가지고 있어 수를 배우기 이전의 어린 영아도 물체의 양을 수량화할 수 있으며, 유아는 일상생활 속에서 다양한 수가 사용되는 것을 경험하게 되고 이에 따라 수를 인식하고 발달시켜 나간다고 주장한다.

(1) 수 개념 발달

피아제(Piaget)는 수 개념의 발달은 물체의 지각적 변형이나 이동에도 불구하고 수량의 변화가 없는 것으로 수의 보존개념에 대한 이해가 선행되어야 한다고 하였다. 따라서 수 개념의 이해는 물체에 대해 정확하게 추리할 수 있는 능력인 '양의 보존'에 대한 이해가 가능할 때 이루어진다고 볼 수 있다(이경우 외, 1997; 서소정 외, 2020, 재인용). 피아제의 수 보존능력 발달단계에 대해 살펴보면 다음과 같다.

① 총체적 비교 단계

일대일 대응이 어렵고, 물체의 공간적 배열 형태로 크기를 인식하는 단계이다.

(길고 짧고 좁고 넓은 것에만 관심을 갖는 단계: A가 B보다 많다고 판단)

② 직관적 단계

일대일 대응이 가능하나 지속 시간이 짧고, 물체의 공간적 배열 형태에 따라 시각에 의존하는 직관적으로 판단에 의해 결정하는 단계이다.

(A와 B가 같다고 판단) (A가 B보다 많다고 판단)

③ 조작적 단계

일대일 대응이 지속 가능하므로 물체의 공간적 배열 형태가 바뀌어도 물체의 수는 변하지 않는다는 것을 인식하는 논리적 사고 단계이다.

(A가 B가 같다고 판단)

(2) 수 개념 학습 내용

유아기의 수 개념의 획득은 분류, 서열화, 일대일 대응을 통한 동등성을 이해할 수 있는 능력이 먼저 이루어져야 가능하며 이것은 학습을 통해 이루어진다. 다음은 스미스(Smith, 1997)의 일대일 대응에 대한 원리이다.

① 일대일 대응

수 세기에 중요한 기초개념이다. 수를 셀 때 일정한 순서로 수를 부여하여 물체 하나에 수 단어를 하나씩만 대응함으로써 모둠과 다른 모둠 간의 수가 같다는 것을 이해하게 하는 것이다.

② 대응할 물체의 지각적 속성

시각적 감각을 통해 같은 물체들끼리 대응시키는 것보다 관련성 있는 다른 물체들끼리 짝짓는 것이 더 쉽다.

③ 대응할 물체의 개수

물체가 많을수록 일대일 대응을 어려워하기 때문에, 처음에는 5개 이내에서 시작하여 차츰 개수를 늘려야 하는데, 이는 대응할 물체를 빠트렸을 시 확인하기 어렵기 때문이다.

④ 대응할 물체의 일치 여부

유아는 대개 짝을 맞추려는 경향이 있어, 대응할 물체의 개수가 동일할 때 더 쉽게 할 수 있다. 예를 들어, 흰털과 얼룩무늬 고양이가 섞여 있을 때 같은 무늬끼리 짝을 맞추려 한다.

⑤ 대응할 사물의 연결 여부

물체들끼리 연결되어 있는 경우 물리적 근접성이 판단을 쉽게 도와주기 때문에 대응할 사물들을 서로 붙이거나 선을 긋게 하는 것이 대응하기가 쉽다.

유아도 수 세기를 알고 실행할 수 있으나 간혹 세는 물건을 빠뜨리거나 반복해서 헤아리는 실수를 하게 되는 경우가 있어 유아교사는 수를 헤아리는 사람이 어떤 물체도 뛰어 넘어서는 안 되며, 같은 숫자를 여러 번 사용하지 않도록 지도하여야 한다.

표 3-3 일대일 대응을 지도 시 고려사항

예시 프리첼과 초코파이의 갯수 세기의 일대일 대응 지도

				?	?	?	?	?
하나	둘	셋	넷	다섯	여섯	일곱	여덟	아홉

			?			?		
하나	둘	셋	넷	넷	다섯	다섯	여섯	일곱

- 질문: 프리첼은 몇 개인지 세어볼까요?
- 답변: 하나, 둘, 셋, 넷, 네 개입니다.
- 질문: 초코파이는 몇 개일까 세어볼까요?
- 답변: 하나, 둘, 셋, 넷, 다섯, 여섯, 일곱, 일곱 개입니다.

3) 수 세기

영유아에게 수에 대한 이해는 수 세기에 기초해서 이루어지기 때문에 수 개념 발달에 중요한 과정이다. 수 개념을 익히기는 대개 2세경에 시작되며, 수 세기를 기초로 시작한다. 수 세기에 대한 지식을 갖게 되면 일상생활에서 양적 관계를 기술하는데, 이는 수에 대한 상징 발달에 도움이 된다.

(1) 기계적 수 세기

기계적 수 세기는 주로 영아의 기억에 의존하여 숫자를 말하는 기계적 암송으로, 수의 의미를 이해하기 이전에 이루어진다. 수를 어느 정도 암송한다고 하여도 사물에 하나씩 대입하여 차례로 짚지 못한다.

(2) 합리적 수 세기

4~5세 유아에게서 기계적 수 세기 다음에 발달하게 되며, 합리적 수 세기는 각 물체에 대응되는 수의 이름을 일대일로 연결시켜 가면서 순서대로 세어 물체의 수량을 파악한다. 다음은 합리적 수 세기 지도 시 고려사항이다(Smith, 1997; 한유미, 2013. 재인용).

① 일대일 대응을 통한 물체 하나에 한 번씩만 수 단어를 말하도록 한다.
② 수의 명칭을 하나씩 안정된 순서에 맞게 정확히 말하도록 한다.
③ 기수의 원리로 마지막 물체에 적용된 수의 명칭이 물체 전체 개수를 나타낸다.
④ 물체의 수를 셀 때 순서에 무관하게 어떤 방향으로 세어도 수는 변하지 않는다.
⑤ 세어야 할 물체는 동일할 필요가 없으며, 경험이나 사건도 수 세기가 가능하다.

(3) 고유어와 한자어 수 세기 병용

우리나라는 수 세기에 사용하는 단어로 고유어와 한자어를 병용하는 독특한 수 세기 체계를 가지고 있다. 만2세경 고유 수 단어를 먼저 습득하지만 연령이 높아질수록 한자 수 단어의 습득이 빨라지는데, 이는 규칙성의 적용이 한자 수 단어가 더 용이하기 때문이다. 유아들은 연령에 따라 고유 수 단어와 한자 수 단어 습득이 다르게 이루어지는데, 수 세기 발달단계를 정리하면 다음과 같다(홍혜경, 1990; 권민균 외, 2017. 재인용).

표 3-4 우리나라 유아의 수 세기 발달단계

구분	2세	3세	4세	5세
고유 수 세기	넷	일곱	열	스물
한자 수 세기	일	구	십사	사십구

4) 수 연산

영유아기 수의 연산활동은 수량을 인식하는 수의 추상 능력과 더불어 더하기와 빼기 활동을 통해 더하기는 기존의 물체에 다른 물체를 합했을 때 몇 개가 되었는지, 빼기는 물체를 덜어냈을 때 몇 개가 남았는지 이해하게 한다. 점차 일상생활의 다양한 경험을 통해 여러 개의 수를 더하고 빼는 수 연산에 대한 상황을 인식하고 이해할 수 있다.

(1) 수 연산 발달

여러 학자들은 수 연산이 연령에 따라 점진적으로 발달한다고 주장하였는데, 연령에 따른 수 연산의 발달 내용을 학자별로 정리하면 〈표 3-5〉와 같다.

표 3-5 연령에 따른 수 연산 발달

연령	내용	학자
5개월	하나의 물건에 다른 하나의 물건이 더해지면 2개가 되는 것 이해	Wynn(2000)
3세	물건을 덜어내면 수가 줄어들고, 더하면 수의 증가함을 이해	Clements(2004)
4~5세	비형식적인 더하기, 빼기 상황에서 구체물을 1부터 전부 세어서 해결하는 전략을 사용하여 계산 시작	Carpenter, Carey & Kouba(1990)

(2) 더하기

사물이나 대상을 합하였을 때 모두 몇 개가 되는지를 아는 것을 의미한다. 영유아들은 실생활에서 더하기와 빼기 문제를 해결하고 나름대로의 책략을 사용하고 있다. 영유아가 사용하는 더하기 책략을 살펴보면 다음과 같다(한종화, 2003).

① 모두 세기를 위해 실물이나 구체물로 두 집합의 물체를 전부 센다.

② 구체적 물체가 없는 경우 구체물을 대신하여 손가락으로 수를 모두 센다.

③ 처음 나타나는 수부터 시작해서 기억하는 숫자의 순서대로 계속 센다.

④ 두 개의 수 중 뒤에 위치한 수에서 순서적으로 세어 나간다.

(3) 빼기

빼기는 전체 사물에서 뺐을 때 몇 개가 남았는지, 두 집단에 포함된 사물의 수량이 얼마가 차이가 있는지 아는 것으로 '빼다', '~보다 적다' 등의 용어를 사용한다. 영유아는 더하기보다 빼기 활동을 더 어려워한다. 유아가 사용하는 빼기 책략을 살펴보면 다음과 같다(김숙자, 김현정, 2005).

① 전체에서 구체적 사물을 덜어내는 감수를 사용하여 남아 있는 수를 센다.

② 손가락으로 감수로부터 구체물을 피감수까지 모두 더하여 센다.

③ 감수부터 피감수까지 세어 올라간다(7~5의 경우 5부터 7까지 정신적으로 이어 센다).

④ 피감수부터 감수까지 반대로 세어간다(7~5의 경우 큰 수인 7부터 5까지 정신적으로 센다).

(4) 수의 부분과 전체

① 개념발달

수의 부분과 전체의 개념은 온전한 한 사물이 여러 조각으로 나눠질 수 있고 이런 조각들이 다시 모여 하나로 합쳐질 수 있다는 개념으로, 이것은 더하기, 빼기, 곱하기, 나누기 등 고차원적 수 개념 학습발달 및 사고의 논리적 발달을 도와준다. 유아는 수의 부분과 전체의 관계는 전체(특정 수)를 여러 개의 부분으로 조합해 보는 경험을 함으로써 발달시킬 수 있다.

② 학습내용 및 방법

영유아기 부분과 전체를 이해하도록 돕기 위해서 전체를 가지고 부분으로 나누어 보거나, 부분을 모아 다시 전체를 만드는 경험을 제공할 수 있도록 교사는 구체적 실물이나 이미지, 실제 속에서 개념 이해를 위해 지도할 필요가 있다.

부분-부분-전체는 영유아의 더하기, 빼기의 언어적 문제를 해결하는 영유아의 능력과 관계가 있다(Carpenter, 1986; Cobb, 1987; 서현아 외, 2018. 재인용).

사과의 부분과 전체

접시의 과일 덜어내어 빼기

2 물체의 위치와 방향, 모양을 알고 구별한다

물체의 위치와 방향, 모양을 알고 구별하기는 공간과 도형에 대한 기초개념의 이해이며, 영유아에게 주변과 그 안에 있는 물체들에 대한 직관적 느낌을 3차원적으로 표현하고 분석하는 방법을 제공한다. 영유아의 공간과 관련된 개념은 기하학의 기초로 삼각형, 사각형, 원 등과 같은 기하학적 모양을 분별할 수 있으며, 이는 위상기하학의 개념인 안과 밖, 개·폐와 같은 위치의 인식이 먼저 발달한 이후에 가능하다.

표 3-6 누리과정 물체의 위치와 방향, 모양을 알고 구별하기 관련 내용

<table>
<tr><th></th><th colspan="3">3~5세 누리과정(2015)</th><th>2019 개정 누리과정</th></tr>
<tr><td>내용 범주</td><td colspan="3">수학적 탐구하기</td><td>생활 속에서 탐구하기</td></tr>
<tr><td>내용</td><td colspan="3">공간과 도형의 기초개념 알아보기</td><td>물체의 위치와 방향, 모양을 알고 구별한다.</td></tr>
<tr><td>연령</td><td>3세</td><td>4세</td><td>5세</td><td>3~5세 모든 유아</td></tr>
<tr><td rowspan="4">세부 내용</td><td>나를 중심으로 앞, 뒤, 옆, 위, 아래를 알아본다.</td><td colspan="2">위치와 방향을 여러 가지 방법으로 나타내 본다.</td><td rowspan="4"></td></tr>
<tr><td></td><td></td><td>여러 방향에서 물체를 보고 그 차이점을 비교해 본다.</td></tr>
<tr><td>물체의 모양에 관심을 갖는다.</td><td>기본 도형의 특성을 인식한다</td><td>기본 도형의 공통점과 차이점을 알아본다.</td></tr>
<tr><td></td><td colspan="2">기본 도형을 사용하여 여러 가지 모양을 구성해 본다.</td></tr>
</table>

1) 공간개념의 발달

공간개념이란 방향, 위치, 거리와 같은 공간적 관계를 활용하여 공간에서 주어지는 자극들을 구별하여 인식하며, 사전의 경험과 관련지어 해석해 내는 능력을 말한다(Del Grande, 1990). 영유아는 오랜 기간에 걸쳐 사물들 간의 위치 관계와 공간개념을 획득하게 된다.

(1) 공간 인식

영유아는 공간 인식 또한 자기중심 표상을 하게 된다. 즉, 3차원 공간 내에서 처음 자신을 중심으로 위치와 방향, 거리를 탐색하기 시작하여 점차 공간 내의 물건들 간의 관계를 인식하고 설명하게 된다(홍혜경, 2010).

① **자기중심 표상**(egocentric representation)

자기 자신을 중심으로 공간을 인식하는 것으로, 예를 들어 선생님이 오른손을 들면서 오른손을 들라고 하면 유아는 자신의 위치에서 이해하여 왼손을 들어 올리는 경우가 있다.

② **지표물 중심 표상**(landmark-based representation)

주변환경에 있는 큰 건물을 지표로 삼아 방향을 인식하는 것이다. 1세경에는 가까이 있는 물체에 목표를 국한하여 지표를 사용할 수 있으며, 2~3세경 먼 거리의 지표물도 활용할 수 있으나 자신이 움직이면 위치를 잃어버리기도 한다. 5세경이 되면 활용되는 지표물이 확대되어 자신의 위치에 덜 의존적이 된다.

③ **객관적 표상**(allocentric representation)

주변환경의 목표물을 일반적이고 객관적인 참고체계와 관련지어 나타내는 것이다. 객관적 표상은 언어로만 표현할 수 없으며, 정신적 지도를 형성할 수 있다. 예를 들어, 블록, 나무 같은 장난감을 배치하여 지도를 구성할 수 있다.

(2) 공간개념의 내용

공간이란 상하, 전후, 좌우 3방향으로 퍼져 있는 빈 곳을 의미하며(서현아 외, 2018), 자신의 물리적 환경을 접하여 심상을 형성하고 다른 시각으로 변환시킬 수 있으며, 평면에 표현할 수 있는 일반화된 심상을 형성하는 능력이라고 하였다(Browing & Channell, 1992; 서현아 외, 2018. 재인용). 다음은 수학적 의미의 공간으로 이는 수축 및 확장 등의 변형에도 변화하지 않는 특성으로 정의되는 위상수학에 대한 기초적인 내용이다(박정민 외, 2016).

① **근접성**: 대상물들 사이의 특정 거리나 위치의 관계를 의미한다. 이것은 길이로 측정되며, 물체의 위치에 관한 거리 인식으로 비교, 구별, 이해를 포함한다.

- 판 게임을 통해 근접성을 경험하게 한다. 예) 지도에서 놀이터 찾기 등

② **분리**: 연결되어 있지 않는 것으로, 서로 나뉘어 떨어지는 것을 의미하며, 사물을 전체로 보는 공간적 연관성에 대한 인식이다.

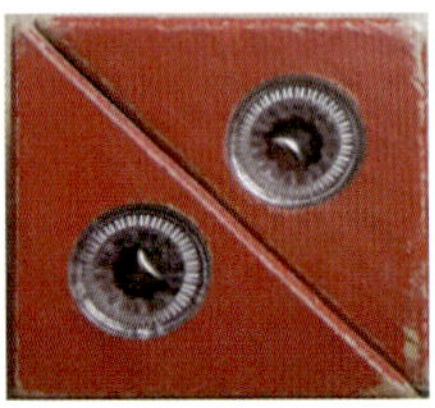

③ **개 · 폐**: 하나의 대상이나 사건이 다른 대상이나 사건에 의해 둘러싸여 안과 밖, 열림과 닫힘으로 경계 개념의 기초가 된다.

- 일상생활 상황에서 개 · 폐 개념을 경험하게 한다.
  – 열쇠로 자물쇠를 열고 잠근다.

– 'ㅁ'과 'ㄷ' 또는 'o'와 'c'의 구별이 가능한 것은 개 · 폐의 차이 구분이 가능하기 때문이다.

– 4~5세 유아는 안–밖과 같은 공간의 위치를 먼저 이해하고 삼각형이나 사각형, 원 등의 모양을 구별한다.

④ **순서**: 무슨 일을 하거나 무슨 일이 이루어지는 차례로, 사물이나 사건의 서열을 의미하며, 공간적 관계 이해를 포함한다.

- 키 순서로 줄서서 자신이 몇 번째에 서 있는지, 기차의 운전석이 몇 번째 인지를 말한다.

⑤ **이동과 대칭**: 이동은 자리를 옮기거나 뒤집을 때 크기, 모양, 각도 등은 변함이 없이 위치만 변하는 것이고, 대칭은 축을 중심으로 양면이 같은 모양을 가지는 것을 말한다. 대칭은 방사대칭(radial symmetry), 거울대칭(mirror symmetry), 구대칭(spherical symmetry), 좌우대칭(bilateral symmetry)으로 나뉘며, 일정한 대칭축을 갖지 않는 것은 비대칭으로 구분한다.

구대칭

좌우대칭

방사대칭

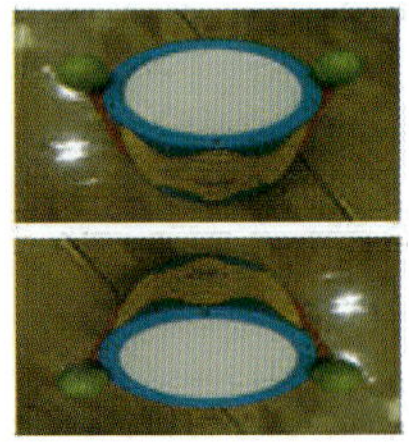

거울대칭

(3) 공간능력 구성의 체계

영유아는 주변의 사람과 물체들 간의 관계에서 그들 자신을 인식함으로써 공간개념을 이해하게 된다(김영실 외, 2020; Copley, 2000). 이는 공간능력의 발달을 통해 기하학공간의 성질을 구분하는 기하의 개념을 발달시킬 수 있다.

① 기하의 종류

기하는 물체의 성질을 다루는 대상기하와 공간의 성질을 다루는 공간기하로 나뉘며(김보경, 2013), 2차원의 평면도형과 3차원의 입체적 도형으로 그 공간에 의존하게 되므로 공간을 인식하는 것은 도형을 이해하는 데 매우 중요하다.

- **대상기하**: 2차 도형과 3차원 입체적 기하(유클리드 기하)의 개체가 가지고 있는 고유한 특성을 밝히고 특성에 근거한 도형이나 입체를 분류한다.
- **공간기하**: 첫째, 위상기하는 근접, 위아래, 전후와 같은 3차원 세계에 존재하는 자신과 사물의 위치에 대한 것이고 둘째, 좌표기하는 사물의 좌표상 위치를 다루는 것이며 셋째, 변환기하는 합동, 유사대칭, 비대칭과 같은 2차원 도형이나 3차원의 형체를 배열하거나 조합하는 것을 포함한다.

② 공간능력을 구성하기 위한 그란데(Del Grande)의 공간개념 내용

- 눈 · 운동 협응(eye-motor coordination)

눈 · 운동 협응은 시각을 이용해 관찰하고 신체의 움직임을 일상 활동 속 공간에서 이해하며 조정하는 것으로 기하학적 아이디어나 개념을 이해하는 데 필요하다고 볼 수 있다.

예) 눈 · 운동 협응은 일상생활에서 거의 모든 활동과 관련 있으며, 그림이나 도형 안에 색칠하기, 선 따라 그리기, 점선을 이어 형태 완성하기 같은 교육활동과 미로 찾기와 구멍에 단추를 끼우기 및 양말이나 신발 신기, 가위질하기, 공차기와 같은 일상 속 수행의 활동을 들 수 있다.

- 형태 · 바탕 지각(figure-ground perception)

형태 · 바탕 지각은 감각 정보인 시각을 통해서 빠르고 정확하게 물체나 도해 등을 비교 또는 판별하여 형태나 명암의 차이를 알아보는 능력이다. 즉, 사람들은 객관적 실체를 패턴이나 관계로 조직하는 정신적 표상을 통해 전체로 변환시켜 생각하게 된다. 또한 어떤 특수한 상황에서 형태를 시각적으로 식별하는 행위로 중첩되거나 가려져 보이지 않는 것도 일정한 형태로 지각하는 것이 형태 · 바탕 지각인 것이라 할 수 있다. 이 능력은 한 도형에 집중하여 그림 속 배경에서 전경을 식별하는 것으로 유아의 주의집중력을 발달시킨다.

예) 조각이어 형태 완성하기(패턴블록), 닮은 점과 다른 점 찾기, 칠교판, 그림의 미완성 부분 찾기, 도형 완성하기 등이다.

- 지각적 항상성(perception constancy)

지각된 대상의 형태 또는 크기의 불변성을 의미하며, 물체가 이동함에 따라 위치나 각도가 달라져 그 대상에 대한 시각적 정보인 모양이나 크기가 달라 보일지라도 변형이 없이 항상 같은 대상으로 인식하는 것이다. 즉, 물체와의 거리나 방향

이 바뀌어도 대상의 고유한 형태를 올바르게 지각하는 것으로 지각적 항상성의 유형으로는 형태 항상성 및 크기 항상성이 있으며, 영아의 대상 영속성의 개념 획득을 돕게 된다.

예) 같은 형태지만 크기가 다른 것 찾기, 회전하는 위치를 바꿀 때 같은 형태 찾기, 물체를 크기에 따라 순서적으로 배열하기 등이다. 직사각의 도형은 보는 위치에 따라 평행사변형으로 보일지라도 변형이 없는 직사각형임을 인식하고, 원근의 차이에 따라 같은 크기로 보일지라도 가까이 있는 물체보다 멀리 있는 물체가 더 큰 것으로 지각하는 것이다.

• 공간 내 위치 지각(position-in-space perception)

자신의 위치를 공간 속의 대상물과의 위치와 관찰하여 비교하고 관계를 지어 인식하는 능력을 말한다. 처음에는 자신을 중심으로 변별하다가 점차 자신이 바라보는 위치를 중심으로 사물의 전후, 좌우, 상하를 지각하게 된다. 프로스팅, 마리안느와 혼(Frosting, Marianne & Horne, 1964)에 의하면, 공간 내에서의 위치 지각에 어려움이 있는 유아는 독서에 있어서 거꾸로 읽거나, 쓰기에 있어서 뒤집어 쓰고, 산수능력에도 어려움이 있다고 보고하였다.

예) 영유아는 시각·촉각에 의해 공간표상의 도움을 받아 움직이는 동작에 따른 신체 각 부위의 위치를 파악하고자 할 때, 평형감각이 중요한 작용을 하는 것이라고 한다. 거울의 상 만들기, 도형의 회전과 대칭이동, 사물의 위치변화 등은 이러한 능력을 개발할 수 있는 활동이며, 문자 ㄱ과 ㄴ이나 숫자 6과 9의 형태를 구별하는 패턴활동과 경사판, 평형도 기억 검사기, 회전의자 등의 공간 내 위치 지각 실험이 이용되고 있다.

• 공간관계 지각(perception of spatial relationship)

공간관계나 공간위치를 감각을 통해 파악하는 둘 또는 그 이상의 물체 간의 관계

인식이며, 위치와 거리, 깊이 등의 관계 인식을 포함한다. 인간은 오감을 사용하여 공간관계를 지각하는데, 그 중 시각을 통한 공간 지각인식이 가장 명확하다. 또한 자신과 관련하여 둘 또는 그 이상의 대상이나 대상들끼리 서로 관련지어 볼 수 있다.

예) 현관에서 놀이방 쪽으로 걸어가면 현관에서는 멀어지고 놀이방에는 점점 가까워지는 것을 이해하게 된다. 놀이 활동을 통한 공간관계 지각의 이해를 돕기 위해서는 주어진 그림에 따라 블록 쌓기, 장애물 피하기, 목적지로 가는 최단거리 찾기, 도형을 뒤집거나 거꾸로 해서 패턴 만들기 등의 활동이 있다.

• 시각적 기억 또는 시각적 변별(visual memory or visual discrimination)

위치와 무관하게 물체들 간의 차이점을 구별하고 유사점을 인식하는 것으로 분류하기를 할 때 필수적인 능력이다. 시각적 변별은 대상의 특성과 관련시켜 회상할 때 보이지 않아도 사물 간의 차이점을 인식하여 서로 다른 물건을 구별하거나, 사물의 형태, 크기, 색 등 이전에 보았던 기억을 이용하여 비교를 통해 변별할 수 있다.

예) 같은 물체 찾기, 초식동물 분류하기 활동, 같은 것끼리 짝 짓기, 엄마와 아기 동물 찾기, 틀린 그림 찾기, 같은 것끼리 연결하기, 그림에 있는 물체 기억하기 활동이 있다.

③ 공간개념 기르기를 위한 지도방안

• 공간개념과 관련된 어휘사용

일상생활 속에서 다양한 공간 관련 언어를 사용하여 공간개념을 형성하는 데 도움을 줄 수 있다(권민균 외, 2017).

표 3-7 공간개념과 관련된 어휘

분류	사용 어휘 내용
위치	안에, 밖에, 밖으로, 넘어, 아래, 위, 바닥, 중간, 같이, 왼쪽에, 오른쪽에
순서	첫째/마지막, 시작/끝, 앞/뒤, 중간, 다음
방향	앞으로, 뒤로, 위로, 아래로, 멀리, 근처에, 오른쪽으로, 왼쪽으로
이동	여기서, 저기로, 앞으로, 옆으로, 뒤로, 휘어진
분리	붙어 있는, 떨어져 있는
근접	가까이, 멀리
개폐	열린, 닫힌

- 공간개념을 표현해 보도록 한다.
- 다양한 사물에 포함되어 있는 그림이나 사진 등을 활용하여 공간개념 관련 용어를 사용하여 수수께끼 놀이를 해 본다.
- 공간적 관계 이해를 위해 교실의 배치도, 유치원의 배치도 및 우리 동네 지도 등을 그려보도록 한다.
- 하나의 물체를 다양한 자세와 위치에서 보고 차이점을 설명해 보도록 한다.
- 놀이나 게임을 통해 공간과 관련된 개념들을 활용해 보도록 한다.

(4) 측정개념의 발달

공간개념 중 측정과 관련된 개념으로 길이와 높이 또는 넓이를 알아보는 면적이나 부피, 개수를 의미하는 양이나 무게, 온도, 시간, 화폐단위 등이 있다. 유아는 측정을 통해 개념을 통합하고 구체화할 수 있다. 측정은 양에 대한 보존 또는 불변성을 먼저 이해하여야 발달할 수 있다(Piaget, 1965). 유아가 두 사물 간의 관계로서 거리를 이해하게 되면, 공간에 대한 위상기하학의 개념이 유클리드 기하학의 개념으로 변환될 수 있다(고선옥 외, 2014; Copeland, 1979).

(5) 시간개념의 발달

시간은 모든 다른 이해의 기초이며, 시간개념은 경험적 시간(experiential time), 논리적 시간(logical time), 인습적 시간(conventional time)의 세 하위범주로 나눌 수 있다(고선옥 외, 2014; Friedman, 1978).

먼저 경험적 시간은 사건들의 순서와 그 사건의 지속시간에 대한 주관적인 경험을 말하며, 논리적 시간은 연대기적 시간이거나 기계적이 아니라 어떤 논리적 계산의 산물로, 연속적인 시간을 분리된 상대적으로 안정된 공식적인 구조로 나누는 데 사용되는 다른 사회적 장치를 말하며, 인습적 시간은 문화적으로 그 사회에서 정해 놓은 시간을 의미한다.

① 경험적 시간

- 2개월: 다른 리듬으로 연주되는 동일한 멜로디를 구별한다. 이는 청각적 지각에서는 외부 사건들의 타이밍에 대한 감각이 더 빨리 나타남을 보여준다.
- 3~5개월: 엄마의 활동 타이밍에 맞추어서 반응하도록 자신들의 행동을 조직화한다.
- 5세: 정확한 시간간격에 대한 피드백이 주어지면, 유아들은 수 세기를 활용하여 시간의 길이를 추정하게 된다. 다만, 매번 셀 때마다 걸리는 시간의 길이가 다르기 때문에 시간의 경과를 정확하게 추정하지는 못한다.

② 논리적 시간

시간이 연속적인 차원으로 진행되며, 그 시간 속에서 어느 사건의 시작점이 더 늦게 발생하여도 끝나는 지점의 시각이 빠르면 다른 사건보다 더 짧은 시간이 걸렸을 것으로 판단하게 되는 것이다.

- 5세: 논리적 관계들을 이해하지만, 다른 단서들의 영향을 쉽게 받기 때문에 그 이해가 완벽하지는 않다.

③ 인습적 시간

문화적으로 그 사회에서 정해놓은 규칙으로 시간, 일, 월, 년, 절기 등으로 배움을 통해 체계화시킬 수 있는 시간개념이며, 순서화된 언어적 목록, 심상, 연합적 표상이 시간의 체계이해와 관련된다.

- **연합적 표상**(association): 좋아하는 TV 프로그램이 방영되는 날, 소풍 가는 날
- **순서화된 언어적 목록**(ordered verbal list): 사건의 순서에 따라 만들어진 것(4학년에서 중학교 2학년까지)
- **심상**(mental image): 어느 쪽에서도 쉽게 알아볼 수 있는 것(어린이)

2) 도형

모든 사물은 위치나 모양, 크기와 빛깔, 무게 등을 가지고 있다. 도형은 뒤집기, 옮기기, 돌리기 등과 같은 변환에도 모양, 크기, 각도 등이 변하지 않는 고정된 형태, 크기, 변의 수, 모서리의 수로 이루어져 있는 점과 선, 면, 입체와 이들의 집합으로 만들어진다. 유아들은 형식적인 유클리드 기하 도형을 익히기에 앞서 일상생활을 통해 다양한 물체의 모양에 관심을 갖고, 공통점과 차이점을 구별해 보면서 비형식적인 도형개념을 형성해 간다(Copley, 2000). 이때 유아교사는 개념발달 단계에 맞게 일상생활 속에서 흥미를 가지고 유아가 참여할 수 있도록 지도할 필요가 있다.

(1) 도형개념의 발달 과정

어린 유아도 유클리드적 기하개념을 가지고 있으며, 3세 정도 유아기부터 기하학적 개념을 획득하는데 삼각형, 사각형 같은 도형보다는 일상생활을 통한 공과 같은 사물의 모양, 다음으로 도형은 동그라미를 먼저 인식하는 발달단계를 거치게 된다.

① 피아제(Piaget)의 도형개념의 발달단계

- **1단계(2세 6개월~4세):** 이 시기의 영유아는 유클리드 기하학적(세모, 네모) 모양이 아니라 일상생활에서 친숙한 물체를 위상학적(연결성이나 연속성 등)으로 먼저 인식한다. 예를 들어, 우윳병, 숟가락, 공 모양은 인식하나 삼각형과 사각형은 폐곡선일 뿐 서로 구분되지 않는다.
- **2단계(4~6세):** 4세경에는 원과 사각형을 구별하기 시작하나 정사각형과 직사각형은 구별하지 못하고, 5세를 전후하여 원과 타원을 구분하고 정사각형과 직사각형의 차이 구분이 시작된다. 그러나 삼각형에 선이 더해져 사각형이 되고 다각형도 된다는 것과 원을 반으로 가르면 반원이 된다는 것을 인식하지는 못한다. 5세 이후 복잡한 도형의 표상에는 어려움이 있으나 마름모와 사다리꼴의 차이를 인식하게 된다(한유미, 2013).
- **3단계(6~7세):** 6~7세가 되면 그림을 통합적으로 그리고 재구성하는 등 도형을 다양한 방법으로 이해하기 시작한다(김숙자, 김현정, 2005).

② 기하학적 사고 특징의 위계적 수준(김영실 외, 2020)

- **반 힐레(Van Hiele)**

  0-시각화 수준(visual level): 형태를 인식하여 시각적 총체로 지각하며, 비슷한 도형끼리 짝짓기하거나 이름을 말할 수 있다. 부분에 대해 말을 하지는 못하고, 선의 수, 면, 각도 등의 도형에 속성이나 부분에는 관심을 갖지 않으나, 시각이나 촉각을 활용해 도형을 전체적으로 인식할 수 있다.

  1-기술적/분석적 수준(descriptive/analytic level): 도형의 면과 변, 각도 등의 속성을 구체적으로 인식하고 묘사할 수 있다. 사각형의 특징을 "사각형은 선이 4개 있어요. 뾰족한 곳(점)이 4개예요. 점도 4개로 똑같아요"라고 설명할 수 있다. 그러나 도형 사이의 관계를 인식하기 어려워서 정사각형이 4개의 선을 가지고 있지만 직사각형으로 분류되는지는 이해하지 못한다.

• 클레멘츠(Clements, 2004)

1-수준: 유아의 시각적 수준에서 모양을 인식할 뿐만 아니라 완전하지는 않지만 도형의 특성이나 성질을 설명적인 지식을 사용하여 말할 수 있다.

2-수준: 도형에 대해 설명적 언어를 사용하여 말하지만 부분적으로 도형에 대한 추상적 지식도 나타난다.

3-수준: 도형에 대한 지식의 추상화 및 도형관계의 추리가 가능해진다.

(2) 기본 도형의 인식

도형은 구, 원기둥, 원뿔, 정육면체, 직육면체 등의 입체도형과 원, 삼각형, 정사각형, 직사각형, 평행사변형, 타원형 등의 평면도형이 있다(한유미, 2013; Smith, 1997). 우리의 환경 자체는 다양한 도형으로 이루어졌으며, 다음과 같이 도형을 생활에 인식, 활용하고 있다.

- 목록이나 선택을 할 때 실행 가능한 것은 ○, 가능성이 있는 것은 △, 중요한 것은 ☆의 도형을 암호 표로 흔히 사용한다.
- 예배당의 첨탑에서 원뿔을 볼 수 있다.

여러 가지 도형 중 유아에게 친숙한 기본 도형인 원, 삼각형, 사각형 등의 성질을 살펴보면 다음과 같다(심정화, 2000; 한유미, 2013).

표 3-8 입체도형의 종류와 특징(권민균 외, 2017)

명칭	특징
구	평면도형인 반원의 지름을 축으로 1회전한 것이다.
원기둥	평면도형인 직사각형의 한 변을 축으로 1회전한 것이다. 위, 아래의 면이 서로 평행이고 동일하다.
원뿔	직각삼각형의 빗변이 아닌 한 변을 축으로 1회전한 것이다. 원으로 된 밑면, 곡면으로 된 옆면, 꼭짓점으로 되어 있다.

명칭	특징
정육면체	정사각형 6개로 둘러싸인 도형을 말한다. 6개의 면, 8개의 꼭짓점, 12개의 모서리로 되어 있다.
직육면체	직사각형 6개로 둘러싸인 모형을 말한다. 면 6개, 꼭짓점 8개, 모서리는 12개이다.

구 원기둥 원뿔 정육면체 직육면체

그림 3-1 입체도형

표 3-9 평면도형의 종류 및 특징(권민균 외, 2017)

명칭	특징
원	원은 어느 쪽에서 보더라도 모양이 똑같은 형태이며, 꼭짓점이나 변이 없다. 원은 평면상의 한 정점에서 일정한 거리에 있는 점들로 이루어진 거리가 일정한 점의 집합으로 이루어진 곡선이다.
삼각형	삼각형은 3개의 변과 3개의 꼭짓점으로 이루어진 3개의 선분으로 둘러싸인 도형이다. – 정삼각형: 3변의 길이와 3각의 크기가 같은 삼각형 – 이등변삼각형: 2변의 길이가 같은 삼각형 – 부등변삼각형: 3변의 길이가 모두 다른 삼각형 – 직각삼각형: 3각 중 한 각이 직각인 삼각형
사각형	사각형은 4개의 변과 4개의 꼭짓점 및 2개의 대각선으로 이루어진 도형으로 다양한 형태가 있다. – 정사각형: 직각인 4개의 각과 4개의 변의 길이가 모두 동일하다. – 직사각형: 4각이 직각이고, 마주 보는 두 쌍의 변은 평행이고 길이가 같다. – 평행사변형: 두 쌍의 변이 평행을 이루고, 마주 보는 두 변의 길이와 각의 크기가 동일하다.

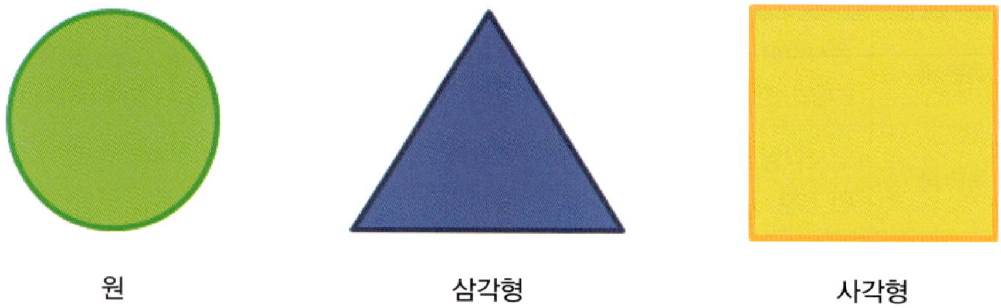

그림 3-2 평면도형

(3) 도형 인식 지도 활동(한유미, 2013)

지도 시 유의사항으로는 영유아는 원, 사각형, 직사각형, 삼각형의 순으로 도형을 인식하게 되며, 처음부터 여러 도형을 소개하기보다는 한 가지씩 소개하고, 입체도형보다 평면도형을 먼저 소개하는 것이 바람직하다.

① 도형에 대한 인식 능력은 하루일과를 통해 자연스럽게 길러준다.

- 지시적 용어(이것, 저것)보다 구체적 용어를 사용한다.
- "물건을 저기에 두자"보다는 "동그란 쟁반에 원뿔 모자를 얹어서 네모 탁자에 올려 두자"라고 한다.

② 주변환경에서 여러 가지 모양을 찾아보게 한다.

③ 물체뿐만 아니라 물체의 형태적 특성을 생각하게 한다.

- 수수께끼: 유아에게 문제를 만들게 하면 흥미를 가지고 더욱 적극적으로 참여할 수 있다.
- "나는 둥글고 빨간색이에요. 어디서나 나는 똑같이 보여요. 나는 누구일까요?"

④ 다양한 모양을 자유롭게 만들어 보게 한다.

- 핑거페인팅을 이용한 모양 만들기, 별모양 및 하트모양 종이에 찍어 꾸미기 등

⑤ 모양의 구별하기 및 분류하기 경험을 제공한다.

- 같은 모양끼리 짝짓기 또는 분류하기 및 도형 도미노 만들기

• 종이에 인쇄된 도형 모양의 위에 그 도형과 같은 모양의 물건을 올려놓기

(4) 도형의 변환과 대칭

도형의 변환에는 옮기기, 뒤집기, 돌리기가 있다. 옮기기는 수평적 또는 수직적, 대각선으로 위치의 이동이며, 뒤집기는 앞면과 뒷면을 바꾸는 것이고, 돌리기는 도형자체를 회전시키는 것으로 일상생활에서 흔히 경험할 수 있다.

① 도형변환(motion)은 물체의 위치 이동을 의미하며, 공간의 변동이 있어도 모양과 크기 및 각도는 변하지 않는 특징이 있다. 대부분의 유아는 먼저 옮기기(slide), 뒤집기(flip)를 할 수 있고, 과제가 쉽고 방향적 단서가 제공되면 만 4~5세경 돌리기(turn)를 할 수 있다(서소정 외, 2020).

옮기기 뒤집기 돌리기

그림 3-3 도형변환

② 대칭(symmetry)은 어떤 형태를 겹쳤을 때 접히는 양면이 일치하는 것으로 형태적 균형이 완벽하게 되는 것으로 선대칭과 회전대칭으로 나누며 선대칭은 수직선을 중심으로 일치하는 수직대칭이라고 하고, 수평을 중심으로 상하가 일치한 것을 수평대칭이라 한다. 회전대칭은 어느 지점에 대칭선을 두어도 모두 일치하는 공과 같은 것을 말하며 대부분 회전대칭을 제일 늦게 습득된다(Genkins, 1975). 예를 들어, 데칼코마니, 종이접기, 양면퍼즐접기 등을 들 수 있다.

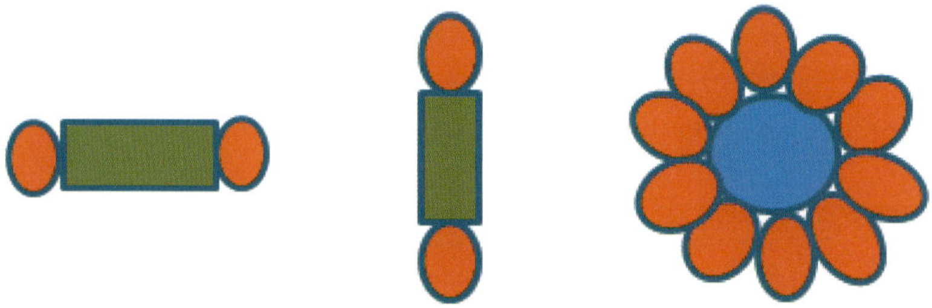

그림 3-4 대칭

(5) 도형의 분할과 합성

도형의 분할과 합성개념은 하나의 도형을 둘 이상으로 나누거나 여러 개의 도형을 서로 붙임으로써 새로운 도형을 만들어 내는 것을 말하며, 이러한 활동으로 도형의 결합, 조합 또는 분해 등이 있다. 유아들은 일상생활 속에서 다양한 사물이 분할과 합성되는 것을 경험하게 되며, 특히 놀이에서 유아는 도형의 속성을 인식하고, 도형변환의 경험인 돌리기나 뒤집기뿐만 아니라 여러 가지 도형을 합성하고, 다시 분할해 보는 기회를 갖게 된다.

① 도형 분할과 합성 활동

일상생활에서도 〈그림 3-5〉와 같은 합성과 분할을 경험할 수 있다. 도형의 합성과 분할은 정사각형 색종이를 대각선으로 접으면 이등변삼각형(분할)이 되지만 이것을 펼치면 다시 정사각형(합성)으로 되돌아오는 것과 같이 가역성의 개념과도 관계가 있다.

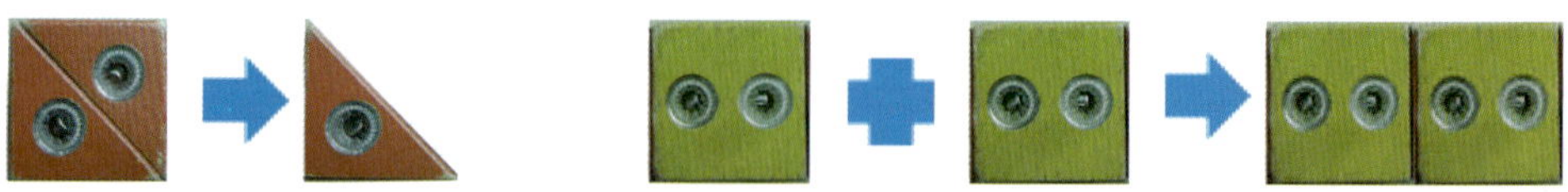

그림 3-5 도형 분할과 합성의 예

② 유아의 도형 합성 발달 수준

도형 합성 5가지 수준, 도형 분할 4가지 수준으로 분류가 되며, 연령이 다른 우리나라 3~5세 유아의 경우 연령이 높을수록 도형의 합성과 분할 수준은 높아지지만 남아와 여아 간의 차이는 없는 것으로 나타났다(홍혜경, 2007).

〈도형 합성 수준〉

- **전-합성자**: 하나의 모양을 나타내기 위하여 하나의 도형만을 사용하며, 도형을 모아놓기를 거부하거나 도형을 붙여놓지 못한다.
- **조각 조립자**: 도형을 연결하며, 도형을 전체로 인식하고, 도형들 간의 관계 또는 도형의 부분들 간의 관계는 인식하지 못한다. 이때 각각의 도형은 고유한 역할을 나타내기 위해 사용되나, 뒤집기와 돌리기를 제한적으로 사용한다.
- **그림 제작자**: 그림을 맞추기 위해 도형을 연결하며, 하나의 역할을 나타내기 위해 여러 개의 도형을 연결해서 사용한다. 그러나 도형의 연결 결과를 예측하지 못하고 변의 길이와 같은 단순한 기하학적 속성만을 고려하여 시행착오를 거쳐 구성한다. 뒤집기와 돌리기를 사용한다.
- **도형 합성자**: 의도와 기대를 갖고 새로운 형태를 만들기 위해 도형을 합성한다. 길이와 각도를 고려하여 도형을 선택한다. 혼합도형의 상이 발달한다.
- **대치 합성자**: 도형 간의 대치 관계를 인식, 사용한다.

〈도형 분할 수준〉

- **전-분할자**: 도형의 분할을 거부하거나 원래 도형 그대로 놓는다.
- **조각 분할자**: 도형을 2~3조각으로 나누어 대치하여 분할하기가 나타나기 시작하나 대체적으로 1~2경우만 가능하고 분할이 중복되는 경우가 있다.
- **중복 분할자**: 도형을 다른 도형으로 분할하고 대치하여 놓을 수 있으나 시행착오가 일어나 2~3개 중복된 분할이 나타난다.

- **도형 분할자**: 의도성과 기대성을 갖고 도형의 분할을 할 수 있으며, 가능한 모든 경우를 찾을 수 있고 중복된 분할은 없다.

③ 도형의 합성과 분할 지도 시 유의사항

지도 시 가장 중요한 것은 유아에게 여러 가지 해결책이 다양하게 있을 수 있다는 유연한 사고와 스스로 자유롭게 문제를 해결해 나갈 수 있도록 격려하는 것이다. 한편, 패턴의 합성으로 새로운 모양을 만드는 과정에서 유아는 패턴블록을 부를 때 도형 이름 대신 색깔로 말하는 경우가 있는데, 도형의 이름에 따라 블록을 인식하고 명명하도록 지도하여야 한다(한유미, 2013).

- 일과를 통해 도형의 합성과 분할을 경험하게 한다.
  예) 도형 합성의 예로 큰 쟁반이 없을 때 작은 쟁반을 두 개 연결하여 사용하고, 도형 분할의 예로 피자나 케이크를 자를 때 조각된 모양이나 나뉘어진 개수를 보면서 분할과 합성에 관심을 갖게 하는 것을 들 수 있다.
- 유아의 이해 수준에 맞추어 활동의 난이도를 조절한다.
  예) 도형의 윤곽선 모두 제시 → 그림 없이 상상하거나 실물 사진을 보고 합성하기
- 수 개념을 적용하여 도형의 합성과 분할 개념을 경험하게 한다.
  예) 사각형에 필요한 삼각형의 수를 추산하고, 도형의 종류별 사용 수 비교하기 등

3 길이와 무게 등의 속성을 비교한다

클레멘츠(Clements, 2004)는 측정(measurement)을 물체의 연속적 속성에 수를 부여하는 수학적 과정으로 매우 다양한 사물들의 속성을 비교하고, 연속되는 양을 적절한 단위를 이용하여 물체들 간의 관계를 정의하는 과정이라고 하였다. 가이스트(Geist, 2001)는 영유아가 선천적으로 수학습득장치(mathematics acquisition device)를 가지고 있어 길이와 크기, 무게 등을 측정할 때 자신의 판단을 확인하기 위해 물체를 직접 비교하거나 주변의 물건을 이용하여 재어 보는 경험을 한다고 하였다. 영유아기 동안의 측정경험은 길이와 크기, 무게와 용량, 시간과 관련되어 있어 영유아는 일상생활에서 측정 가능한 속성을 직관적으로 이해하게 된다(이정욱 외, 2007). 그러나 유아들은 측정하기 전 기본적으로 비교하고 순서짓기 능력이 전제되어야 한다.

2019 개정 누리과정의 자연탐구 영역의 일상생활 속에서 탐구하기에서도 기초적인 측정하기의 내용이 일상에서 길이, 무게 등의 속성 비교하기로 연령이 통합되어 제시되어 있다(교육부, 보건복지부, 2020).

표 3-10 누리과정 일상에서 길이, 무게 등의 속성 비교 관련 내용

	3~5세 누리과정(2015)			2019 개정 누리과정
내용 범주	수학적 탐구하기			생활 속에서 탐구하기
내용	기초적인 측정하기			일상에서 길이, 무게 등의 속성을 비교한다.
연령	3세	4세	5세	3~5세 모든 유아
세부 내용	두 물체의 길이, 크기를 비교해 본다.	일상생활에서 길이, 크기, 무게 등을 비교해 본다.	일상생활에서 길이, 크기, 무게, 들이 등의 속성을 비교하고, 순서를 지어 본다.	
			여러 방향에서 물체를 보고 그 차이점을 비교해 본다.	

1) 비교하기

비교하기(comparison)는 두 개의 물체를 어떤 속성에 따라 관계 짓는 것으로 먼저 발달하여 순서짓기의 기초를 이룬다. 처음에 비교하기는 두 개의 사물을 직접적으로 대응하여 비교하도록 하고, 다음에는 신체를 이용하여 손 뼘(한 뼘, 두 뼘), 팔길이 등과 같은 신체를 사용한 측정 활동을 하고, 이후 순차적으로 클립, 색연필 등과 같은 임의 단위를 이용하여 측정하는 활동이 바람직하다. 비교하기는 관찰로 측정이 가능할 때 활용된다.

(1) 비교 기준 및 속성

유아가 흔히 사용하는 비교 기준으로 물체의 크기(큰–작은), 길이(긴–짧은)와 속도(빠른–느린), 높이(높은–낮은), 무게(무거운–가벼운) 등이 있다.

(2) 비교하기 세 가지 유형

물체의 크기 비교하기는 측정의 사전 단계에 나타나며, 3세에는 직관적 비교 중심, 4세에는 직접비교 중심, 5세에는 간접비교를 활용한 측정이 나타나게 된다(김영실 외, 2020).

① 시각적 비교는 물체의 크기 차이가 두드러지는 경우에 나타난다.
② 직접적 비교는 물체의 크기 간의 차이를 파악하기 위해 두 물체를 겹쳐 나란히 놓거나 그 차이를 비교하는 경우에 해당된다.
③ 간접적 비교는 새로운 제3의 물체를 사용하여 비교하는 것으로 물체를 이동시킬 수 없거나 직접적인 비교가 불가능할 때 이용된다.

~보다 크다/ ~보다 작다 | ~보다 길다/ ~보다 짧다 | ~보다 무겁다/ ~보다 가볍다 | ~보다 빠르다/ ~보다 느리다

그림 3–6 비교 기준의 예

(3) 지도방안

① 비교하기는 속성에 대한 인지화가 먼저 이루어져야 한다. 유아는 길이에 대한 개념이 발달하기 전에는 비교 대상인 두 물체 중 어떤 것이 더 긴지, 더 무거운지 판단할 수 없기 때문이다.

예) 여러 물체 중 비슷한 것을 고르고, 무엇이 비슷한지 설명하기

> 여러 가지 색 구슬과 사탕 여러 개를 준비하고 바구니에 같은 것끼리 골라 넣는 게임을 하게 한다. 바구니에 골라 담은 것을 보며 색깔이라는 속성에 맞추어 골라 담았는지, 사탕이라는 속성에 맞추었는지 이야기를 나눠보며 속성을 통한 비교를 체험한다.

② 생활 속에서 비교하기와 관련된 용어의 사용은 수학적 사고를 기르는 데 도움이 될 수 있기 때문에 유아가 정확히 사용할 수 있도록 지도해야 한다.

예) '~보다 긴/~보다 짧은', '더 큰/~더 작은' 표현 사용하기

> 누구의 구슬 줄이 더 긴지 알기 위해 친구들끼리 맞추어 본 다음에 '내가 너보다 더 길어'라고 이야기하면서 비교하기와 관련된 용어를 사용하도록 한다.

③ 서로 반대되는 속성에 따른 분류를 해 본다.

예) '길다/짧다', '크다/작다', '넓다/좁다' 단어 사용하기

> 반대되는 속성의 물건을 먼저 찾아 맞추는 게임이나 속성이 반대되는 말 찾는 놀이, 예를 들어 제일 긴 것 찾아오기, 제일 짧은 것 찾기, 큰 것은 선생님 손, 작은 것은 동생 손, 마당은 넓은데 책상은 좁다 등으로 반대말끼리 이어가는 게임을 통해 반대속성의 개념을 구체화해 본다.

2) 서열화

일반적으로 서열화(seriation) 또는 순서짓기는 물체를 공통적인 어떤 속성을 기준으로 구분하여 순서적으로 배열하는 것을 말한다. 이를 위해서는 각각의 물체를 연속적으로 반복하는 비교하기를 통해 순서를 짓는 서열화가 필요하다.

(1) 순서짓기의 발달

순서짓기에는 시작점과 방향이 정해져야 하고, 규칙이 일관되게 적용되어야 한다. 다시 말해 중간에 진행 방향을 바꾸지 않으면 어느 쪽에서 순서짓기를 시작해도 좋다. 왼쪽에서 오른쪽으로 순서 짓는 것은 읽기에 도움이 되고, 오른쪽에서 왼쪽으로 순서 짓는 것은 가역적 사고에 도움이 된다고 한다(권영례, 1997; 한유미, 2013, 재인용).

유아는 순서짓기를 할 때, 길이, 폭, 높이, 크기를 생각하며 처음에는 두 개의 물체에 대해서만 순서짓기가 가능하나, 차츰 발달과 연습에 의해 동시에 전체적인 순서를 생각할 수 있고, 나아가 명도, 질감, 용량, 소리 등의 어려운 속성에 따라서도 순서짓기를 할 수 있게 된다.

〈연령별 순서짓기의 발달 순서〉

① 3~4세: 길이가 다른 연필을 주면 순서대로 배열하지 못하고 아무렇게나 놓는다. 처음 두 세 개는 물체 간의 차이를 비교할 수는 있어 순서대로 배열하지만 개수가 많아지면 지속적으로 순서를 짓지 못한다.

② 5~6세: 실수와 연습을 통해 막대를 순서대로 놓을 수 있다. 그러나 추론을 통한 순서짓기가 이루어지지 않아 빠진 것을 적절한 위치에 놓지 못하고 처음부터 다시 배열을 시작하게 된다.

③ 6~7세: 추론을 통해 먼저 계획하고 나서 체계적으로 배열할 수 있으며, 순서짓기를 양방향으로 할 수 있다. 또한 물체를 이동시켜 순서짓기를 하기 전에 전체적

인 것을 정신적으로 생각하여 결과를 도출하고 실행에 옮긴다.

(2) 순서짓기의 유형

① 단순서열

단순서열은 한 가지 속성에 따라 세 개 이상의 사물을 길이, 크기, 무게 등에 따라 배열하는 것이다. 단순서열의 기초는 비교하기 능력으로, 유아는 처음부터 많은 양의 물체를 사용하면 오류로 인해 변별이 잘 시행되지 않을 수 있다. 먼저 두 개의 물체를 서로 비교한 후 세 개의 물체를 순서적으로 서열화하고, 점차 물체의 개수를 늘려야 한다.

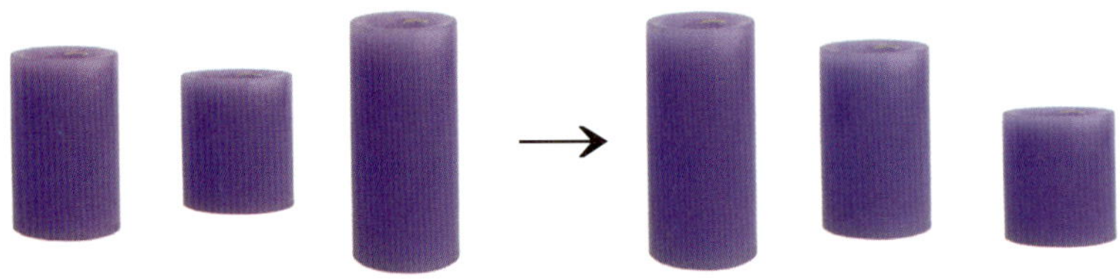

그림 3-7 단순서열의 예

② 이중서열

이중서열은 사물을 한 가지 속성에 따라 두 집단을 서열화된 사물끼리 일대일로 짝을 짓는 것으로, 두 집단을 짝을 지어 순서적으로 배열하는 것이다. 예를 들어, 물체의 크기에 따른 서열에 각 물체에 맞추어 담을 수 있는 용기에 따른 서열은 〈그림 3-8〉과 같다.

그림 3-8 이중서열의 예

③ 복합서열

복합서열은 두 가지 속성을 동시에 고려하여 세 개 이상의 물체를 순서대로 배열하는 것이다. 유아에게 지도할 때, 한 가지 속성에 따라 사물을 배열하는 단순서열을 충분히 익힌 후에 복합서열을 시작하는 것이 바람직하다. 예를 들어, 부피와 높이의 동시 서열화이다.

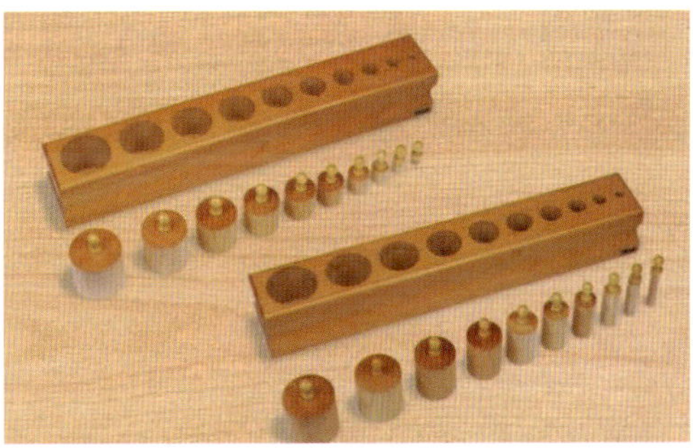

그림 3-9 복합서열 관련 몬테소리 교구

(3) 서열화 발달을 위한 지도방법(한유미, 2013)

영유아의 서열화 발달을 돕기 위해서는 물체의 속성에 대한 인지가 먼저 이루어지고 비교가 가능해져야 한다. 길이에 대한 개념이 발달하기 전 유아는 두 연필 중 어떤 것이 더 긴지 판단할 수 없기 때문이다. 많이 이용되는 비교 기준인 길이, 크기, 무게, 속도, 높이 등이 속성이며, 주로 관찰로 두 물체의 속성이 가시적으로 측정될 수 있을 때 비교하기에 활용된다.

① 일과를 통해 서열화의 경험을 제공한다.

예) 장난감이나 교구 등의 정리 시 순서대로 보관하게 한다.

게시판에 일과시간표를 사진이나 그림으로 만들어 순서대로 붙여놓는다.

② 서열화 관련 용어를 사용하여 지도한다.

- 정확한 서열화 용어를 사용하여 상호작용한다.

  예) "색연필의 길이가 가장 긴 것부터 짧은 것 순으로 연필통에 넣어보자"

- 반대되는 비교 용어를 함께 사용한다.

  예) "큰 상자는 아래쪽 선반에, 작은 것은 제일 위쪽 선반에 중간 크기는 가운데 선반에 작은 것부터 순서대로 정리해 볼까요!"

③ 물체 간의 같은 점과 다른 점을 발견하도록 장려하여 속성에 따른 순서짓기를 할 수 있도록 돕는다.

- 물체의 개념 중 같은 속성을 찾는 경험을 하도록 한다.

  – 여러 가지 물체 중 비슷한 물체를 고르고, 무엇이 비슷한지 말하기

- 물체들 간의 다른 속성을 찾는 경험을 하도록 한다.

  – 여러 물체들 중 다른 한 물체를 고르고, 어떻게 다른지 말하기

  예) "이 연필들은 어떤 점이 다를까?", "가장 짧은 것은 어느 것이니?" 질문하기

④ 물체들 간의 반대되는 속성에 따라 분류해 보는 경험을 하도록 한다.

- 빠른 것과 느린 것, 뜨거운 것과 차가운 것 등 반대개념 찾기

  예) "교통수단 중 빠른 것과 느린 것은 무엇이 있을까요? 속도가 느린 것에서 빠른 순서로 장난감을 정리해 보아요"

⑤ 사물들 간의 차이가 확연하게 나지 않는 경우, 정교한 비교하기를 할 수 있도록 경험을 제공한다.

- 두 물체를 나란히 두기: 길이를 기준으로 한 서열화
  - 긴 것 → 짧은 것 순으로 순서짓기
  - 짧은 것 → 긴 것 순으로 순서짓기
- 보조도구(저울) 사용하기: 무게를 기준으로 한 서열화
  - 가벼운 것에서 무거운 것으로 순서짓기
  - 무거운 것에서 가벼운 것으로 순서짓기

⑥ 유아의 발달에 따라 서열화 난이도를 조절한다.

- 먼저 두 개를 비교한 뒤 세 개를 순서짓고 차차 숫자를 늘려간다.
- 세 개를 순서짓기를 어려워한다면, 그 중 가장 긴 것을 고르게 한 뒤에 나머지 두 개를 비교하게 한다.
- 이해를 잘 하지 못하는 경우는 처음 몇 개는 교사가 먼저 시범을 보여주거나 배열한 후 나머지를 유아가 놓아 보게 한다.

3) 기초적 측정

측정(measurement)은 연속적인 속성을 가진 사물에 수를 부여하는 것이다(Clements & Stephan, 2004). 측정하기를 위해서는 적합한 측정단위를 선택할 수 있어야 하고, 실제로

측정할 수 있어야 한다. 2019 개정 누리과정에서 측정은 생활 속에서 탐구하기를 할 때 기초적인 내용범주 안에 일상에서 길이, 무게 등의 속성 비교하기는 놀이를 통해 통합적 경험을 할 수 있도록 제시하고 있다. 측정은 수학내용에서 생활 속에서 가장 많이 경험하고 사용할 수 있는 개념이며, 사물을 대응시키고 비교하고 측정한 결과들로 생각을 나누며 소통을 통해 여러 다양한 수학적 개념인 기하와 수를 연결시키는 역할을 한다.

(1) 측정의 개념 이해

측정은 어떤 대상을 수치화하여 나타내는 것으로 '재는 것'으로 표현한다. 이러한 측정의 기초가 되는 개념으로는 비교하기와 순서짓기가 있다. 두 개의 물체를 어떤 속성에 따라 관계 짓는 것이 비교하기라면, 세 개 이상의 물체를 속성에 따라 순서대로 배열하는 것이 순서짓기이다.

측정하고자 할 때는 "길이, 넓이, 부피, 무게 등 물체의 속성 중에서 무엇을 측정해야 할 것인지?, 측정할 수 있는 적절한 단위는 무엇인지?, 어떤 측정 기술을 사용할 것인지?"와 같은 문제를 함께 고려해야 한다. 어린 유아들도 누구의 키가 더 큰지 알아보려고 서로 마주 서서 키를 재어보곤 하는데, 이러한 기초적인 측정활동은 일상생활에서 다양하게 일어나며, 두 물체의 길이나 양을 비교하고 순서 지으면서 유아들도 자연스럽게 측정개념을 익혀나간다.

① 길이와 높이

길이는 물질의 한 끝에서 한 끝까지 차지하고 있는 두 지점 간의 거리이며, 높이는 아래에서부터 위까지 벌어진 사이의 거리나 온도 및 습도의 기준치보다 위에 있게 하는 것으로서 일상생활의 다양한 상황과 관련이 있다. 유아는 적절한 활동을 통해 '같은 길이', '~보다 더 긴', '~보다 더 짧은' 등의 개념과 3차원적 높이와 길이의 차이를 비교할 수 있어야 한다.

② 넓이

넓이는 면적이라고도 하며, 2차원 도형이나 입체면의 평면적 공간이나 범위의 크기이다. 영유아들은 놀이를 통해 넓이의 개념을 경험하게 되는데, 영유아들은 넓이의 측정을 보다 더 힘들어 하는 경향이 있다. 따라서 교사는 유아들이 비표준화 단위로 두 물체의 넓이를 비교해 보는 활동을 제공할 수 있는데, 예를 들어 색종이로 물체를 덮어 측정해 보거나 손바닥을 이용하여 면적을 재어 볼 수 있다.

③ 부피

부피는 체적이라고도 불리는 3차원 개념으로 물체의 넓이와 높이를 차지하는 공간의 크기이다. 부피의 측정은 넓이의 측정 이후 제공할 수 있으나, 영유아교육기관에서 영유아들은 부피를 측정하는 활동을 경험할 수 있다. 예를 들어, 요리 활동이나 물놀이를 하면서 물이 얼마나 필요한지 측정할 수 있다.

④ 무게

무게는 중력에 의해 물체에 작용하는 힘의 크기를 말하며, 우리는 일상생활 속에서 신체의 감각을 통해서 무게를 경험할 수 있다. 무게는 시각적으로 판단할 수 없기 때문에 영유아가 손으로 물건을 들어보며 측정하거나 정확한 측정 경험을 위해서 양팔저울 등을 이용하여 측정해 볼 수 있다.

⑤ 시간

시간과 시간 사이의 간격이나 단위이다. 시간은 비공간적이며, 과거, 현재, 미래의 연속적 움직임으로 요일, 월, 계절과 같은 단위로 측정 가능하다. 유아는 시간의 간격보다 사건적 순서에 기초한 순차적 시간을 먼저 이해하며(Charlesworth, 2000), 시간과 시간 사이의 시간 간격의 두 차원 간격 시간을 이후에 이해할 수 있게 된다. 또한 시간개념의 발달은 동일한 멜로디를 구별할 수 있는 사건의 순서와 그 사건의 지속시간에 대한 우리들의 주관적인 경험인 경험적 시간과 생각할 수 있는 연속적인 차원으로서의 시간으로 다른 사건보다 더 늦게 시작해서 더 일찍 끝난 사건은 더 짧은 시간이 걸린 것으로 인식하는 논리적 시간, 일(day), 달(months) 또는 연속적 시간을 분리된 기간으로 나누는 데 사용되는 사회적 장치인 소풍 가는 날이나 입학과 같은 인습적 시간으로 나눌 수 있다(Friedman, 1978).

⑥ 온도

차고 따뜻한 정도를 나타내는 약속으로 일상생활에서 경험한 온도를 수량화할 수 있음을 이해하여야 한다. 차갑다/뜨겁다, 더운/서늘한/추운, 온도가 높다/낮다와 같이 온도와 관련한 개념 등이 포함된다(신혜은 외, 2017).

넓이 부피 무게 시간

그림 3-10 측정개념 이해의 예

(2) 측정개념의 발달

피아제(Piaget)는 측정개념을 보존개념이 선행되어야 이루어질 수 있다고 보았으며, 측정은 일정한 기준을 가지고 같은 종류의 양과 크기를 재거나 헤아려 결정하는 것이라고 하였다. 이후 찰스워스(Charlesworth, 2000)는 피아제 이론에 근거하여 영유아들이 측정에 대해 이해하고 측정기술을 획득하는 단계를 구체적으로 다음과 같이 5단계로 설명하였다.

① 놀이와 모방 단계

감각운동기에서 전조작기에 나타나는 놀이와 모방의 단계이다. 이 단계에서는 '얼마나 긴지', '얼마나 무거운지' 등의 측정할 수 있는 물체의 특성을 인식하며, 그 특성과 관련된 표현들의 의미를 익히게 된다.

② 비교하기 단계

전조작기 유아에게서 나타나는 비교하는 단계이다. 유아는 직접 감각적 체험을 통해 사물에 비추어 비교하면서 측정능력을 발달시킨다. 이 시기는 보존개념의 형성이 아직 이루어지지 않은 단계로 흔히 지각에 의존한 측정을 하는 오류를 범하게 된다.

③ 임의적 단위 사용 단계

전조작기 말과 구체적 조작기 유아들에게서 나타나는 비표준 측정단위를 사용하는 단계이다. 예를 들어, 키를 잴 때 블록으로 몇 개 쌓아야 할까?, 책장 높이를 잴 때 자를 대신할 적절한 단위로 연필을 선택하여 측정하는 경험을 한다.

그림 3-11 임의적 단위 사용의 예

④ 표준단위의 필요성 인식 단계

구체적 조작기에 나타나는 것으로 임의적 단위를 사용한 측정이 다른 사람의 단위와 달라서 소통에 불편을 인식하면서 공통된 측정 도구와 단위 사용의 필요성을 느끼게 된다. 예를 들어, 책상의 길이를 잴 때, 유아의 손 뼘과 교사의 손 뼘으로 잰 것이 차이가 있음을 인식함으로써 유아는 표준화된 측정 도구와 단위의 필요성을 인식하게 된다.

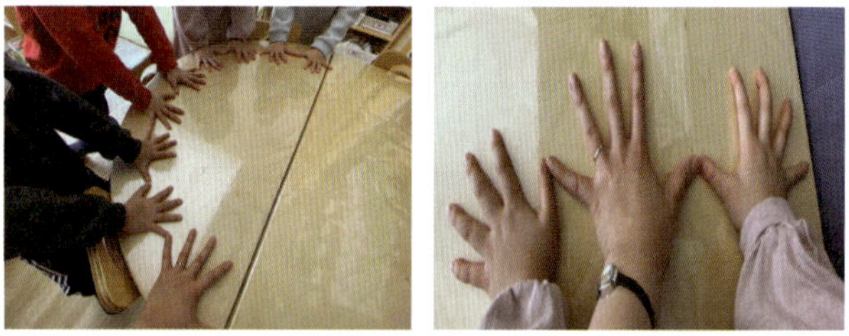

그림 3-12 표준 단위 인식의 예

⑤ 표준적 단위사용 단계

구체적 조작기에 있는 유아들은 표준적 측정단위인 cm, m, ℓ, g 등을 이해하고 사용하는 단계이다. 하지만 영유아기에는 표준단위보다 비표준단위가 유아에게 친숙하기 때문에, 예를 들어 '자'보다는 '손바닥'을 쉽게 사용할 수 있다.

표 3-11 임의적 단위, 표준단위의 예

구분	표준단위	임의적 단위(비표준단위)
길이	cm, m, km	클립, 깍지 않은 연필, 발, 끈, 손 뼘, 발바닥
넓이	㎠, ㎡	타일, 색종이, 책, 일정한 크기의 종이
부피	㎤, ㎥, cc, mℓ, ℓ	종이컵, 컵, 페트병, 주전자, 상자
무게	g, kg	양팔저울, 바둑알, 블록

(3) 측정개념 발달을 위한 지도방법

유아에게 측정활동은 의미 있고 익숙하며, 기존에 습득한 정보를 확장시킬 수 있는 좋은 활동이다. 또한 측정활동의 필요성과 문제해결을 위한 방법으로서도 측정방법을 사용하여 갈등을 해결할 수 있기 때문에 유아의 측정개념 발달은 사회성에도 영향을 미친다고 할 수 있다. 이러한 측면에서 측정개념의 발달은 유아수학교육에 중요한 일부분이며, 이러한 측정개념 발달을 돕기 위한 유아교사의 지도방법은 다음과 같다(한유미, 2011).

① 측정의 학습은 길이에만 국한하지 말고 면적, 부피, 무게, 시간 등 다양한 영역의 측정과 관련된 경험을 제공하도록 한다.

② 측정을 위한 활동은 '구체물 비교하기 → 속성에 따른 순서짓기 → 비표준화된 측정단위로 측정하기 → 표준화된 구체물로 측정하기 → 표준화된 측정단위로 측정하기'의 순서로 제공해야 한다.

③ 유아가 생활하는 실제 상황에서 측정활동을 경험하고 참여할 수 있도록 지도한다. 예를 들어, 유아가 쌓아놓은 구성물의 높이를 서로 비교하기, 기린의 키는 얼마인지 알아보기, 자유활동시간을 얼마 동안 할 것인지 정하기 등의 활동을 제공한다.

④ 교사는 측정활동을 격려하고 질문을 통하여 측정과 관련된 어휘를 사용할 수 있는 기회를 제공한다. 예를 들어, "누가 장난감 정리를 빨리 했을까요?, 컴퓨터 사용 시간이 3분 남았어요"

4 주변에서 반복되는 규칙을 찾는다

규칙성은 흔히 패턴(pattern)으로도 불리는 것으로서 어떤 기본 단위가 일정한 순서로 반복되는 것을 말한다. 규칙성은 자연현상이나 일상생활에서 자주 발견된다. 즉, 규칙성은 사물의 모양이나 형태가 일정한 순서로 반복되는 것을 의미하며, 패턴이라고도 불리고, 영유아는 일상생활에서 반복적인 패턴을 통해 규칙성을 찾아내어 예측이 가능해지면 문제해결력 및 안정감과 자신감을 가질 수 있게 된다.

표 3-12 누리과정 주변에서 반복되는 규칙 찾기 관련 내용

<table>
<tr><th></th><th colspan="3">3~5세 누리과정(2015)</th><th>2019 개정 누리과정</th></tr>
<tr><td>내용
범주</td><td colspan="3">수학적 탐구하기</td><td>생활 속에서 탐구하기</td></tr>
<tr><td>내용</td><td colspan="3">규칙성 이해하기</td><td>주변에서 반복되는 규칙을 찾는다.</td></tr>
<tr><td>연령</td><td>3세</td><td>4세</td><td>5세</td><td>3~5세 모든 유아</td></tr>
<tr><td rowspan="2">세부
내용</td><td>생활 주변에서 반복되는 규칙성에 관심을 갖는다.</td><td>생활 주변에서 반복되는 규칙성을 알아본다.</td><td>생활 주변에서 반복되는 규칙성을 알고 다음에 올 것을 예측해 본다.</td><td rowspan="2"></td></tr>
<tr><td></td><td>반복되는 규칙성을 인식하고 모방한다.</td><td>스스로 규칙성을 만들어 본다.</td></tr>
</table>

1) 규칙성의 기초 이해

규칙성을 인식하는 능력은 현상에 대한 통찰력을 갖게 하여 물체의 순서적 배열이 패턴으로 조직되어 있을 때 일반적인 문제에 대해 예측을 할 수 있으며, 이러한 규칙은 공식으로 전환되기도 하고, 어떤 유사한 상황에 적용되기도 한다(Smith, 2006). 따라서 유아기 동안 규칙성의 이해와 활용 능력이 점차 발달하는 시기이므로 여러 사물의 관계를 파악하고 관련성을 찾아 일반화하고 예측하는 능력을 포함하는 대수적 사고능력을 적절한 교육을 통해 발전시킬 필요가 있다. 그 외 규칙성은 논리적으로 반복되는 규칙을 이해하는 것뿐만 아니라 창의성과도 연관이 있으며, 시각적 패턴과 타악기의 리듬과 장단의 청각적 패턴 그리고 무용이나 체조 같은 운동적 패턴에 활용되고 있다. 또한 규칙성이란 비조직적으로 보이는 상황에 대해 질서를 만들고 상황을 예측을 할 수 있도록 도울뿐 아니라 가능한 자료나 정보를 토대로 일반화하는 것을 허용하기 때문에 정보화 사회에서 요구하는 정보문해능력의 기초를 형성한다(한유미, 2013; 홍혜경, 2011).

(1) 영아기 규칙성의 이해

찰스워스와 린드(Charlesworth & Lind, 2003)는 영아도 일상생활에서 낮과 밤을 인식하고, 기저귀를 갈고, 우유 먹고, 놀고, 자는 순서를 예측할 수 있다고 하였다. 또한 영아가 반복되는 리듬과 노래에 대해 인식하고 있으며, 다음 리듬을 예측할 수 있다고 하였다(서소정 외, 2020).

(2) 유아기 규칙성의 이해

유아들은 자신이 인식한 규칙성을 언어로 표현할 수 없더라도 일상생활에서 봄, 여름, 가을, 겨울로 계절이 순환하는 자연법칙이나 노래나 동시를 들으면서, 해가 뜨고 지는 것을 보면서, 옷이나 벽지 포장지에 그려진 그림 등을 보면서 자연스럽게 규칙성을 경험한다. 여러 학자에 따르면, 3세 정도 유아는 서서히 규칙성에 관심을 보이기 시작하고 반복되는 리듬과 몸동작을 패턴으로 이해한다. 4세 정도에는 기본 패턴을 인식하고 모방하여 순서대로 이어가는 활동이 가능해진다. 5세 정도가 되면 빠진 패턴 찾기, 다른 유형으로 이끌어 설명하기, 패턴 이어가기, 패턴 끼워 넣기, 패턴 만들기 등이 가능하다고 하였다(서소정 외, 2020; NCTM, 1993).

2) 규칙성의 발달 과정

유아의 규칙성 이해능력발달 과정은 다음과 같이 수준별로 발달하는데, 즉 패턴 인식 전 단계, 단순한 패턴 인식 및 모방 단계, 패턴의 구성 및 전이 단계, 복잡한 패턴 구성 및 전이 단계로 발달한다(차현화, 홍혜경, 2005; 권민균 외, 2017. 재인용).

(1) 규칙성 인식 전 단계

이 수준에서는 사물이나 양상의 규칙성을 표현하지 못하여 규칙적인 관계를 언어적으로나 구체적 · 시각적으로 표상하지 못하는 단계로, 구체물을 규칙과 무관하게 무선적으로 늘어놓는다.

(2) 규칙성의 단순 인식 및 따라 하기 단계

영유아가 예시로 제시된 규칙을 인식하고, 단순한 모방에 의해 구체물을 이용하여 패턴을 배열하는 단계이다.

(3) 규칙성 구성 및 전이 출현 단계

영유아는 규칙성에 여러 가지 방법으로 패턴을 배열하고 다른 유형으로 표상하는 것이 가능하지만 언어적 표상에 의한 설명은 어려운 단계이며, 따라서 여러 가지 방식으로 사물을 배열해 보고, 다른 유형으로 바꾸어 표현할 수 있다.

(4) 복잡한 규칙성 구성 및 전이 단계

영유아는 자발적으로 규칙성을 새롭게 구성하며, 구체물에서 두 가지 특성의 복합적 패턴을 영상적 표상, 상징적 표상으로 규칙적 패턴으로 전이할 수 있으며 언어로 표현할 수 있다.

3) 규칙성의 유형

규칙성을 다양한 양식으로 나타날 수 있으며, 일반적으로 반복패턴, 성장패턴, 관계패턴이 있다. 반복패턴은 두 사물이 반복하여 나타나는 것이며, 성장패턴은 패턴의 핵심이 성장하는 것이고, 관계패턴은 두 개의 세트 사이에 어떤 연결이 이루어지는 것이다(문연심 외, 2005).

(1) 생성방식에 따른 패턴(문연심 외, 2005; 서현아 외, 2018)

① 반복패턴

패턴을 이루는 요소가 변화없이 규칙적으로 이루어지는 것으로 물체의 개수를 동일하게 늘여간다.

② 성장패턴

패턴을 이루는 요소가 일정한 규칙에 따라 물체의 개수를 서로 다르게 변화시킨다.

○-□, □-□-○

③ 관계패턴

물체의 종류가 두 개인 숫자가 함수적으로 늘어간다.

> 젓가락: 한쌍이 짝으로 배수로 늘어남 (1-2, 2-4, 3-6)
> 무지개: 무지개 1쌍은 7색깔 7배수로 늘어남 (1-7, 2-14, 3-21)

(2) 표상양식에 따른 패턴

패턴활동은 어떤 규칙 AB · AB나 AAB, ABB · ABB 또는 ABC · ABC의 규칙이 시각적 · 청각적 · 운동적 양상으로 다양하게 분류되고 있는데, 표상양식에 의한 분류는 다음과 같이 정리할 수 있다(한유미, 2013).

① **시각적 패턴:** 영유아가 색깔, 모양, 그림 장면, 물체 등을 규칙적인 순서로 표현하는 것이다. 물체나 그림을 이용하여 패턴을 경험하는 것으로 조각보, 포장지, 타일바닥 등 주변환경에서 시각적 패턴을 발견할 수 있다.

② **청각적 패턴:** 음악, 신체, 물체 등을 이용하여 스스로 규칙성을 만들어 보고 다음 순서에 오게 될 것을 예측해 보며 소리를 이용하여 다양한 패턴을 만드는 것이다. 예를 들어, 대한민국 '짝짝짝 짝짝, 짝짝짝 짝짝' 같은 박수 소리를 반복하는 것이다.

③ **운동적 패턴:** 영유아가 신체를 이용하여 패턴을 만드는 것이다. 왼발 뛰기, 오른발 뛰기 같은 동작을 통해 표현하는 패턴으로 건강한 신체능력을 길러줄 수 있다.

시각적 패턴　　청각적 패턴　　운동적 패턴

그림 3-13 표상양식에 따른 패턴

4) 규칙성 만들기

규칙성은 패턴(pattern)으로도 불리며, 일정한 기본 단위가 순서적으로 반복되는 것을 말하며, 패턴을 다른 말로 형태, 양식, 유형, 모형, 본새, 틀이라고도 한다.

(1) 규칙성 익히기

① 패턴 인식과 표현하기

주어진 패턴에서 일정한 순서적 규칙을 발견하여 설명하는 것으로 비교적 쉽다. 예를 들어, '일과표나 식사시간' 같은 일상생활이나 미술품 또는 전통적인 문양 등의 예술품에서 패턴을 관찰하고 패턴규칙을 말로 표현해 본다(서소정 외, 2020; 채연주, 2006).

② 패턴 따라 만들기

제시된 패턴을 보고, 비슷하게 패턴을 모방하여 배열하는 것이다. 유아는 언어적 발달단계에 따라 말로 설명하는 것을 어려워할 수 있기 때문에 교사가 제시한 패턴을 유아가 따라서 해 보게 하는 것이 더 효과적일 수 있다.

③ 패턴 이어나가기

제시된 패턴을 보고 순서에 맞게 배치하는 것이다. 예를 들어, 사탕, 사과, 쿠키, 사탕, 사과가 있을 때 순서적으로 다음에는 뭐가 와야 할지 예측해 본다.

④ 패턴 끼워 넣기

제시된 패턴의 일부분이 비었을 때 알맞은 것을 찾아서 넣는 것이다. 예를 들어, 사탕, 사과, 쿠키, □, 사과, 쿠키가 있을 때 네모상자(□) 안에 무엇이 와야 할지 알아본다.

⑤ 패턴 창조하기

유아가 규칙을 스스로 만들어 패턴을 창조하는 것이다. 패턴을 새롭게 만들기 전에 제시된 패턴을 활용하는 경험을 충분히 가지는 것이 좋다.

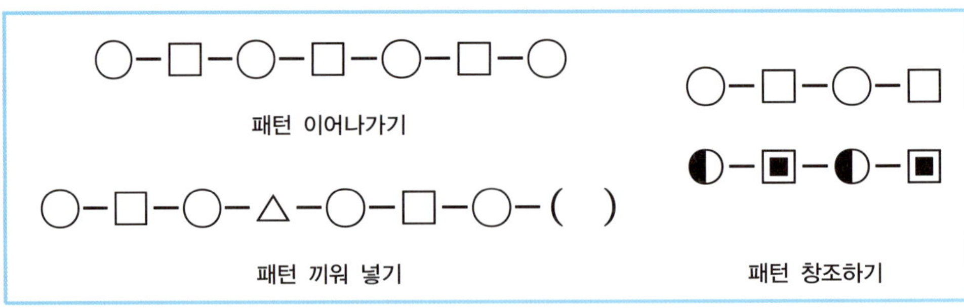

그림 3-14 규칙성 익히기

(2) 규칙성 지도방법

유아의 규칙성에 대한 인식과 개념 발달을 돕기 위한 지도방법을 살펴보면 다음과 같다(NCTM, 1989).

① 유아가 생활 주변에서 자연스럽게 관찰하고 패턴의 규칙을 발견할 수 있도록 한다. 일과에서 규칙적 생활의 경험을 할 수 있도록 자유선택활동, 대·소집단 활동, 간식 및 점심, 낮잠시간 등을 계획하며, 스스로 패턴의 형태를 관찰하고 발견하는 경험을 통해 성공의 기쁨을 영위하도록 격려한다.

② 교사는 교실환경에서 기본 패턴을 제시하고 이를 모방해 볼 수 있도록 한다. 유아가 패턴을 구성하는 색깔이나 크기 등의 핵심요소에 주목할 수 있도록 기회를 제공해야 한다.

③ 영유아의 예측능력이 향상되면 영유아 스스로 실물이나 모형, 신체, 그림카드 등을 사용하여 패턴을 변형시키거나 확장할 수 있는 기회를 가지도록 한다. 처음에는 패턴 인식표현하기 활동으로 시작하여 패턴 이어나가기나 창조하기 활동으로 진행할 수 있도록 지도하며, 자신이 관찰한 패턴에 대한 것을 설명할 수 있도록 격려한다.

5 일상에서 모은 자료를 기준에 따라 분류한다

자료 수집 및 분석은 사물의 특성을 바탕으로 비슷한 사물끼리 모으고 공통 속성을 알아내는 과정이다. 정보 범람의 시대에서 정보를 필요에 따라 신속·정확하게 자료들을 체계적으로 처리하는 능력은 무엇보다 중요시되고 있다. 영유아는 실제 생활 경험에서 자료를 선택하여 모으고, 조직하고, 정리하여 분석할 수 있는 기회를 제공함으로써 통계적 사고를 길러줄 수 있으며, 자료 수집은 분류하기에서 시작된다.

표 3-13 누리과정 자료 수집과 분류 관련 내용

<table>
<tr><th></th><th colspan="3">3~5세 누리과정(2015)</th><th>2019 개정 누리과정</th></tr>
<tr><td>내용 범주</td><td colspan="3">수학적 탐구하기</td><td>생활 속에서 탐구하기</td></tr>
<tr><td>내용</td><td colspan="3">기초적인 자료 수집과 결과 나타내기</td><td>일상에서 모은 자료를 기준에 따라 분류한다.</td></tr>
<tr><td>연령</td><td>3세</td><td>4세</td><td>5세</td><td>3~5세 모든 유아</td></tr>
<tr><td rowspan="3">세부 내용</td><td></td><td colspan="2">필요한 정보나 자료를 수집한다.</td><td rowspan="3"></td></tr>
<tr><td>같은 것끼리 짝을 짓는다.</td><td>한 가지 기준으로 자료를 분류해 본다.</td><td>한 가지 기준으로 분류한 자료를 다른 기준으로 재분류해 본다.</td></tr>
<tr><td></td><td></td><td>그림, 사진, 기호나 숫자를 사용해 그래프로 나타내 본다.</td></tr>
</table>

1) 분류하기

분류하기란 사물의 공통적인 속성을 파악하고 그 속성에 따라 범주와 영역으로 나누거나 모으는 과정의 논리적 조직 활동이다. 영유아의 분류하기 능력의 발달은 점진적으로 이루어지며, 짝짓기 및 관련짓기의 첫 단계로 일대일 대응의 개념 획득이 선행되어야 가능하다. 스미스(Smith, 2006)의 분류하기 4단계를 중심으로 살펴보면 다음과 같다.

(1) 짝짓기와 관련짓기의 의미

짝짓기는 분류하기의 가장 기초적인 단계로 일대일 대응의 개념과도 관계가 있다. 짝짓기 기회는 일상생활 속에서 흔히 접할 수 있는 것으로 젓가락 두 짝이나 신발 두 짝처럼 자연스럽게 짝짓기 경험을 제공하는 것이 바람직하다. 유아들은 사물들 간의 공통된 속성을 탐색하는 경험을 통해 아기와 우윳병, 닭과 병아리처럼 유사하거나 어울리는 것끼리 짝짓기 활동을 할 수 있다.

(2) 분류하기 발달 4단계

① 단순분류

2세경 유아들은 색깔이나 형태, 크기, 재료, 질감 등 사물의 속성 중 공통된 한 가지에 따라 분류할 수 있고, 비슷해 보이는 대상물이나 상황에서 분류 행동이 나타난다.

② 논리적 분류

3~5세경 유아들이 능동적으로 물체의 특성을 탐색하여 공통적 특성을 알고, 교통표지판을 색깔별 또는 모양으로 분류하는 등 다른 물체에서도 같은 속성을 동시에 발견하여 특정 준거에 따라 분류를 시도한다.

③ 복합분류

6~7세경 유아들이 사물을 동시에 둘 또는 그 이상의 속성을 동시에 고려하여 분류하는 것이다. 단순분류보다 훨씬 어려운 과제이므로 처음에는 계절에 따라 과일을 분류하다가 색깔에 따라 분류해 보거나, 동시에 여러 유목에 속할 수 있음을 알고 지속적인 분류를 한다.

④ 유목포함

유목포함은 전조작기 유아에게는 어려운 과제이며, 사물의 위계적 관계에 대해 알고 '진달래, 민들레, 장미, 수선화, 백합화'와 같은 하위유목들은 '꽃'이라는 중간 유목에 포함되고, '꽃'이라는 중간 유목은 '식물'이라는 상위유목에 포함되는 것을 의미한다. 따라서 교사는 자연스럽게 일과를 통해 전체와 부분 용어를 함께 사용하여 유목포함의 개념의 기초를 형성하도록 하는 것이 좋다.

2) 결과 나타내기(그래프 활동)

통계는 일정한 준거에 의해 자료를 수집, 분류, 표현, 분석, 해석하는 것으로, 3~5세 유아는 자신이 모은 자료를 탐색하면서 자신의 방법으로 정보를 조직해 봄으로써 문제해결능력을 향상시킨다. 찰스워스(Charlesworth, 2000)는 자료의 결과를 유아기 그래프 이해 발달단계를 다음과 같이 제시하였다.

표 3-14 그래프 이해 발달단계

단계	내용
실물 두 가지 비교 단계	영유아가 실물을 사용하는 3차원적 그래프를 만드는 단계로, 그래프 판 위에 직접 물체를 놓아서 높이 또는 길이를 시각적으로 비교한다.
그림을 이용하여 항목을 두 개 이상 비교하는 단계	물체의 그림에 색칠하여 사용하거나 물체의 사진이나 그림, 스티커 등을 오려 풀로 붙여 그래프를 만들 수 있다.
상징물을 이용하여 비교하는 단계	어떤 물체를 추상적 매체를 사용하여 표상하는 것으로 유아는 칸이 처진 차트에 동그라미, 네모 등을 오려서 사용한다.
눈금이 그려진 종이를 사용하는 단계	커다란 종이 위에 색종이 등을 이용하여 각각의 칸에 하나의 물체나 한 유아가 선택한 것을 2차원적으로 나타낸다.

단계	내용
꺾은선 그래프를 사용하는 단계	각각의 결과 값을 선으로 이어 시간적 흐름에 따른 변화를 알아본다.
실물 그래프 사용하는 단계	실제 사람이나 실물을 이용하여 결과를 나타내는 그래프가 되어보는 활동이다.
그림 그래프 사용하는 단계	실물 대신 그림을 이용하는 결과 나타내기 활동이다.
추상적 기호나 매체를 활용하여 비교하는 단계	추상적인 형태를 가지는 막대 그래프로 물체를 표상하기 위해 기호나 매체를 활용하는 활동이다.

그림 3-15 그림 그래프의 예

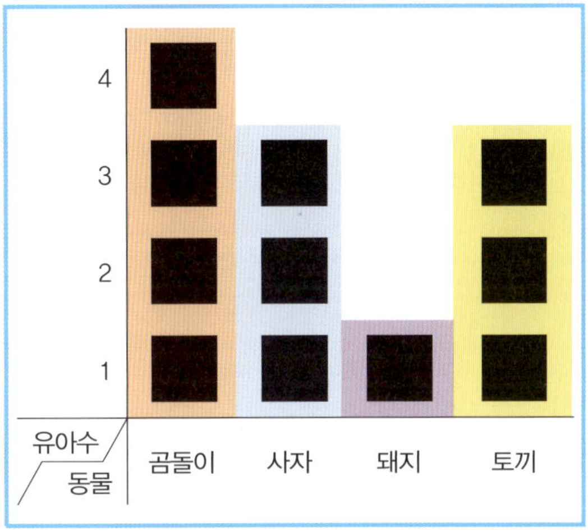

그림 3-16 막대 그래프의 예

3) 결과 나타내기 지도방법

그래프 활동을 지도할 때 수집한 자료를 조직하거나 표현하는 외형적 기술에만 초점을 두기보다는 유아가 관심 있어 하는 자료를 모으고 스스로 기록하고자 하는 태도를 기르며, 결과 나타내기의 목적을 이해하도록 하여야 한다. 특히 개인적 선호도에 관한 그래프 활동 시 유아는 인기 있는 친구와 같은 편에 서고 싶어 하는 경향이 있으므로 비밀주머니에 투표하는 방법을 사용하여야 한다. 다음은 영유아 지도 시 교사가 유의하여야 할 내용이다(서현아, 2018).

- 일과 중에 자연스럽게 그래프 활동을 경험하도록 한다.
- 영유아의 관심과 흥미, 수준에 따라 적절한 그래프 활동을 한다.
- 궁금한 자료를 결정한 후 자료를 수집한다.
- 다양한 언어적 상호작용을 한다.
- 만든 그래프에 제목을 붙이며 모은 자료는 어떤 자료이며, 왜 모으게 되었는지를 설명하도록 한다.
- 그래프나 표를 해석하며 유아가 자료로부터 비교, 이해할 수 있도록 한다.
- 자신이 알고자 했던 부분과 나온 결과들이 어떤지 설명해 볼 수 있도록 한다.

CHAPTER 04

유아수학교육의 수학적 과정기술과 태도

배울내용

1. 수학적 과정기술
2. 수학적 태도

학습목표

1. 유아수학교육에서의 수학적 과정기술을 알아보고, 이를 적용해 본다.
2. 유아수학교육에서의 수학적 태도를 알아보고, 이를 적용해 본다.

국가 교육과정의 수학교육영역에 명시된 수학교육의 내용은 주로 수학적 지식이나 기술을 다루고 있으나 유아수학교육에서는 동시에 수학적 사고능력과 태도를 길러주는 것도 중요하며, 이는 수학교육의 또 다른 내용이 되어야 한다. 따라서 본 장에서는 수학적 과정기술의 개념과 필요성, 문제해결하기, 추론하기, 의사소통하기, 연계하기, 표상하기 등과 같은 수학적 과정기술을 NAEYC와 NCTM(2002)의 지침에 의거하여 살펴보고자 한다.

1 수학적 과정기술

1) 수학적 과정기술의 개념과 경험

수학적 과정기술이란 유아가 수학적 지식을 획득하고 이를 사용하는 방법을 의미하는 것으로, 유아가 수학을 경험하는 과정에서 수학적 아이디어를 이해하고 수학적 능력을 확장시키는 데 필요한 중요한 기술이다.

NAEYC와 NCTM(2002)은 학교 수학을 위한 원리와 기준(Principles and Standards for School Mathematics)에서 내용기준과 함께 문제해결하기, 추론하기, 의사소통하기, 연계하기, 표상하기 등의 5가지 과정기술을 제시하고 있다. 즉, 유아수학교육에서 지식만이 아니라 유아의 사전 지식이나 경험을 다양한 방법으로 표상하고, 다른 사람과 의사소통하며 다양한 추론을 경험하여 문제를 해결하는 능력을 갖게 하는 데 초점을 두는 것이다. 이는 유아는 수학활동에서 자신이 알고 있는 수학적 지식과 배울 지식이 연결될 때 수학적 지식의 구성을 더 쉽게 하며, 유아가 찾아낸 답을 언어나 그림을 가지고 교사와 또래 친구들과 의사소통함으로써 유아는 자기가 찾아낸 답이 옳은지 틀렸는지를 확인할 수 있으며, 교사는 유아가 이미 알고 있는 수학적 지식의 정도를 파악할 수 있기 때문이다. 따라서 수학적 과정 기준의 교실 적용은 유아의 수학적 이해를 발달시키는 데 중요하며, 특히 유아의 수학교육은 결과 산출보다는 과정에 더 초점을 두어야 한다는 측면에서도 수학적 지식은 수학적 문제를 직접 다루는 과정을 통해 획득되어야 한다(홍혜경, 2012; Feiler, 2004). 그러므로 수학적 과정기술은 유아교육기관에서 이루어지는 수학적 교수의 중요한 부분으로 매일의 일과 속에서 강조되어야 하며, 수학과 관련된 모든 학습 활동에서 중요한 의미를 가지므로 교사는 수학활동에서 수학적 내용과 함께 수학적 과정기술을 항상 고려해야 한다.

수학적 과정기술의 교육과 발달은 비단 수학활동에서만 제한되는 것이 아니다. 그보다는 유아교육기관에서의 일과와 쌓기, 역할, 조형, 언어, 수·과학, 조작, 컴퓨터 영역 등의 자유선택활동에서 다양한 수학적 상황에 노출되므로, 교사는 〈그림 4-1〉과 같이 유아들이 자신이 좋아하는 활동을 반복적으로 즐기고, 친구들과 함께 놀이하고, 선생님으로부터 배우며 자연스럽게 수학적 과정기술을 경험할 수 있도록 지원해야 한다.

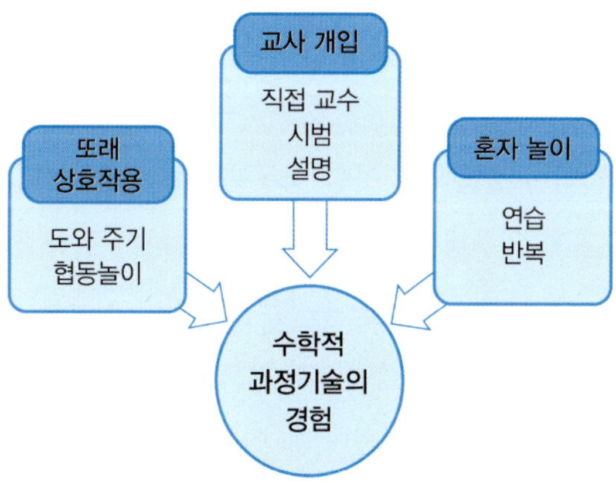

그림 4-1 수학적 과정기술의 경험

출처: 박나리(2010). 순환학습모형에 따른 유치원 수학활동의 교육과정 수정이 통합된 장애 유아의 수학능력과 수학적 과정기술에 미치는 영향. 이화여자대학교 대학원 박사학위논문 재구성.

(1) 교사의 개입에 의한 수학적 과정기술의 경험

유아교육기관의 일과 중 자유선택활동 시간은 교사의 개입이 가장 적은 시간이라는 인식이 많지만, 교사는 유아가 스스로 선택하는 활동이나 놀이에서도 언어적 지원이 요구되는 상황이 많다는 것을 인식하고 유아가 다양한 활동에 참여하도록 의도적으로 개입할 필요가 있다. 특히 어린 유아들은 자유선택활동에서 친구들과 함께 수학적 활동에 참여하기보다는 선호하는 영역에서 좋아하는 활동을 반복하는 경우가 많으므로 교사들은 유아들의 수학적 경험이 확장되도록 활동을 수행하는 방법을 가르쳐주거나, 시범을 보여주거나, 설명이나 언어 지시를 통해 활동 참여를 촉진하는 등 적극적이고 직접적인 개입을 통해 다양한 수학적 과정기술을 경험하도록 지원해 주어야 한다.

이러한 교사의 적절한 개입은 혼자 놀이가 많거나 수학적 사전경험이 적은 유아들이 교사에게 도움을 요청하는 과정에서 교사로부터 다양한 수학적 경험을 할 수 있도록 하며 수학적 지식을 활용하는 수학적 과정기술의 경험에서도 교사로부터 다양한 지원을 받는 것을 가능하게 한다. 또한 비교적 수학적 능력이 높은 유아들에게도 수학적 의사소통이나 표상, 연계, 추론의 다양한 수학적 과정기술을 경험하고 변화시키는 기회가 될 수 있으며, 특히 기존의 수학적 지식을 기반으로 수학적 문제의 해결방법을 탐색하고 사용할 수 있게 한다.

유아들은 수학적 지식이 충분하지 못한 경우뿐만 아니라, 이미 습득하고 있는 수학적 지식이 요구되는 과제를 수행할 때도 문제를 해결하기 위한 전략이나 방법을 스스로 탐색하여 적용하는 데 어려움이 있을 수 있다. 이러한 이유로 유아는 수학적 지식이 요구되는 과제의 경우 아예 활동에 참여하지 않으려 하기도 하고, 자신의 수학적 관심에 몰입하여 수학적 문제를 해결하는 방법을 인식하지 못하기도 한다. 그러므로 교사는 수학활동이 진행되어 가면서 유아들이 기존의 수학적 지식을 기반으로 새로운 수학적 지식을 습득하고, 문제해결방법에 대해 인식하도록 지원하면서, 자신의 수학적 지식을 기반으로 문제해결방법을 탐색하고 활용하도록 촉진해야 한다.

[사례 1] 교사의 개입에 의한 수학적 과정기술 경험

유경이는 점토로 원형, 사각형의 피자를 만들었다. 양손으로 점토를 책상 바닥에 놓고 누른 뒤 모형 틀로 찍어낸 뒤 바닥에서 떼어내어 피자 빵을 만들었고, 잘 떨어지지 않자 조각칼을 점토 밑으로 밀어 넣어 공간을 만들어 피자빵을 떼어냈다. 이러한 방법으로 동그란 모양과 네모난 모양의 피자빵을 각 2개씩 만들고, 다른 색의 점토로 토핑을 만들어 피자빵 위에 붙였다. 동그란 모양의 피자와 네모난 모양의 피자들 각 1개씩을 2등분 한 뒤, 모든 피자를 모형 쟁반 위에 올렸다.

유 경: "선생님, 어느 게 제일 큰 거 같아요?"
교 사: "응, 이게 다 뭐야?"
유 경: "이게 다 피자예요"
교 사: "피자야. 선생님 큰 거 가지라고? 뭐가 제일 크지?"
유 경: "응. 이거요. 네모난 피자가 제일 크죠?"
교 사: "그래? 왜 이게 제일 커?"
유 경: "이게 여기 다 들어가요"

– 미술 영역 점토 놀이 과정에서

[사례 1]에서 유아는 피자를 교사에게 가지고 가서 제일 큰 것을 고르라고 이야기했고, 교사는 유아에게 어느 것이 제일 큰 것인가를 물어보아서 유아가 크기를 측정할 수 있도록 하였다. 유아는 네모난 피자를 가리키며 다른 피자들이 네모난 피자 안에 다 들어갈 수 있어서 네모난 피자가 제일 크다고 이야기했다. 이때 유아는 크기를 측정하려는 방법으로 사물의 크기가 큰 것 안에 작은 것을 포함시키는 방법을 사용하였다. 비록 실제 피자의 크기 측정과 관련해 두께까지 고려하지는 못했지만, 교사의 적절한 개입에 의해 일대일 대응이 아닌 모든 사물의 크기를 탐색하고 가장 큰 사물의 크기를 측정하는 방법으로 사물의 크기를 비교할 방법을 생각하고 크기를 결정하는 문제해결 방법의 수학적 경험을 할 수 있었다. 이처럼 교사의 적극적인 개입과 지원은 수학적 과제에 흥미를 느끼기보다는 단순한 또래와의 놀이를 즐기는 경우가 많은 유아에게 수학적 경험이 관련된 활동에 의미 있는 참여를 가능하게 하고, 이를 통해 수학적 의사

소통을 비롯한 다양한 수학적 과정기술을 경험하게 할 수 있다.

또한 교사는 수학활동을 놀이로 즐기는 유아들을 격려하면서 수학적 지식을 활용할 기회를 제공하고 이러한 경험을 통해 직관적 수준의 사고를 통해 과제를 수행하던 것에서 추론과 증명하기, 문제해결하기 등과 같은 수학적 과정기술을 경험하고 발달될 기회를 마련할 수 있다.

(2) 또래와 상호작용을 통한 수학적 과정기술 경험

유아교육기관의 생활이 익숙해지면서 유아들은 친구들과 함께 활동에 참여하는 기회가 확장되고, 친구들의 도움과 협력을 통해 수학적 경험이 확대되고, 이를 통해 수학적 과정기술이 발달될 수 있다.

수학적 의사소통은 수학적 언어와 상징으로 수학적 상황을 연관시키는 것으로, 수학적 사고를 통해 이해한 것을 몸짓, 언어, 그림과 상징 등을 이용해서 표현하는 것을 의미하는데(NCTM, 2000), 놀이라는 맥락 안에서는 또래들과 우호적인 태도로 도움을 주고받으며 수학적 의사소통을 기반으로 친구들과 함께 놀면서 표상하기, 문제해결하기, 추론하기, 연계하기와 관련된 수학적 과정기술을 자연스럽게 경험하고 확장시킬 수 있다. 그러므로 교사는 또래와의 상호작용 안에서 수학적 과정기술의 경험을 인지하고 관찰, 기록하여 지속적인 발달로 이어지도록 또래 간 상호작용을 촉진해 주는 것이 필요하다.

놀이의 맥락에서 또래들은 마치 교사처럼 수학적 과제를 수행하는 방법을 가르쳐 주거나 도움을 주며 함께 즐겁게 놀이하는 과정에서 수학적 지식을 표상하는 방법을 경험하고 발전시키거나 수학적 지식을 연계하는 모습을 보인다.

[사례 2] 또래와 상호작용을 통한 수학적 과정기술 경험

또래 세 명이 함께 벽돌 블록으로 주차장과 도로를 만들고 있었다. 또래 2는 혼자 쌓기놀이를 즐기던 학기 초와 달리 또래들과 함께 주차장을 만들고 있었고, 주차장 높이를 높게 하자는 또래들의 제안을 통해 주차장을 높게 할 다양한 방법을 생각해내고 시도한다.

또래 1: "여기 뒤에는 좀 높게 하자"
또래 2: "뒤에는 세 개 해?"
또래 1: "응. 세 개로 높게 하구, 여기 입구에 차단기 달자"
또래 3: "그럼 입구는 여기야?"
또래 1: "응. 이게 차단기야"
또래 2: "블록이 모자라"
또래 3: "뒤에는 세우자. 여기 모자라니까"
또래 2: "이렇게 해?(블록을 세우며) 몇 개 해?"

– 쌓기 영역의 주차장 만들기 놀이에서

[사례 2]에서 또래 2는 다른 또래들의 제안을 통해 주차장 뒷면의 높이를 높게 하기 위해서 블록의 개수를 늘리는 방법을 생각해냈으나 블록이 모자라는 것을 알게 된다. 그 후 또래가 블록의 개수를 줄이고 세워서 높게 만들 것을 제안하자, 옆면과 동일한 개수의 블록을 세워서 높게 만드는 방법을 사용했다. 이 사례는 유아들은 수학적 지식의 성장을 통해 블록의 개수나 방향을 바꾸어 다양한 형태와 크기의 구성물을 만들 방법을 인식하고 수학적 지식을 사용해 해결하는 모습을 보여주었다. 이처럼 놀이의 과정에서는 또래들과 상호작용의 기회가 많고 친구들과의 놀이에서 교사로부터 배우는 수학적 과정기술이 아닌 자연스러운 생활에서 발생하는 다양한 수학적 과정기술을 경험하게 된다.

유아들은 놀이라는 맥락에서 때로는 또래 도우미 역할을 하기도 하고 서로 협동 활동에 익숙해지면서 일상 활동에서 수학적 과정기술을 자연스럽게 활용할 수 있는 기회

가 생기고, 이를 통해 자연스러운 수학적 경험을 한다. 그러므로 놀이 중심 교육과정이 강조되는 유아교육현장에서 교사는 또래 간 상호작용이 바탕이 되는 놀이라는 맥락에 대한 관찰, 기록 등을 통해 유아의 수학적 지식 및 수학적 과정기술의 발달을 이해할 수 있고, 이를 통해 수학적 지식과 소양을 기르는 기반을 마련해 나가야 할 것이다.

(3) 혼자놀이를 통한 수학적 과정기술의 경험

유아교육기관에서의 자유선택활동은 주로 등원과 함께 시작되는 경우가 많으며 쌓기, 역할, 조형, 언어, 조작, 수 · 과학, 컴퓨터, 언어 영역 등에서 스스로 활동을 선택하여 참여하게 된다. 각 유아들에게는 자신이 좋아하는 영역의 과제를 탐색하고 즐길 수 있는 선택의 기회가 제공되며, 유아들은 주로 좋아하고 잘 할 수 있는 과제와 관련된 영역을 선택하여 교사가 개입하여 활동의 선택을 바꾸어주지 않으면 본인이 선택한 활동을 반복하며 즐기는 경우가 많다.

유아들이 다양한 영역의 활동에 대한 경험과 또래와의 상호작용의 기회를 얻는 것이 필요하지만 사회성이 부족하거나 그렇지 않더라도 혼자놀이를 즐기는 유아들도 좋아하는 활동을 반복하면서 놀이와 관련된 수학적 경험의 기회를 얻고, 수학적 과정기술을 발달시켜 나갈 수 있다.

혼자놀이를 선호하는 유아들의 경우 선호하는 활동이나 과제에 대한 몰입과 집중의 경향을 보이며 동일 활동을 반복하게 되는데, 이 가운데서도 수학적 경험이 발생하고 수학적 과정기술이 관찰될 수 있다. 가령 책보기 활동에서, 책의 쪽수를 읽거나 수를 끼적이는 놀이가 관련된 수학적 과제로 확장되면서 이러한 과제를 통해 수나 개수를 상징으로 표상하거나 수학적 지식을 일상생활 경험과 연계시키거나 수학적 문제해결을 위한 방법을 생각해내고 사용할 수 있다. 그러므로 교사는 유아들의 혼자놀이 과정에서 일어나는 수학적 경험이나 유아가 나타내는 수학적 지식에 관심을 가지고 때로 적절한 지원과 발문을 통해 수학적 과정기술을 경험하고 발달시켜 나가는 기반을 만들 수 있어야 할 것이다.

[사례 3] 혼자놀이를 통한 수학적 과정기술 경험

미술 영역에서 현종이가 16절지 이면지의 가운데 부분에 위와 아래가 꽉 차도록 사다리 모양을 그리고 아래에서 위로 각 칸에 B4, B3, B2, B1, 1, 2, 3, 4, 5, 6, 7, 8, ... 24를 써넣었다.

교 사: "무엇을 그린 거야?"
현 종: "여긴 엘리베이터 지하 4층 주차장이구요. 우리 집은 여기 11층이에요. 이렇게, 이렇게, 이렇게.... 이렇게 올라가고, 이렇게 이렇게 내려와요(손가락을 위아래 움직이며)"
교 사: "그렇구나! 엘리베이터는 위로 움직일 수도 있고 아래로 움직일 수도 있구나"
현 종: "네. 여기가 우리 집이에요(11층을 가리키며)"

– 미술 영역의 그림그리기 활동에서

[사례 3]에서 현종이는 자신이 사는 아파트의 엘리베이터를 그리고 각 층에 숫자 1~24를 바르게 표상하고 지하 주차장을 나타내기 위해 B1~B4라고 표상하였다. 교사가 그림에 대해 질문하자 엘리베이터가 위아래로 위치를 이동시킬 수 있다는 것을 설명하기 위해 두 개의 손가락을 사용해 오르고 내리는 흉내를 내어 위치에 대한 이해를 보여주고 있다. 즉, 유아들의 놀이를 유심히 관찰하다 보면 각각 유아들이 알고 있는 수학적 지식이 언어, 수, 동작 등을 통해 표상되어 나타나는 것을 발견할 수 있으며 교사는 지속적인 놀이 관찰과 기록을 통해 이러한 수학적 지식과 흥미의 변화와 발달을 이해할 수 있다.

[사례 4] 유아의 수학적 과정기술 경험에 대한 관찰과 기록

윤지는 스케치북에 꽃 그림을 그린다. 스케치북 중앙의 아래쪽에 꽃잎 5개짜리 큰 꽃을 그리고 위쪽에도 꽃잎 5개짜리 작은 꽃을 그린 뒤, 아래쪽 큰 꽃의 꽃잎 사이에 2개의 꽃잎을 더 그린다. 아래쪽 큰 꽃의 꽃잎에 차례대로 1, 2, 3, 4, 5, 6, 7을, 이파리에 1, 2를 쓰고 왼쪽 빈 공간에 5개, 7개라고 쓴다. 두 개의 꽃을 크레용으로 칠한 뒤 꽃의 오른쪽 빈 공간에 5개, 7개라고 다시 쓴다.

윤 지: "(교사를 바라보며) 꽃 그림이에요. 큰 꽃은 꽃잎이 일곱 개구, 이거 작은 꽃은 다섯 개예요. 이거 작은 꽃은 멀리 있어서 숫자가 안 보이는 거예요. 선생님, 멀면 잘 안 보이죠?"

– 미술 영역의 그림그리기 활동 관찰 기록

[사례 4]와 같이 유아의 놀이를 관찰하고 기록한 후 교사는 놀이 맥락 안에서 유아의 수학적 지식과 수학적 과정기술 경험을 분석해 낼 수 있다. 가령 위의 사례에서 윤지는 종합장에 두 개의 꽃을 그렸는데 앞쪽에 큰 꽃을 그리고 뒤쪽에 조금 작은 꽃을 그렸다. 사물의 근접과 거리를 나타내기 위해 꽃의 크기를 다르게 그려 표상하였고, '멀리 있어서'라는 수학적 어휘를 사용하여 구체적으로 표현하였다. 윤지는 일상생활의 경험과 수학적 지식을 연계하여 거리가 멀어지면 시각적으로 사물을 정확하게 식별하기 어렵다는 것을 표상하기 위해 멀리 떨어진 꽃에 숫자를 쓰지 않았다. 또 '숫자가 안 보이는 거예요'라고 설명하고, '선생님, 멀면 잘 안 보이죠'라며 교사에게 자신의 수학적 지식을 확인하기도 하였다. 그림을 설명하다가 동일한 형태의 사물의 경우 크기와 양이 비례한다고 생각한 듯 큰 꽃에 꽃잎을 2개 더 추가하여 그려 큰 것의 양을 많게 그려서 표상하였다. 아직 양과 크기에 대한 측정 개념이 완성되지 못하였지만, 자신이 이해하고 있는 수학적 지식들을 서로 연계하는 시도로 해석될 수 있다. 그러므로 이러한 관찰과 기록을 통해 교사는 유아의 수학적 지식뿐만 아니라 수학에 대한 흥미, 참여를 이해하고 이를 통해 기존의 수학적 지식을 기반으로 수학적 경험을 표상하거나 수

학적 지식, 어휘와 연결되도록 하며 더욱 세련된 수학적 과정기술을 경험하고 발달시킬 수 있도록 지원해 나가야 한다.

2) 수학적 과정기술

미국 수학교육자협의회(National Council of Teachers of Mathematics: NCTM)에서 제시하고 있는 유아기 수학교육의 내용에는 '수학적 사고능력 길러주기'가 수학교육의 중요한 범주로 포함되어 있으며, 세부항목으로 문제해결하기, 추론하기, 의사소통하기, 연계하기, 표상하기로 제시되어 있다(NCTM, 2002).

(1) 문제해결하기

문제해결하기는 수학적 지식을 발달시키는 중요한 수단으로 유아가 일상생활이나 동화의 수학적 상황 등에서 아직 해결방법을 모르는 과제에 참여해 문제에서 요구하는 답을 찾아가는 과정을 의미한다.

유아에게 문제해결은 자연스러운 것으로 새로운 상황과 직면했을 때 유아는 호기심을 보이며, 놀이상황에서 놀이도구나 해결되어야 하는 문제가 발생할 때도 융통성을 발휘하며 문제를 해결하려는 성향을 보인다. 이처럼 문제해결은 유아에게 자연스럽고 선천적인 것이다. 유아는 해답을 찾기 위해 몇 번의 시행착오를 거치기도 하지만 이러한 시행착오의 과정을 통해 자신만의 해답을 구축하게 되고, 이와 같은 실질적인 문제해결에 참여하여 기본적인 문제해결전략을 발달시키고 수학적 지식을 확대하게 되므로 문제해결과정은 수학적 사고를 발달시키는 데 중요한 수단이 된다(NCTM, 2000).

[사례 5] 수학적 과정기술: 문제해결하기

여러 명의 또래가 신데렐라 인형극 놀이를 하고 있었다. 유아들은 1~6까지의 숫자를 쓴 미니 색종이를 순서대로 바닥에 붙여 두 줄로 나란히 관람석을 만들고, 미니 색종이에 인형극 표를 만들었다. 다른 유아들은 손인형으로 인형극을 준비하는 것을 구경하거나 좌석번호를 써놓은 색종이가 날아가면 다시 가져다 제자리에 놓았다. 인형극 표를 팔기 시작했고 또래 1과 또래 3은 인형극 표를 샀다.

또래 1: "얼마예요?"
또래 2: "오천원이에요. 여기 4번에 앉으세요"
또래 3: "얼마예요?"
또래 2: "오천원이에요. 여기 5번이요"
또래 3: "네"
또래 3: "우리 같이 앉자"
또래 1: "응. 그래"
또래 3: "어떡하지? 그런데 5번은 여기야(뒷줄을 가리키며)"
또래 1: "그럼 표를 바꿔야지 되. 내꺼 바꿀게"

– 역할 영역 인형극 놀이에서

[사례 5]에서 또래 1과 또래 3은 인형극 놀이를 통해 일상생활에서 숫자가 수량만을 의미하지 않고 일대일 대응을 통해 일정한 규칙을 만들어 내는 것을 이해하였고, 4번 좌석과 5번 좌석이 함께 앉을 수 없다는 문제 상황을 인식하였다. 유아들은 실제 일상생활에서 활용되는 수학을 연계시켜 극장 놀이나 은행 놀이를 하면서 번호표를 뽑도록 놀이에 적용하였고, 놀이 맥락 안에서 문제 상황에서 서수에 대한 개념을 자연스럽게 연계시키고 함께 앉기 위해서 구입한 표를 바꾸어 뒷줄에 함께 앉는 것으로 문제해결을 하였다. 이처럼 일상생활과 놀이의 맥락은 유아에게 그들이 알고 있고 경험했던 지식을 적용해 볼 수 있는 수학적 경험을 제공하며, 놀이상황에서 발생하는 다양한 문제 상황에 수학적 과정기술을 사용할 기회를 제공한다.

수학 학문에서 문제해결과정은 보편적으로 문제인식 단계, 계획수립 단계, 실행 단계, 실행에 대한 반성적 검토 등과 같은 단계를 통해 이루어지는데 구체적인 내용은 〈표 4-1〉과 같다.

표 4-1 문제해결과정

구분	내용
문제인식 단계	문제의 본질이 무엇인지를 결정하거나 해석하는 단계를 의미한다.
계획수립 단계	가능한 한 많은 해결 전략을 생각하여 그 중에서 가장 적절하다고 판단되는 전략을 선택하는 단계이다.
실행 단계	자신이 적절하다고 선택한 전략을 수행하는 과정이다.
반성적 검토 단계	자신이 해결한 문제의 해결 과정과 결과를 평가하는 것을 의미한다.

다시 말해 수학교육에서 문제해결과정은 문제 상황에 대한 인식 및 이해와 문제를 해결하기 위한 전략을 계획하고 선택, 선택된 전략의 수행, 문제해결의 평가와 같은 일련의 단계를 거친다고 볼 수 있다. NCTM(2000)은 유아기의 수학적 문제해결하기와 관련한 네 가지 기준을 〈표 4-2〉와 같이 제안하고 있다.

표 4-2 수학적 문제해결하기의 기준

- 문제해결하기를 통해 새로운 수학적 지식을 획득할 수 있어야 한다.
- 수학적 상황이나 다른 교과 상황에서 일어나는 문제들을 해결할 수 있어야 한다.
- 문제를 해결하기 위해 적절한 전략을 다양하게 적용하고 선택할 수 있어야 한다.
- 수학적 문제해결과정을 검토하고 반성적으로 사고할 수 있어야 한다.

그러므로 유아의 문제해결하기 능력 향상을 위해서는 일과 속에서 수학적 지식을 내포하는 수학적 경험을 제공함으로써 유아들이 수학적 문제해결력을 키울 수 있도록 해야 한다. 이러한 문제 상황은 유아에게 친숙하고, 다른 학습 상황이나 활동과 연관되어야 하고, 다양한 수학적 지식을 내포하는 상황이 바람직하다. 이러한 과정을 통해 자신의 수학적 지식을 활용해 각각의 지식을 연관지어 확장하고, 수학적 언어를 활용하고, 도표를 만들고, 규칙성을 찾고 다양한 문제해결전략을 발달시킬 수 있기 때문이다(NCTM, 2000).

수학적 문제해결하기 과정은 유아의 발달에 기여하는 바가 큰데, 특히 인지발달과 관련성이 깊다. 유아는 직면한 문제를 해결함으로써 다음 단계의 문제를 해결하려는 목표를 가지며 이러한 시도를 통하여 인지가 발달하게 된다. 이는 유아는 문제를 해결하는 경험을 통하여 일상생활에서 생긴 문제나 수학활동에서 문제를 해결하기 위해 다양한 전략을 사용하고, 이전에 자신이 가지고 있던 비형식적 지식을 수학적 요소와 연결하여 문제를 해결하려고 노력하며, 다른 교과활동에서 경험했던 지식을 수학 문제를 해결하는 데 사용하기 때문이다. 따라서 교사가 유아들의 문제해결 성향을 촉진시키기 위해서는 새로운 수학적 상황과 도전적인 문제를 제공해 스스로 문제를 해결할 수 있도록 지원하고, 직접적으로 문제해결전략을 교수하기보다는 수학적 상황과 통합시켜 문제해결전략의 유용성을 습득할 수 있도록 하는 것이 바람직하다.

한편 수학적 문제해결과정은 다른 수학적 과정의 한 부분인 의사소통하기와도 관련을 갖는데, 이는 유아는 자신의 문제해결방법을 의사소통이나 표상을 통해 다른 친구와 공유하기 때문이다. 언어발달이 충분하지 않은 어린 유아들도 그림, 상징, 조작물, 모델 등을 활용하여 자신의 사고와 문제해결과정을 설명한다(Shaw & Blake, 1998). 따라서 교사는 문제해결하기를 독립된 과제로 제시하기보다는 유아의 일상에서 문제를 해결하기 위해 다른 유아들과 문제해결방법을 공유하며 자신의 생각과 비교하고 자신의 생각을 논리적으로 정당화시킬 기회를 가질 수 있도록 지원함으로써 수학적 지식을 사용하고 확장할 기회를 제공해야 한다.

(2) 추론하기

추론하기는 유아가 수학적 문제에 대해 논리적 결론을 내리고 자신의 수학적 사고를 설명하기 위해 사물 또는 사실들 간의 관계와 규칙성을 파악하여 증명해 나가는 것을 의미한다. 즉, 추론하기는 수학 문제해결에서 이미 획득한 지식과 새로운 문제를 연결하고, 문제를 재구성하여 체계적이며 논리적으로 타당한 결론을 이끌어내는 것으로, 수학적 문제에 대한 해결 과정과 답을 정당화시키고 자신의 수학적 사고를 설명하기 위해 사물 또는 사실들 간의 관계와 규칙성을 논리적으로 파악하는 것을 의미한다 (NCTM, 2000).

[사례 6] 수학적 과정기술: 추론하기

또래 4명이 2명씩 한 편이 되어서 공깃돌을 손가락으로 튀겨 상대편의 공깃돌을 책상 아래로 떨어뜨리는 게임을 하고 있었다.

또래 1: “아래 쪽으로 쳐”
또래 4: “여기서 치면 되?”
또래 1: “아니, 위에서 해야지”
또래 4: “여기?”
또래 1: “아, 아깝다”
또래 2: “이제 우리 차례야”
또래 3: “자꾸 왜 그래?”
또래 1: “다시 우리 차례야. 경준아, 잘해 봐”
또래 4: “저거를 떨어뜨릴 거야(목표한 곳을 향해 몸을 돌리고 자세를 낮춘다)”
또래 1: “와 잘했어. 한 개만 더 떨어뜨리면 똑같아진다”

– 조작 영역 게임활동에서

[사례 6]에서 유아들은 편을 나누어 공깃돌을 손가락으로 튕겨 상대편의 공깃돌을 책상 아래로 떨어뜨리는 게임을 한다. 유아들은 게임을 이기기 위해 다양한 전략을 생각하고, 한 편이 된 또래의 설명과 자신의 경험을 기반으로 상대방 공깃돌을 떨어뜨릴 수 있는 방향과 위치를 추론해 나간다. 때로 시행착오를 겪지만, 주사위 게임이나

구슬치기 등의 게임에서 이길 수 있는 전략을 추론하는 과정은 즐거운 수학적 경험에 몰입을 제공하였고, 유아들이 수학적 과정기술을 발전시킬 기회가 된다.

추론하기는 체계적이고 분석적인 방법으로 주어진 문제들의 각 요소를 이해하며, 이들 간의 관계를 발견하고 이를 일반화하는 논리적 사고력에 해당되는 것으로 학자에 따라 여러 가지 유형으로 나누어 설명하지만 일반적으로 연역적 추론과 귀납적 추론으로 구분된다.

연역적 추론은 일반적 원리로부터 논리적 절차를 밟아 각각의 사실이나 명제를 이끌어 내는 수학적인 추론 과정으로 형식적 조작 단계 이전의 유아는 연역적 추론을 해내지 못하며, 6~8세가 되면 비교적 간단한 삼단논법의 문제들로부터 연역적 추론을 통해 타당한 결론을 바르게 이끌어 낼 수 있으며, 이러한 추리능력은 연령이 많아질수록 증가한다. 또한 다른 추리 유형인 귀납적 추론은 각각의 사실로부터 일반적인 명제나 법칙을 이끌어내는 수학적 추론 과정으로 7~8세 유아들의 경우 귀납적 추론이 어렵고 논리적이지도 못하다(염지숙, 1987).

이처럼 유아기는 다른 사람들이 어떻게 추론하여 답에 도달해 가는지 이해하는 것은 어려우며, 중심화(centration) 경향으로 한 가지 관점만을 고려하여 생각하거나 직관적인 수준에서 추론하는 경향을 보이기도 한다. 그러므로 체계적이고 분석적인 접근 방법으로 주어진 문제들의 각 요소들을 이해하고, 이들 간의 관계를 발견하고, 이를 일반화하여 문제를 해결하도록 하는 사고 과정의 발달을 위해서는 일상생활에서 유아들은 자신의 경험으로부터 추론해 가며, 다른 사람과 생각을 나누면서 자신의 생각을 더 명료하게 해 보는 경험을 통해 계속 수정해 나갈 수 있도록 하는 것이 필요하다. NCTM(2000)은 이러한 유아기의 수학적 추론 및 증명하기와 관련한 네 가지 기준을 〈표 4-3〉과 같이 제안하고 있다.

표 4-3 수학적 추론 및 증명하기의 기준

- 수학의 기초적 측면으로서 추론과 증명을 인식해야 한다.
- 수학적 추측을 만들어 보고 이를 조사할 수 있어야 한다.
- 수학적 논의와 증명을 발달시키고 평가하여야 한다.
- 다양한 형태의 추론과 증명 방법을 선택하고 사용할 수 있어야 한다.

추론 및 증명하기를 어린 시기부터 점차적으로 발달하기 위해서는 발달 수준을 고려하여 유아가 스스로 자신의 생각대로 추론하고 증명할 수 있는 기회를 제공하고 자유롭게 학습할 수 있는 수학적 상황을 구성해 주는 것이 바람직하다. 특히 추론 및 증명하기는 구체적인 수학적 내용이라기보다 수학을 학습하는 하나의 접근 방법이고 태도에 관한 것이고, 이를 설명하는 언어 발달과 밀접한 관련이 있다. 따라서 교사는 유아의 추론을 도울 수 있는 기초적 · 논리적 단어와 적절한 발문을 통해 유아가 교사에게 의존하지 않고 스스로 추론하고 증명하며 사고할 수 있는 심리적 환경과 학습 상황을 조성하고, 유아들이 그들의 생각을 설명하고, 답과 해결과정을 정당화하며 논리적으로 수학적 추측을 경험함으로써 자연스럽게 일상생활에서 수학이 유용하게 사용되어진다는 것을 깨닫게 되도록 지원해야 한다.

(3) 의사소통하기

의사소통하기는 수학적 상황에서 수학적 아이디어를 언어를 비롯해 그림, 도포, 그래프, 기호나 상징 등을 사용해 표현하는 것을 의미한다. 유아들은 말과 글, 몸짓, 그림, 상징 등 여러 가지 방법으로 자신의 사고와 생각을 다른 사람과 교환하고 의견을 들으며 자신의 생각을 수정하거나 보완하며, 이러한 의사소통하기를 통해 유아는 수학적 이해를 증진하고, 지식을 명료화시키고 확장하게 된다(나귀옥, 김경희, 2003; NCTM, 2000).

[사례 7] 수학적 과정기술: 의사소통하기

유아들은 우레탄 블록을 높이 쌓는 놀이를 하고 있었고 각 8개와 10개의 블록을 높이 쌓아 올리던 유아들 중 한 명이 더 높이 쌓자고 제안을 하자, 또래들은 기존에 가장 높게 쌓은 블록의 개수가 10개이므로 더 많이 쌓아야 한다고 이야기했고, 유아들은 16개의 블록을 쌓았으나 무너져 버리고 말았다. 형근이는 개수와 양, 높이를 연계시킬 수 있었고 함께 놀이하는 또래들과 수학적 의사소통을 통해 다양한 활동에 참여하고 감정을 공유하는 모습을 보여주었다.

또래 2: "내가 제일 높아(10개의 블록을 가리키며)"
또래 1: "여기는 더 높이 올리자(8개의 블록을 가리키며)"
또래 3: "열 개보다 많이 해?"
또래 2: "여기가 열 개니까. 더 많이 해야지"
또래 3: "그래. 여기보다 높이 올리자"
또래 1: "열여섯. 아"
또래 3: "열여섯이 무너졌다"

– 쌓기 영역의 블록 높이쌓기 놀이에서

[사례 7]에서 보는 바와 같이 유아들의 수학적 의사소통은 발달 수준이나 특성과 깊게 연관되어 있으며, 언어 발달이 늦은 유아들은 수동적인 자세로 질문이나 요구에 대답하는 경우가 다소 많지만, 또래들과 함께 어울리면서 다양한 상황에서 수학적 의사소통이 발달되어 가며, 유아들은 수학적 의사소통을 기반으로 또래들과 함께 놀면서 표상하기, 문제해결하기, 추론하기, 연계하기와 관련된 수학적 과정기술을 경험하고 확장 시켜나가게 된다.

NCTM(2000)은 유아기의 수학적 의사소통하기와 관련한 네 가지 기준을 〈표 4-4〉와 같이 제안하고 있다.

표 4-4 수학적 의사소통하기의 기준

• 자신의 수학적 사고를 조직화하고 통합할 수 있어야 한다. • 또래, 교사, 다른 사람에게 분명하고 명확하게 수학적 사고를 이야기할 수 있어야 한다. • 다른 사람의 수학적 사고와 전략을 분석하고 평가할 수 있어야 한다. • 수학적 아이디어를 정확하게 표현하기 위해 수학적 용어를 사용할 수 있어야 한다.

한편 수학적 의사소통은 유아들에게 학습자로서의 권한을 줌과 동시에 수학학습에 긍정적 환경을 조성한다는 측면에서도 의미를 지니며 교사에게는 유아와의 수학적 의사소통하기를 통해 유아의 사고에 대한 정보를 얻고 학문의 과정에서 개인적 성장을 모니터하는 강력한 수단으로 활용될 수 있다(Rowan et al., 1990). 그러므로 교사는 유아의 수학적 의사소통 향상을 위해서 자연스러운 일과를 통한 수학적 경험을 표현할 수 있도록 해 주어야 하는데, 이를 위해 수학적 문제 상황을 제시해 주고 또래들과 함께 그 문제에 대하여 이야기할 수 있는 기회를 제공하는 등 다양한 방법으로 수학적 의사소통을 촉진하는 환경을 제공하도록 해야 한다(나귀옥, 김정희, 2004).

수학적 의사소통의 과정에는 언어적인 것 외에 비언어적이 포함된다는 것이 함께 고려되고 장려되어야 한다. 즉, 유아들이 말이나 몸짓, 그림, 상징 등 여러 가지 방법으로 자신의 사고와 생각을 교환할 수 있도록 하는 것이 필요하다. 가령 유아들은 쌓기 영역에서 여러 블록으로 구성하는 과정을 통해 세모 두 개를 모아 필요했던 네모 모양을 구성할 수 있고, 이와 같은 수학적 아이디어를 언어로도 이야기 나눌 수 있어야 한다. 이러한 수학과 관련한 일상적인 대화는 유아의 객관적인 수학적 지식을 형성하는 데 도움을 주며, 수학적 언어가 자연스럽게 사용되는 상황에서 유아들이 읽고, 말하고, 아이디어를 토론하는 기회를 가짐으로써 수학적 능력을 성취할 수 있기 때문이다(Klibanoff et al., 2006).

(4) 연계하기

연계하기는 일상적인 자신의 경험을 통해 습득한 비형식적 수학을 교육현장에서 학습하는 형식적 수학과 연계하는 과정을 의미하는 것으로 일상생활과 수학과의 연계, 수학과 다른 교과와의 연계, 유아의 기존 지식과 새로운 지식과의 연계를 하여 사고하는 것을 모두 포함하는 지식이다. 즉, 수학을 고립된 내용으로서가 아니라 통합된 전체로서 파악하고, 교육기관 안에서만 일어나는 일로 한정하지 않고 일상생활에서 수학의 관련성과 유용성을 인식하는 것으로 이는 수학적 지식이 각각 개별적으로 독립된 영역으로 구분되어 있기는 하지만 실제 하나의 통합된 영역으로 다뤄져야 함을 시사한다(이정욱, 유연화, 2006).

[사례 8] 수학적 과정기술: 연계하기

요리 영역에 주먹밥 만들기 자료와 만드는 방법이 안내되었고, 유아들은 직접 주먹밥을 만들었다. 경준이는 재료로 접시에 일곱 개의 주먹밥을 만들어 담고, 이후 컵에 물을 담아와 간식 자리에 앉았다.

교 사: "그래서, 경준이는 몇 개 만들었어?"
경 준: "하나, 네 개(오른손을 네 개를 접으며)", "세 개(왼손을 세 개를 접으며)", "선생님 이렇게 먹었어요(양손을 들어 보이며)"
교 사: "응. 그렇구나", "하나씩 펴보자(경준이의 접어진 손가락을 하나하나를 펴주며)", "하나, 둘, 셋, 넷, 다섯, 여섯, 일곱. 일곱 개 만들었구나"

– 주먹밥 만들기 요리활동에서

[사례 8]에서 교사가 경준이에게 주먹밥을 몇 개를 만들었는지 물어보자 한 손의 손가락 네 개를 접고 다른 손의 손가락 세 개를 접어서 교사에게 보여주었다. 경준이는 손가락으로 네 개와 세 개를 접는 신체적 표상을 통해 자신이 요리한 주먹밥의 개수를

표현하였고, 이때 양손을 모두 들어 보이며 네 개와 세 개가 모여 일곱 개를 만들 수 있다는 것을 연계하였으나 모아 세기를 하지는 못하였다. 교사는 경준이가 신체적 표상을 언어적 표상으로 발전시킬 수 있도록 신체적 촉진과 언어적인 시범을 제공하였고, 경준이가 두 개의 개수를 모아 세어 더하기와 연계하는 것을 가르쳐 주었다. 이처럼 수학적 지식은 독립적으로 존재하는 것이 아니며 서로 유기적으로 통합되어 있으며, 통합된 수학적 지식을 만들기 위해서 각 지식들 간의 상호 연관성을 이해하고 연계시킬 수 있어야 한다(NCTM, 2000). 위 사례는 수학적 지식을 유기적으로 연결하는 것은 어렵지만, 수학적 지식을 일상생활과 연계시키거나 수와 관련된 수학적 지식을 유아의 경험이나 놀이 맥락에서 연계할 수 있음을 시사한다.

연계하기 경험은 유아들에게 비형식적인 경험과 형식적인 수학 사이를 연계하는 데 뒷받침이 되며 수학적 내용지식과 수학적 과정기술을 서로 관련지어 활용함으로써 수학에 대한 지식을 발전시키고 효율적으로 적용하는 능력을 확장하게 된다(NCTM, 2007). NCTM(2000)은 유아기의 수학적 연계하기와 관련한 세 가지 기준을 〈표 4-5〉와 같이 제안하고 있다.

표 4-5 수학적 연계하기의 기준

- 수학적 사고 간의 연관성을 인식하고 이를 적절하게 사용해야 한다.
- 수학적 지식들이 상호 연관되어 있다는 것을 이해하고 하나의 전체를 만들기 위해 서로 연계시킬 수 있어야 한다.
- 수학 이외의 상황에서 수학을 인식하고 적용할 수 있어야 한다.

유아가 수학적 연계하기를 활용하여 수학적 문제를 해결하도록 하기 위해서는 수학적 사고 간의 연관 능력을 발달시켜주고 유아의 일상 활동 중에 자연스럽게 수학적 지식과 기술을 발견하고 활용할 수 있도록 격려해 주어야 한다. 특히 연계하기는 수학을 좁고 단편적인 교육과정의 주제가 아니라 통합적이고 실제적인 것으로 만들어 주므로(Shaw & Blake, 1998), 유아가 수학적 지식과 기술을 확장시키고 수학적 개념에 대한 관련성을 구성하도록 새롭고 다양한 수학활동을 제공하고 이를 통해 유아가 수학 주제들 간의 상호관련성, 수학과 다른 영역들 사이의 관련성, 수학이 생활 안에서 구현되는 방식들에 대해 경험할 수 있도록 해야 한다(NCTM, 2000).

또한 NCTM(2000)은 수학을 통합된 전체로서 파악하고 유아교육기관 안에서만 일어나는 일로 한정하지 않으며 일상생활에서 수학의 관련성과 유용성을 인식하게 하는 것으로 보았다. 즉, 연계하기는 유아들의 수학적 활동이 명확하게 분리되기보다는 자연스러운 상황에서 통합적으로 일어난다고 할 수 있으므로 수학을 통합의 전체로 보는 기회를 제공해 주어야 한다. 특히 유아기가 수학적 지식과 기술의 습득뿐만 아니라 수학적 흥미와 소양을 발달시키는 시기라는 점에서도 연계하기는 매우 중요한 의미를 갖는다. 많은 사람들은 학교에서의 수학교육에 대해 부정적으로 인식하는 경향이 있는데, 이는 학습자가 학교에서 배웠던 수학을 어렵게 느끼고, 일상적인 생활에서 수학적 지식이 유용하게 사용되지 않는다고 인식하는 데 기인한다. 그러므로 유아기 수학교육의 과정에서 일상생활에서 경험하였던 비형식적 수학과 형식적 수학을 연계한다면 수학이 의미 있고 우리의 삶에서 유용하게 사용된다는 것을 경험하는 의미 있는 계기가 될 것이다.

(5) 표상하기

표상하기는 수학적 지식과 관계를 파악하기 위해서 언어, 그림, 도식 등 다양한 매개물로 자신의 내적인 사고를 나타내는 수학적 과정기술로, 유아의 표상하기는 의사소통의 방법인 동시에 강력한 수학적 사고를 위한 도구이다(NCTM, 2000). 유아는 여러 가지 표상들을 연결하는 과정을 통하여 수학적으로 접근하고, 다른 사람에게 자신의 수학적 사고를 전달하며, 타인에게 자기 생각을 효율적으로 전달하여 수학적 사고를 확장시키고 실생활에 수학을 적용한다(나귀옥, 김경희, 2004; 황의명 외, 2017; NCTM, 2000). 어린 유아들은 주로 신체적인 표상으로 수학적 지식을 표현하고, 때로는 그림이나 상징 표상을 사용하기도 한다(박나리, 2011). 특히 개수와 관련되어 습관적으로 손가락 세기와 같은 신체적 표상을 사용하는 경우가 많은데 이러한 신체적 표상은 유아가 성장함에 따라 구체물, 그림, 상징을 사용하는 표상하기로 다양해진다.

[사례 9] 수학적 과정기술: 표상하기

또래 두 명이 점토로 만들기를 하며 윤호에게 뱀을 만들자고 제안하였고, 윤호는 또래들이 점토를 책상 바닥에 대고 밀어 길게 만드는 것을 보고 점토를 바닥에 대고 밀기 시작하였다. 눌러서 길게 밀라는 또래들의 설명에 오른손으로 점토 덩어리에서 점토를 조금 떼어내 책상 바닥에 대고 밀었지만 가운데 부분에 힘을 너무 주어 끊어졌고, 또래가 조심하라고 하자 끊어진 점토 조각을 합쳐서 다시 책상에 대고 밀어 길게 만들었다.

또래 1: "우리 뱀 만들자"
또래 2: "야, 우리 이거 밀어서 붙여서 더 길게 하자"
또래 1: "윤호야, 이렇게 밀어, 눌러서 길게"
윤 호: "길게"
또래 1: "윤호야, 조심해. 끊어졌어"
또래 2: "윤호 뱀을 여기 붙이자"
또래 1: "윤호야 뱀 몇 개야?"
윤 호: "하나, 둘…다섯 개지(뱀을 하나씩 손가락으로 짚으며)"
또래 2: "윤호야 그게 뭐야(윤호가 가장 오른쪽 뱀에 작은 동그라미를 붙이는 것을 가리키며)"
윤 호: "눈. 여기가 머리야"

– 미술 영역의 점토 놀이에서

[사례 9]에서 또래들과 윤호는 뱀의 길이가 긴 것을 표상하기 위해 점토를 손으로 눌러 밀어 긴 모양을 만드는 모습을 보여주었다. 특히 뱀을 서로 연결해 길게 만들고자 하던 또래들이 윤호가 만든 뱀의 개수를 물어보자 자신이 만든 다섯 개의 뱀을 한 번에 세어 답하지는 못했지만 일대일 대응으로 한 개씩 세어 '하나, 둘…다섯 개야'라고 대답

해 준다. 또한 뱀의 머리 부분이라는 것을 나타내기 위해 점토를 작게 뭉쳐서 뱀의 양쪽 눈을 표상했다. 이처럼 또래들과 함께 어울려 놀이하는 과정에서 또래들은 마치 선생님처럼 과제를 수행하는 방법을 가르쳐 주기도 하고, 자기 생각과 지식을 동작, 그림, 만들기 등의 다양한 표상을 통해 표현하며 또래들에게 전달하는데 이러한 수학적 경험은 수학에 관한 관심과 수학적 과정기술의 발달에 자연스럽게 영향을 미치게 된다.

유아기 대표적 표상은 그림표상, 언어표상, 숫자나 기호에 의한 표상 등으로 나뉘는데 그림표상은 3~4세, 언어표상은 4~6세, 숫자나 기호에 의한 표상은 5~6세경의 유아가 획득해야 할 주요 발달과업으로(홍혜경, 2012), 문자언어가 완전히 발달하지 못한 어린 유아일지라도 자신의 생각을 표상하기 위하여 그림을 그리거나 끼적거린 형태로 자신의 생각을 표상한다. 구체적으로 유아기 표상단계를 살펴보면 〈표 4-6〉과 같다(Case, 1985).

표 4-6 유아기 표상단계

구분	내용
감각운동적 조작 단계	유아의 표상은 감각적 정보로 이루어지며 유아는 신체적 움직임으로 반응을 보인다.
표상적 조작 단계	유아의 표상은 지속적이고 구체적인 내적 이미지로 이루어지며 활동의 결과로 또 다른 내적 표상을 만들 수 있다.
논리적 조작 단계	자극을 추상적으로 표상하며 이 표상에 간단한 변형을 가할 수 있다.
형식적 조작 단계	자극을 추상적으로 표상할 뿐만 아니라 정보에 복잡한 변형도 가할 수 있다.

이처럼 유아기에는 자신의 생각을 표현하기 위한 다양한 시도를 하는데 어린 시기에는 발명적 상징, 그리기, 끼적이기 등의 비관습적인 방법을 사용하며, 연령이 증가함에 따라 말하기, 글쓰기, 신체적 표현, 그림, 자연물 등을 통해 수학적 개념에 대한 자신의 사고와 이해를 나타낸다(Bodrova & Leong, 2010). 또한 유아들은 기호와 그림 같은 표상으

로 친구들 또는 교사와 상호작용을 통해 수학적 사고를 더 명료화할 수 있고, 이 과정에서 더 정교한 자신만의 수학적 표상을 개발하기도 한다. NCTM(2000)은 유아기의 수학적 표상하기와 관련한 네 가지 기준을 〈표 4-7〉과 같이 제안하고 있다.

표 4-7 수학적 표상하기의 기준

- 수학적 지식을 조직하고 기록하고 의사소통하기 위해 표상을 만들고 사용할 수 있어야 한다.
- 문제를 해결하고 활용하기 위해 수학적 표상들을 선택하고 적용하고 변형시킬 수 있어야 한다.
- 물리적 · 사회적 · 수학적 현상을 해석하고 모델화시키기 위해 표상을 사용할 수 있어야 한다.

교사는 수학활동을 통해 유아의 표상하기 능력을 향상시키기 위해서 그림, 구체물, 구어, 관련된 상황, 문자 상징 등 다양한 방법을 사용해 자신의 수학적 아이디어를 표상하도록 격려해야 하고, 문제해결이나 추론하기 등 다른 수학적 과정기술과 통합하여 유아가 자신의 수학적 아이디어를 명료화하고 조직할 수 있는 경험을 제공하도록 해야 한다(NCTM, 2000).

앞서 살펴본 수학적 과정기술은 유아교육기관의 다양한 활동과 일상생활을 통하여 유아가 경험할 수 있고, 적용되고 발달될 수 있어야 한다. 〈표 4-8〉은 역할놀이를 통한 유아수학교육활동의 과정에서 수학적 과정기술이 계획되고 실현될 수 있는 사례를 담고 있다. 문제해결하기란 유아와 교사가 일상생활 또는 학습 상황에서 발생하는 해결되지 않은 과제에 대해 그 원인과 해결책을 함께 모색하는 것을 의미한다. 그러므로 자연스런 놀이상황과 활동에서, 가령 "역할놀이를 하기 위해 몇 명이 필요할까?", "몇 명의 친구가 만들면 좋겠니?"와 같은 질문을 통해 직면한 문제를 유아가 주도적으로 해결할 수 있는 경험을 제공하는 것이 효과적이다. 이때 계획에서 볼 수 있듯이 유아가 문제를 잘 이해하고 인식하도록 격려해 주는 것이 중요하다. 또한 교사는 문제해결과정에서도 문제해결을 위한 정보를 수집하고 혼자가 아니라 또래와 토론하는 과정에서 해결 방안을 선정하여 적용해 볼 수 있도록 격려하고, 적용한 방안에 대해 평가하기의 단계를 통해 유아로 하여금 논리적으로 사고하도록 이끌어주는 노력이 필요하다.

추론하기는 '왜 그렇게 해야 하는지'와 '어떻게 해야 하는지'와 같이 자신의 생각과 의견을 정당화시키기 위해 사물 또는 사실들 간의 관계와 규칙성을 파악하여 설명하는 것을 의미한다. 따라서 교사는 문제해결하기나 표상하기 등과 연결하여 그와 같은 유아의 주장과 의견에 대해서 "왜 그렇게 생각했니?" 등의 질문을 함으로써 근거를 말해 볼 수 있는 추론의 경험을 제공해야 한다.

의사소통이란 두 사람 이상이 어떤 주제 또는 문제 상황에 대해 다양한 방법으로 서로의 의견을 나누는 과정을 말한다. 특히 토의 과정에서 일어나는 의사소통은 자신과 다른 사람의 의견들 사이의 유사점과 차이점을 비교하고 반성적으로 사고하도록 이끌어준다. 따라서 교사는 수학활동을 포함한 다양한 상황과 활동에서 유아와 유아 간, 유아와 교사 간 주제나 문제해결을 위한 상호작용이 활발할 수 있도록 허용적인 분위기를 조성하고, 모든 유아가 적극적으로 참여할 수 있도록 해야 한다.

표상하기는 비형식적 혹은 형식적 방법으로 형성한 수학에 대해 언어적 표현, 조형적 표현, 행동적 표현 등 다양한 방법으로 표현하는 것을 의미한다. 따라서 교사는 "스피커/마이크 등은 몇 명의 친구가 만들기로 했니?"와 같은 질문과 이를 어떻게 쉽게 알아볼 수 있게 하는 방법에 대해 토의하고 토의 결과에 따라 역할 분담표를 4절 크기의 도화지에 적어 교실 벽면에 붙여놓는 것과 같은 다양한 수학적 표상활동을 통하여 수학적 사고를 표현하고 의사소통할 수 있도록 격려하여야 한다.

표 4-8 유아수학활동에서의 수학적 과정기술의 계획하기

<table>
<tr><th>활동명</th><td colspan="3">공연장 놀이에 필요한 역할과 소품은?</td></tr>
<tr><th>활동유형</th><td>이야기 나누기</td><th>집단형태</th><td>대집단</td></tr>
<tr><th>활동목표</th><td colspan="3">• 공연장 모습을 보고, 공연장 놀이에 필요한 소품을 알아본다.
• 공연장 놀이를 하기 위해 필요한 역할과 적절한 놀이 인원을 정해 본다.
• 놀이 주제와 영역의 크기를 고려하여 필요한 역할과 인원수를 정할 수 있다.
• 공연장 놀이를 위해 해야 할 일들을 나누어 역할 분담해 본다.</td></tr>
<tr><th>수학교육 내용</th><td colspan="3">• 수와 연산 – 다양한 방법으로 수 세기
• 확률과 통계 – 여러 가지 자료 수집하기
– 한 가지 혹은 두 가지 이상의 준거로 분류하기</td></tr>
<tr><th>활동자료</th><td colspan="3">사진 자료(조명, 무대, 극놀이센터에서 찍어온 사진들), 화이트 보드, 마커, 4절 크기의 도화지, 매직</td></tr>
<tr><th>활동방법</th><th colspan="2">내용</th><th>수학적 과정기술</th></tr>
<tr><td></td><td colspan="2">1. '극놀이센터'에서 찍어 온 사진을 보며 공연장에 있는 사람과 물건들을 알아본다.
– 극놀이센터에 갔을 때 어떤 사람들을 만나보았니?
– 극놀이센터에서 어떤 것들을 보았니?</td><td></td></tr>
<tr><td></td><td colspan="2">2. 공연장 놀이를 하기 위해 필요한 역할과 적절한 놀이 인원에 대해 이야기해 본다.
– 공연장 놀이를 하려면 어떤 역할들이 필요할까?
– 그렇다면 모두 몇 명이 필요할 것 같니?
– ○○ 역할은 몇 명이 필요할까?
– 왜 그렇게 생각했니?
– 역할놀이 영역에는 모두 ○명이 들어갈 수 있을까?</td><td>• 문제해결하기, 의사소통하기: 공연장 놀이에 필요한 역할과 놀이 인원의 문제해결을 위해 토의하며 의견을 주고받는다.
• 추론하기: 자신의 의견에 대한 근거를 제시하며 말한다.
• 연계하기: 역할놀이 영역의 크기와 놀이 인원을 동시에 고려하며 수와 공간개념을 연계하여 사고한다.</td></tr>
<tr><td></td><td colspan="2">3. 공연장 놀이를 하기 위해 필요한 여러 가지 소품을 생각해 보고 이야기한다.
– 공연장 놀이를 하려면 어떤 것들이 필요할까?
– 스피커, 악기 등은 몇 개를 준비하면 좋겠니?
– 왜 ○개가 필요하다고 생각했니?
– 어떤 재료로 어떻게 만들 수 있을까?</td><td>• 문제해결하기: 공연장 놀이를 위해 필요한 소품에 대해 토의한다.
• 추론하기: 자신의 의견에 대한 근거를 제시하며 말한다.
• 연계하기: 놀이에 필요한 역할과 인원을 고려하며 준비해야 할 소품의 수를 생각해 본다.</td></tr>
</table>

	4. 공연장 놀이에 필요한 소품을 집에서 가지고 올 소품, 교사가 준비할 소품, 직접 만들 소품으로 나누어본다. – 이 중에서 집에서 가지고 올 수 있는 것이 있니? – 선생님이 준비해 주었으면 하는 소품들은 무엇이니? – 너희들이 직접 만들 수 있는 소품은 어떤 것이니? – 만일 만든다면 어떤 재료로 만들 수 있을까?	• 표상하기, 의사소통하기: 공연장 놀이에 필요한 소품을 주어진 준거에 따라 분류하며 자신의 생각을 말로 표현하며 의견을 주고받는다.
	5. 직접 만들 소품 중에서 각자 만들고 싶은 소품을 한 가지씩 정하며 역할을 분담한다. – ○○은 무엇을 만들고 싶니? – 어떤 소품을 만들기가 가장 어려울까? – 몇 명의 친구가 만들면 좋겠니? – 글씨를 잘 쓰는 친구는 무엇을 하면 좋을까?	• 연계하기, 의사소통하기: 각 소품을 만드는 데 필요한 인원과 소요시간 등을 동시에 고려함으로써 수와 측정 개념을 연계하여 사고하고 이를 말로 표현하여 의견을 나누어본다.
	6. 역할 분담표를 4절 크기의 도화지에 적어 교실 벽면에 붙여놓는다. – 스피커/마이크 등은 몇 명의 친구가 만들기로 했니?	• 표상하기: 만들어야 할 소품과 만들 사람과 인원을 언어, 수, 도표를 이용하여 정리하여 표상한다.

출처: 이은영(2010). 역할놀이를 활용한 유아수학교육 프로그램 구성 및 적용효과. 중앙대학교 대학원 박사학위논문 재구성.

2 수학적 태도

태도에 대한 정의는 학자마다 다르지만, 공통적인 특징으로는 어떤 대상에 대한 경험을 통해 학습되며, 긍정 혹은 부정의 평가로 이루어지는 태도는 어떤 대상에 대한 행동을 예측할 수 있게 하고 지속된다는 점에서 의미를 지닌다. 한편 태도의 사전적 의미는 '어떤 일이나 상황 따위에 대해 취하는 입장'으로 사람의 가치관에 따라 나타나는 특정 자세와 감정과 같은 정서적 측면을 의미한다. 이러한 맥락에서 수학적 태도란 수학에 대한 정의적 측면의 성취를 의미하는 것으로 수학활동의 단계에서 방법이나 내용에 관련된 수학적인 생각을 떠올려 발현시키는 힘인 동시에 수학적 지식의 배후에서 지식을 받치고 있는 것이라 할 수 있다.

최근의 유아기 수학교육에서는 수학적 지식이나 능력의 발달뿐만 아니라 수학에 대한 자신감이나 선호도, 수학을 유용하고 쓸모 있는 것으로 인식하는 등 감정적 반응 성향, 인지적 평가 성향, 특정 방향으로의 행위 성향과 같은 수학의 정의적 영역의 발달이 함께 발달되어야 함을 강조하고 있다(NCTM, 2000).

1) 수학적 태도의 개념과 발달

유아의 수학적 태도는 유아 내부에 잠재되어 있는 생각이나 성향으로서 수학활동 과정 중에 일어나는 상황이나 문제에 반응하는 비교적 지속적이고 일관된 경향을 의미한다. 구체적으로 유아의 수학적 태도란 수학을 좋아하고 싫어하는 혹은 수학활동에 참여하려는 성향과 회피하려는 성향, 수학을 잘한다거나 못한다는 생각, 수학이 유용하거나 쓸모없다는 생각의 전체적인 측면이며(Charlesworth, 2000), 일반적으로 수학적 대상이나 수학학습과 관련된 상황에서 긍정적 또는 부정적으로 반응하려는 개인의 학습된 성향을 의미한다(Aiken, 1970). 즉, 유아의 수학적 태도란 수학에 대한 지각, 신념을 말하는 것으로 이것은 유아들이 수학에 대해 갖는 선호도, 자신감, 학습에 대한 열의, 유능감, 타인평가 인식 등을 포괄하는 개념으로 수학에 대한 유아의 비교적 지속적이고 일관된 감정적 성향이라고 할 수 있다.

수학적 태도는 후천적인 환경이나 경험을 통해 형성되는데, 특히 유아가 어떤 수학 경험을 하였는가는 수학에 대한 긍정적인 태도 발달에 많은 영향을 미친다. 단순한 암기나 훈련과 같은 방법보다는 일상생활과 자연스러운 맥락 안에서 구체물을 조작하고 직접적인 경험을 통하여 유아는 수학적 지식을 보다 잘 형성하고 더불어 긍정적인 수학적 태도를 발달시킬 수 있다.

NCTM(2000)도 수학적 태도를 강조하며 유아들이 자신감을 가지고 수학활동에 참여하고, 문제해결을 위해 다양한 전략을 탐색하며, 새로운 방법을 생각해내고, 자신의 방법에 관해 설명하며 적극적으로 활동에 참여하려는 유아의 긍정적인 태도를 유아수학교육의 중요한 목적으로 제시하고 있다. 이는 유아의 수학에 대한 긍정적인 태도가 수학에 대한 거부감을 없애고 다양한 수학적 상황에서 유능하게 대처와 성취에 영향을 미치기 때문이다.

수학에 대한 긍정적인 태도를 형성하려면 무엇보다 유아들이 수학활동을 하면서 즐거움을 느끼고 자신감을 형성하는 것이 중요하다. 단순한 설명이나 암기 같은 방법보다는 다양한 활동을 직접 하면서 수를 세고, 수에 관한 추론을 하는 과정에서 자연스럽게 수학적 지식이 형성되어 수학에 대한 긍정적인 태도를 형성할 수 있게 된다. 즉, 교사가 수학을 어떤 방식으로 제시하느냐에 따라 유아가 수학을 선호하게 될지 또는 수학에 대한 자신감을 가지게 될지가 결정되는 것이다.

구체적으로 유아에게 수학에 대한 긍정적인 태도를 형성하려면 교사는 유아가 수학의 결과보다는 과정을 즐기며, 다른 사람과 함께 관심 있는 현상이나 주제를 지속해서 탐색하는 활동에 참여하면서 발견한 사실을 또래나 교사와 나눌 기회를 제공해야 한다. 수학적 토의 활동이 유아의 수학적 태도에 미치는 영향을 알아본 김유미(2019)의 연구결과를 살펴보면, 수학적 토의 활동을 한 실험집단의 유아들이 누리과정 교사용 지도서에 제시된 활동을 그대로 진행한 비교집단의 유아들보다 수학적 태도 점수가 더 많이 향상된 것으로 나타났으며, 수학적 태도의 3가지 하위요인 선호도(흥미), 유능감, 지속성(끈기) 모두 비교집단의 유아들에 비해 더 많이 향상되었다. 이러한 결과는 유아들이 일상생활에서 경험할 수 있는 상황과 실물자료를 바탕으로 한 토의 활동에서 유아들이 낯선 내용이 아닌 자신이 경험해 보았거나 같은 반 친구와 관련이 있는 문제에 대해서 대그룹이 아닌 소그룹으로 활동으로 이루어짐으로써 수학활동에 소극적인 유아들에게도 자연스럽게 참여할 수 있는 계기를 마련해 주고, 이로써 수학에 대한 흥미를 증진시킬 수 있었던 것으로 논의되었다. 그리고 유아의 수학적 태도 증진에 효과가 있었다는 연구들(김갑순, 2009; 김유미, 2019; 송정아, 2012; 윤나리, 2014; 이은영, 2012; 이은형, 2012; 전유정, 2012)을 살펴보면 공통된 측면이 있다. 이들 수학활동들은 일상생활 안에서 유아가 직접 경험을 바탕으로 하며 문제를 해결하는 과정에서 답이 정해져 있지 않고 자신이 생각해낸 방법이나 결론도 답이 될 수 있다는, 즉 다양한 답이 있음을 유아들이 인식하게 되어 쉽게 포기하지 않아 수학에 대한 끈기도 높이는 것으로 보고되고 있다. 또한 놀이라는 맥락 안에서 또래와 협동적으로 수행하는 활동과정은 다양한 의견이 오가고, 또래와 교사로부터 인정과 긍정적인 피드백을 받음으로써 수학을 잘 할 수 있다는 수학에 대한 유능감이 높아진 것으로 나타났다. 그러므로 교사는 유아가 자신에게 의미 있는 수학적 상황을 해결하기 위해서 이미 알고 있는 지식을 적용하여 타당한 결론을 끌어내도록 해야 하며 수학에 대한 유아들의 태도는 수업 형태나 구체적인 활동방법, 수업 자료 등에 의해 결정되거나 변화될 수 있다는 측면을 기억하고, 유아에게 질 높은 수학교육 경험과 환경을 꾸준히 점검하고 제공해야 한다.

또한 유아수학교육은 다른 교과목들과 통합적으로 이루어지되 그 안에서 깊이 있는 학습이 일어날 수 있도록 수학적 지식, 태도, 과정의 통합이 이루어져야 한다. 그러므로 교사는 단일한 수학활동만이 아닌 유아들이 친숙한 일상생활에서 수학 관련 활동을 경험하며 다른 교과와 통합된 놀이에서 수학에 대한 흥미, 유능감, 끈기 있는 태도가 될 수 있도록 지원해야 한다. 이때 유아가 직접 조작해 보는 경험 중심의 수학활동을 통해 자연스럽게 수학적인 개념을 형성하고 끊임없이 경험을 재구성해 가며, 동시에 즐거움과 성취감을 가지도록 수학활동을 구성하고 지원하는 것이 중요하다.

2) 수학적 태도의 구성요소

수학적 태도의 구성요소는 학자마다 다양하게 제시하고 있다. 워드(Ward, 1993)는 유아들이 수학에 대해 갖는 지각과 신념을 포함한 자신감, 유능감, 대안 탐색 의도를 제시하였으며, 케네디와 팁스(Kennedy & Tipps, 2000)는 동기유발, 적극성, 주의집중, 인내심, 열정, 호기심, 상상력, 융통성, 협동심을, 맥아피와 레옹(McAfee & Leong, 2002)는 개방성, 호기심, 적극성과 지속성, 상상력과 발명성을 각각 수학적 태도의 구성요소로 제안하였다.

한편 미국 수학교사협의회(NCTM, 2000)에서는 유아의 수학적 태도를 수학에 대한 자신감, 수학적 아이디어의 탐구, 문제해결방법 찾기, 상대방 주장에 대한 의견의 유연성, 수학 과제에 대한 지속성, 수학에 대한 흥미와 호기심, 수학적 사고에 대한 반성, 수학적 활용에 가치 두기, 수학의 역할 이해하기 등을 제시하고 있다. 이와 같은 수학적 태도에 대한 연구들에서 나타난 공통적인 요소를 살펴보면 선호도, 유능감, 지속성 등이다.

먼저 수학에 대한 선호도는 수학에 대한 흥미를 말하며, 유아가 수학적 활동에 몰두함으로써 얻는 즐거움을 말한다. 유아의 수학적 능력에 대한 자아개념은 자신의 능력에 대한 지각으로, 가령 유아가 수학에 대한 적성이 있는지, 수학적 문제해결을 잘할 수 있는가에 대한 인식 등이 포함된다(홍혜경, 2005).

일반적으로 흥미란 어떤 대상 · 활동 · 경험 등에 대해서 계속적으로 그것에 몰두하거나 아니면 그것을 그만두려고 하는 행동경향으로 이는 그 강도가 사람마다 제각기 다르다는 특징을 가지고 있다. 그렇다면 수학적 흥미는 어떻게 형성되는 것일까? 김현자 등(2012)에 의하면, 유아기에 일상생활 속에서 즐거운 수학활동을 경험하게 된다면 유아는 수학에 대한 흥미를 발달시키고 더불어 긍정적인 태도도 형성할 수 있다고 주장한다. 특히 유아기에 형성된 습관이나 태도가 성인이 된 이후에도 쉽게 바뀌지 않으며, 이후 행동경향을 이끈다는 측면을 고려해 볼 때 유아기에 수학에 대한 긍정적인 태도와 흥미를 갖도록 하는 것은 매우 중요하다. 또한 수학의 흥미는 일시적인 것이 아니라 비교적 장기간에 걸쳐 나타나는 태도라는 측면에서 이후 수학 선호도는 수학활동의 참여행동과 수학적 성취에 영향을 주게 되므로 유아기에 이러한 수학적 태도가 형성되고 발달되도록 지원하는 것이 필요하다.

다음으로 수학에 대한 유능감은 자신이 수학을 잘할 수 있고 수학에 대해 유능한 존재라고 느끼며 자신의 능력을 스스로 지각하는 것이다. 유능감은 자신감과 적극성으로 드러날 수 있으며 수학 문제에 있어서 못하는지 잘하는지, 수학활동에 대해 스스로 어렵게 생각하는지 쉽게 생각하는지를 보는 것으로 자신감과 적극성을 들 수 있다. 수학적 자신감은 수학에 접근하기가 쉬워지며 다른 영역과 통합적 관계를 연계하게 되는 정도를 의미하며, 적극성은 수학적 문제를 접하게 됐을 때 적극적으로 참여하는 태도를 말한다.

그렇다면 유아는 어떻게 수학에 대한 유능감을 형성하게 되는가? 유아는 어떤 문제에 주도권을 쥐고 능동적으로 행동할 수 있을 때 자신감이 향상할 수 있다. 또한 수학에 대한 유능감은 자신이 수학을 잘할 수 있다는 느낌으로 유아는 자신이 생각해 낸 방법으로 문제가 해결될 때 자신이 수학에 대하여 유능한 존재라고 느끼게 된다. 따라서 교사는 일상생활이나 놀이상황에서 수학에 대한 자신의 생각해 낼 방법을 자유롭게 시도해 보고 시행착오를 경험하더라도 새로운 활동에 도전해 보고 싶다는 자신감을 형성할 수 있도록 지원하는 것이 필요하다. 특히 이러한 수학에 대한 유능감은 놀이라는 맥락 안에서 자연스럽게 형성되고 발달되는 특징이 있다. 역할놀이를 활용한 유아수학교육의 효과를 알아본 이은영(2010)의 연구를 살펴보면, 유아들은 그들에게 다소 어려운 문제일지라도 포기하지 않고 끊임없이 고민하고 시행착오를 겪으며, 혼자서 혹은 또래와 함께 문제를 해결하는 모습을 보인다. 또한 역할놀이 안에서 주관적인 수학적 지식을 적용하고 비록 수학적으로 오류가 있다 하더라도 자신 있게 활용하는 것으로 나타났다. 이는 놀이라는 맥락은 실패에 두려움 없이 자유롭고 편안한 상황으로 유아들로 하여금 자신의 주관적인 수학적 지식을 마음껏 활용해 볼 수 있도록 이끌기 때문이다. 뿐만 아니라 이러한 수학에 대한 유능감은 놀이나 활동에 대한 열의와도 연결된다는 측면에서 유아수학교육에서 중요하게 다루어져야 하는 수학적 태도라고 할 수 있다.

마지막으로 수학에 대한 지속성이란 수학활동에서 포기하지 않고 끝까지 해내는 태도를 의미하는 것으로 참을성, 인내와 유사한 구성요소로서 지속적으로 해결해 보려는 태도를 말한다. NCTM(1989)도 유아가 자신감을 갖고 수학 과제를 해결하고, 여러 가지 대안 방법을 탐색하여 포기하지 않고 수학문제를 끝까지 끈기 있게 지속하며 문제해결 과정 속에서 반성하는 것은 수학적 태도의 중요한 측면으로 강조하고 있다.

3) 수학적 태도의 중요성

수학에 대한 정의적인 측면인 수학적 태도는 최근 유아교육에서 그 중요성이 더욱 강조되고 있다. 이는 유아기가 인간 형성의 기초적인 시기이자 결정적인 시기이며, 이때 형성된 습관과 태도는 성장 후에도 쉽게 변하지 않기 때문이다.

2019 개정 누리과정에서도 유아가 주변세계에 대해 호기심을 가지고 탐구하는 과정을 통해 풍부한 상상력과 창의력을 기를 수 있도록 돕는 것을 목표로 하며, 유아가 주변세계에 대한 호기심을 가지고 자유롭게 상상하며, 융통성 있는 발상의 전환을 지원하고 또한 새로운 일에 대한 열린 태도와 도전 정신을 가지고 미래에 필요한 독창적인 능력을 키울 수 있도록 도와야 함을 강조하고 있다(교육부, 보건복지부, 2019). 특히 누리과정 자연탐구 영역의 '탐구과정 즐기기' 내용범주에서는 주변세계와 자연에 대해 지속적으로 호기심을 가지고, 궁금한 것을 탐구하는 과정에 즐겁게 참여하는 태도를 내용으로 제시하고 있다. 이는 이러한 지속적 호기심이나 탐구를 즐기는 등의 수학적 태도가 유아기에 형성되면 이후 수학학습과 관련된 유아의 사고와 수행 정도에 결정적인 영향을 미치기 때문이다(NCTM, 2000).

태도가 더욱 중요한 것은 이러한 긍정적인 성향은 유아기를 넘어 성장하며 지속해서 학습되고 일상에서 겪게 되는 수학적 상황에 더욱 잘 대처해 나갈 수 있도록 하기 때문이다. 유아는 스스로 사고하고 경험하는 것을 통해 우리가 예상하는 그 이상의 것을 배울 수 있으며, 이를 통해 학습에 대한 자신감도 가지게 된다. 그리고 이러한 자신감을 낯선 상황에서 자신이 알고 있는 수학 지식을 적용하려고 시도하는 긍정적 태도를 다시 형성하게 한다. 또한 수학적 태도는 문제해결력이나 수학적 성취와도 관련이 깊다. 수학에 자신감이 없고 수학 불안감이 있는 학습자는 수학학습에서 자발적으로 대답하거나 참여하지 않고 불안해하기 때문에 결과적으로 수학의 학문적 성취를 방해한다.

특히 유아의 수학적 태도 발달과 관련하여 관심을 가져야 할 부분은 문제해결이 잘 안 되는 상황에서 문제를 해결하려고 끈기 있게 시도하지 못하고 쉽게 포기해 버리는 유아도 있는데, 이러한 유아의 수학적 태도는 과거의 학습방법이나 교사에게 영향을 받아 형성되기도 한다는 점이다(서동미, 2006). 이는 유아의 수학능력에 대한 자아 개념은 부모, 교사 혹은 문화적 맥락에서 유아에게 기대하는 바에 대한 스스로의 지각으로 형성되며, 이러한 요인들은 서로 복잡한 상호작용으로 개인의 수학적 성취를 결정하는 수학적 태도를 형성하기 때문이다(박지영, 황해익, 2006).

그렇다면 한번 형성된 수학적 태도는 변함없이 유지될 수 있을까? 이와 관련한 연구들을 살펴보면, 유아기에 어떤 문제에 접근하고 그것을 해결하기 위해 풍부한 아이디어와 호기심, 열정, 자신감을 가지더라도 이러한 수학적 태도는 나이가 증가할수록 차츰 감소하는데, 빠르게는 초등학교 3학년 때부터 수학을 싫어하고, 잘할 수 없는 것으로 여기는 것으로 나타났다(Bruni & Seidersteins, 1990). 또한 수학적 태도는 단지 수학에 대한 선호를 떠나 학업성취와도 관련이 있는 것으로 나타났는데, 특히 자신감은 다른 정의적 변인들보다 학업 성적과 더 밀접한 상관관계가 있는 것으로 나타났다. 즉, 수학 불안을 가진 학습자의 부정적 자기평가와 수학에 대한 자신감 부족은 과제에 대한 집중을 방해하고 결론적으로 전체적인 학업수행수준을 떨어뜨리는 것으로 나타났다(서동미, 2006). 그러므로 교사는 유아기에 형성된 수학적 태도가 추후 학업적 성취에 많은 영향을 미친다는 점을 인식하고 유아가 긍정적인 수학적 태도를 형성할 수 있도록 유아가 수학활동의 과정을 즐기고, 다른 사람과 함께 관심 있는 현상이나 주제탐구에 지속적으로 참여하면서 발견한 사실을 나누도록 지원해야 한다.

또한 수학적 태도는 학습자의 흥미와 특성뿐만 아니라 교사의 교수·학습 방법에 의해 영향을 받는다. 아동에게 모둠활동 중심 교수방법과 전통적인 대집단 교사 중심 교수방법을 적용한 연구를 살펴보면, 활동 중심 교수방법을 적용한 집단의 유아가 전통적인 교수방법을 적용한 집단의 유아에 비해 자아 개념이 높게 나타났다(이대균, 1990). 그러므로 유아들이 환경과 상호작용할 수 있는 다양하고 수많은 기회가 제공되어야 하며, 교사는 유아가 문제를 인식하여 답을 찾고 정보를 조직하도록 돕고 유아들이 상호작용하여 아이디어를 함께 나누는 것을 격려해야 한다. 이때 수학적 태도 형성은 단순히 수학활동에만 국한되어서는 안 되며, 유아들의 일상생활과 관련이 되도록 정보를 제공하고 한 영역에서 학습된 개념이 다른 영역과 연계될 수 있도록 학습경험을 제공하는 것이 효과적이다.

CHAPTER 05

국가 수준의 유아수학교육

배울내용

1. 2019 개정 누리과정
2. 제4차 표준보육과정

학습목표

1. 국가 수준 교육과정인 표준보육과정과 누리과정을 알아본다.
2. 표준보육과정 속 유아수학교육의 내용을 알아본다.
3. 누리과정 속 유아수학교육의 내용을 알아본다.
4. 0~1세, 2세, 3~5세의 수학교육이 어떻게 변화하는지 알아본다.

우리나라는 국가 수준에서 유치원 교육과정을 제정하면서 이를 토대로 지역 수준의 교육과정을 개발한다. 교사는 이를 단위 교육기관 특성에 맞는 교육과정으로 개발하여 운영하고 평가한다. 즉, 국가 수준에서 제시한 교육과정은 지역 수준의 교육과정과 단위 유아교육기관의 기초가 되는 것이다. 국가 수준의 교육과정인 0~1세, 2세를 위한 표준보육과정과 3~5세 연령별 누리과정에서 자연탐구 영역 중 '수학적 탐구하기' 내용을 살펴보고자 한다.

1 2019 개정 누리과정

우리나라 유아교육과정은 1969년 제정된 제1차 유치원교육과정을 시작으로 1979년 제2차, 1981년 제3차, 1987년 제4차, 1995년 제5차, 1998년 제6차, 2007년 개정 유치원 교육과정을 거쳐 2012년 3~5세 연령별 누리과정이 제정되었고, 2015년과 2019년 누리과정이 개정되었다.

2019 개정 누리과정은 국가가 고시한 교육과정으로 3~5세 유아가 다니는 유치원과 어린이집에서 누리과정을 편성 · 운영할 때 필요한 공통적이고 일반적인 기준을 제시하고 있다. 국가 수준 교육과정으로서 개정 누리과정은 유아가 중심이 되고 놀이가 살아나는 교육과정을 추구함과 동시에 지역 및 기관, 개인 수준의 다양성도 강조한다. 따라서 유치원과 어린이집은 국가 수준에서 제시하는 공통성을 바탕으로 유아 · 놀이 중심 교육과정을 다양하게 실천해 나가야 한다. 즉, 누리과정의 실행 주체인 교사는 국가가 제시하는 유아 · 놀이 중심 교육과정을 기초로 자율적으로 유아와 함께 만들어 가는 교육과정을 실천하도록 노력해야 한다.

기존 3~5세 연령별 누리과정은 유치원 교육과정과 3~5세 보육과정을 통합하였다는 성과를 이루었으나 연령별 교육내용이 과하다는 문제가 있었다. 이에 2019 개정 누리과정에서는 새로운 시대의 요구에 따라 교육내용을 간략화하였으며, 또한 유아가 주도하는 놀이를 통해 배움이 구현될 수 있도록 유아 · 놀이 중심 교육과정으로 구성하였다.

1) 자연탐구 영역의 수학교육 관련 목표

2019 개정 누리과정은 기존 3~5세 연령별 누리과정이 제시한 신체운동 · 건강, 의사소통, 사회관계, 예술경험, 자연탐구 등의 5개 영역으로 동일하게 구성되어 있다. 5개 영역 중 자연탐구 영역에서 '생활 속의 문제를 수학적 · 과학적으로 탐구한다'는 목표를 통해 유아수학교육의 내용을 찾아볼 수 있다. 즉, 수학교육과 관련된 내용은 '생활 속에서 탐구하기'로 3~5세 공통의 수학교육내용이 제시되어 있다.

표 5-1 2019 개정 누리과정의 자연탐구 영역의 목표

탐구하는 과정을 즐기고, 자연과 더불어 살아가는 태도를 가진다: 생활 속의 문제를 수학적 · 과학적으로 탐구한다.

자연탐구 영역의 목표와 내용범주는 유아가 호기심을 가지고 궁금한 것을 적극적으로 탐구하는 과정을 즐기며, 생활 속의 문제를 수학적 · 과학적으로 탐구해 보면서, 생명과 자연환경을 존중하는 내용으로 구성되었다.

2) 자연탐구 영역의 수학교육 관련 내용

'생활 속에서 탐구하기'는 일상의 문제를 수학적 · 과학적 방식으로 탐구하는 유아의 경험을 반영한 것이다. 유아가 물체의 특성과 변화를 여러 가지 방법으로 탐색하고, 물체를 세어 수량을 알아보고, 물체의 위치와 방향, 모양을 알고 구별하며, 길이와 무게 등의 속성을 비교하고, 반복되는 규칙을 찾아보고, 모은 자료들을 기준에 따라 분류하며, 도구와 기계에 관심을 가지고 생활 속의 문제를 다양하게 탐구하는 내용이다. 여기서 '물체의 특성과 변화를 여러 가지 방법으로 탐색한다'와 '도구와 기계에 대해 관심을 가진다'의 내용을 제외하고는 수와 연산, 공간과 도형, 측정, 규칙성, 자료의 이해와 같은 수학교육의 내용을 다루고 있다.

표 5-2 생활 속에서 탐구하기 영역의 내용

내용범주	내용
생활 속에서 탐구하기	• 물체의 특성과 변화를 여러 가지 방법으로 탐색한다. • 물체를 세어 수량을 알아본다. • 물체의 위치와 방향, 모양을 알고 구별한다. • 일상에서 길이, 무게 등의 속성을 비교한다. • 주변에서 반복되는 규칙을 찾는다. • 일상에서 모은 자료를 기준에 따라 분류한다. • 도구와 기계에 대해 관심을 가진다.

출처: 교육부(2019). 2019 개정 누리과정 해설서.

(1) 물체를 세어 수량을 알아본다

'물체를 세어 수량을 알아본다'는 유아가 일상에서 수에 관심을 가지고, 수량을 세어 많고 적음 및 수량의 변화를 알아보는 내용이다. 기존 3~5세 연령별 누리과정에서는 '수와 연산의 기초개념 알아보기'의 내용이었던 부분으로, 유아가 생활 속에서 다양하게 수를 경험해 보면서 수에 대한 이해를 발달시키고 기초적인 수와 연산의 개념을 형성하는 내용이었다. 3세의 경우 5개가량의 구체물을, 4세는 10개가량, 5세는 20개가량의 구체물을 세어보고 수량을 알아보도록 하는 세부내용까지 제시되었다. 하지만 2019 개정 누리과정에서는 이 모든 세부내용을 '물체를 세어 수량을 알아본다'로 간략화되었으며, 또한 5세 세부내용 중 '구체물을 가지고 더하고 빼는 경험을 해 본다'를 삭제하면서 수와 연산에서 연산에 대한 부분도 삭제하였다.

표 5-3 2015년 수와 연산의 기초개념 알아보기의 세부내용

내용범주	내용	세부내용		
		3세	4세	5세
수학적 탐구하기	수와 연산의 기초개념 알아보기	생활 속에서 수에 관심을 갖는다.	생활 속에서 사용되는 수의 여러 가지 의미를 안다.	
		구체물 수량의 많고 적음을 비교한다.	구체물 수량에서 '같다', '더 많다', '더 적다'의 관계를 안다.	구체물 수량의 부분과 전체의 관계를 알아본다.
		5개가량의 구체물을 세어보고 수량에 관심을 갖는다.	10개가량의 구체물을 세어보고 수량을 알아본다.	20개가량의 구체물을 세어보고 수량을 알아본다.
				구체물을 가지고 더하고 빼는 경험을 해본다.

출처: 교육부(2015). 3~5세 연령별 누리과정 해설서.

표 5-4 2019 개정 누리과정 생활 속에서 탐구하기의 내용

내용범주	내용
생활 속에서 탐구하기	물체를 세어 수량을 알아본다.

출처: 교육부(2019). 2019 개정 누리과정 해설서.

표 5-5 유아경험의 실제

긴 고리로 책상 둘레를 재보아요

유아들은 서로 여러 개의 고리를 연결하여 자신이 연결한 고리가 길다고 뽐내며, 긴 고리를 끌고 교실 이곳저곳을 다닌다. 교실의 책상과 여러 가지 물건의 길이를 고리로 재어보며 고리 몇 개에 해당하는지 세어본다. 그러면서 교실에 있는 여러 가지 물건의 길이를 고리의 개수로 비교한다.

고리를 한 줄로 길게 연결하는 모습

윤호: 선생님~ 이거 봐요. 제가 엄청 길게 연결했어요!
선생님, 이 책상은 고리가 몇 개가 필요할까요?
교사: 글쎄? 고리 몇 개가 필요할까?
윤호: 제가 해 볼래요. (고리를 책상 둘레를 따라 놓고) 선생님, 이거 제가 세어 볼 거예요. 여기 손가락으로 잡아주세요. (고리 하나를 가리키며 잡아달라고 요청함)
교사: 알겠어. 이렇게 손가락으로 잡고만 있으면 될까?

고리의 개수를 새며, 책상의 둘레를 재는 모습

윤호: 네, 그대로 가만히 있어야 해요(교사의 손가락이 있는 고리부터 숫자를 세어 가다가). 아…. 선생님 59…
그 다음에는 뭐에요? 선생님이 같이 세어주세요.
교사: 그래. 같이 세어보자.
윤호, 교사: 60, 61, 62, 63, 64, 65 … 97!
윤호: 얘들아~ 내가 책상을 재봤더니 97개나 필요해.
유아들: 와~ 엄청, 엄청 많이 필요하다!

▶ 유아의 요청
: 길이를 재는 데 필요한 고리의 개수를 알고자 함.

▶ 교사의 지원
: 수 세기 시작점을 잡아주면서 유아와 함께 수 세기를 함.

출처: 교육부, 보건복지부(2020). 2019 개정 누리과정 놀이운영사례집: 놀이, 유아가 세상을 만나고 살아가는 힘. p.52.

(2) 물체의 위치와 방향, 모양을 알고 구별한다

'물체의 위치와 방향, 모양을 알고 구별한다'는 유아가 자신과 물체를 기준으로 앞, 뒤, 옆, 위, 아래 등 공간 안에서 위치와 방향을 알아가는 내용이다. 즉, 유아가 주변환경에서 네모나 세모, 둥근 기둥, 상자 모양 등을 찾고 다양한 모양에서 공통점과 차이점을 알아가는 내용이다. 기존 3~5세 연령별 누리과정에서는 '공간과 도형의 기초개념 형성하기'의 내용이었던 부분으로, 유아가 공간 안에서 위치와 방향을 인식하고 주변 물체들의 형태를 변별하면서 도형에 대한 초보적인 이해를 발달시키는 내용이었다. 3세는 '나' 중심의 위치와 방향을 인식하고, 4, 5세는 위치와 방향을 여러 가지 방법으로 표현해 보도록 하는 세부내용을 포함하고 있다. 기본 도형의 특성을 인식하고 4, 5세의 경우 이를 직접 구성해 보도록 했다. 그러나 2019 개정 누리과정에서는 도형을 직접 구성해보는 부분이 삭제되었다.

표 5-6 2015년 누리과정 공간과 도형의 기초개념 형성하기의 세부내용

<table>
<tr><th>내용범주</th><th>내용</th><th colspan="3">세부내용</th></tr>
<tr><td rowspan="5">수학적 탐구하기</td><td rowspan="5">공간과 도형의 기초개념 형성하기</td><td>3세</td><td>4세</td><td>5세</td></tr>
<tr><td>나를 중심으로 앞, 뒤, 옆, 위, 아래를 알아본다.</td><td colspan="2">위치와 방향을 여러 가지 방법으로 나타내 본다.</td></tr>
<tr><td></td><td></td><td>여러 방향에서 물체를 보고 그 차이점을 비교해 본다.</td></tr>
<tr><td>물체의 모양에 관심을 갖는다.</td><td>기본 도형의 특성을 인식한다.</td><td>기본 도형의 공통점과 차이점을 알아본다.</td></tr>
<tr><td></td><td colspan="2">기본 도형을 사용하여 여러 가지 모양을 구성해 본다.</td></tr>
</table>

출처: 교육부(2015). 3~5세 연령별 누리과정 해설서.

표 5-7 2019 개정 누리과정 생활 속에서 탐구하기의 내용

내용범주	내용
생활 속에서 탐구하기	물체의 위치와 방향, 모양을 알고 구별한다.

출처: 교육부(2019). 2019 개정 누리과정 해설서.

표 5-8 유아경험의 실제

유아들이 숨바꼭질을 한다. 한 유아가 "선생님, 쉿! 나 여기 밑에 숨어 있다고 말하면 안 돼요"라고 말하곤 미끄럼틀을 올라가는 계단 아래쪽으로 들어가 숨는다. "내 앞에 계단이 있으니까 친구들에게 난 잘 안 들키겠지? 하하"라고 혼잣말을 하며 웃는다.

복도에서 5세 수진이가 3세 승우와 4세 민석이를 만난다. 수진이가 "내가 키 재 줄게. 너희 둘이 여기에 서 봐"라고 말한다. 승우와 민석이가 등을 마주 대고 서자 수진이는 "니가 좀 더 큰데. 내가 누가 무거운지도 봐 줄게"하며 두 유아를 차례로 뒤에서 두 팔로 안고 들어 올린다. 수진이는 "너보다 얘가 좀 더 무거워"하며 웃는다.

출처: 교육부, 보건복지부(2019). 2019 개정 누리과정 해설서. p.106.

(3) 일상에서 길이, 무게 등의 속성을 비교한다

'일상에서 길이, 무게 등의 속성을 비교한다'는 유아가 일상에서 길이나 무게 등 측정 가능한 속성을 알고, 이 속성을 기준으로 물체를 비교하여 순서 지어보는 내용이다. 이 과정에서 유아는 자신의 신체를 비롯하여 다양한 물체를 활용하고, 다양한 비교 어휘를 사용하면서 순서를 지어보는 내용이다. 기존 3~5세 연령별 누리과정에서는 '기초적인 측정하기'의 내용이었던 부분으로, 유아가 일상생활에서 측정 가능한 속성에 따라 사물이나 상황을 비교하고, 순서를 지어 보며, 임의 측정 단위를 사용할 수 있도록 하는 내용이었다. 3세는 두 물체의 길이와 크기 비교, 4세는 길이, 크기, 무게 등을

비교, 5세는 비교 후 순서 지어보기까지 해 보도록 했다. 5세는 임의 측정 단위를 사용한 측정해 보기의 내용도 포함되어 있었다. 그러나 2019 개정 누리과정에서는 비교하여 서열화하는 것과 임의측정 단위를 사용하여 측정해 보는 부분은 삭제되었다.

표 5-9 2015년 누리과정 기초적인 측정하기의 세부내용

내용범주	내용	세부내용		
		3세	4세	5세
수학적 탐구하기	기초적인 측정하기	두 물체의 길이, 크기를 비교해 본다.	일상생활에서 길이, 크기, 무게 등을 비교해 본다.	일상생활에서 길이, 크기, 무게, 들이 등의 속성을 비교하고 순서를 지어 본다.
				임의 측정 단위를 사용하여 길이, 면적, 들이 무게 등을 재어 본다.

출처: 교육부(2015). 3~5세 연령별 누리과정 해설서.

표 5-10 2019 개정 누리과정 생활 속에서 탐구하기의 내용

내용범주	내용
생활 속에서 탐구하기	일상에서 길이, 무게 등의 속성을 비교한다.

출처: 교육부(2019). 2019 개정 누리과정 해설서.

표 5-11 유아경험의 실제

고리로 우리 몸을 재보았어요

길게 연결한 고리를 이용하여 길이 비교하기는 신체 길이 측정으로 이어졌다. 유아들은 여러 개의 고리를 연결하여 자신의 키와 친구의 키를 비교하고, 교사에게 팔을 옆으로 쭉 뻗어보라고 하며, 고리의 개수로 교사의 팔 길이와 자신들의 신체 길이를 비교한다.

고리로 키를 재보는 유아들

친구의 팔 길이를 재주는 모습

선생님의 팔 길이와 비교하기 위해 지윤이의 팔 길이를 재는 모습

지윤: 키는 25개가 필요해!
윤호: 어? 나는 23개 인데~
지윤: 내가 더 키 크다. 그치? 선생님 팔 한 번 줘봐요.
교사: 선생님 팔? 이렇게 옆으로 쭉 들고 있으면 돼?
지윤: 네. 가만히 있으세요. 선생님, 선생님 팔은 제 키보다 작아요.
교사: 그렇네. 지윤이 키 연결고리가 선생님의 팔보다 더 길어!
윤호: 선생님 팔은 제 키보다도 작아요.
교사: 맞아. 윤호 키 연결고리도 선생님 팔 길이보다 더 길구나!
윤호: 그럼 고리를 몇 개 빼볼게요. 이 만큼이면 되요! 몇 개인지 제가 세어볼게요. 하나, 둘, 셋, 넷 …. 선생님! 선생님 팔은 14개가 필요해요!
윤호: 선생님 여기 잡아주세요. 지윤아, 너 팔 옆으로 해 봐.
지윤: 이렇게?
윤호: 응. 가만히 있어 봐!
지윤: 알겠어.
윤호: 선생님도 계속 잡고 있어야 해요. 선생님! 선생님 팔 하나가 지윤이 팔 2개예요!

▶ **유아의 관심**
: 다양한 대상의 신체 길이를 비교함
▶ **교사의 참여**
: 유아들과 신체 길이 비교 대상으로 놀이에 참여함

출처: 교육부, 보건복지부(2020). 2019 개정 누리과정 놀이운영사례집: 놀이, 유아가 세상을 만나고 살아가는 힘. p.54.

(4) 주변에서 반복되는 규칙을 찾는다

'주변에서 반복되는 규칙을 찾는다'는 유아가 생활 주변에서 사물이나 사건의 양상이 일정한 순서로 반복 배열되는 것에 관심을 갖고 즐기며, 반복되는 배열에 숨어 있는 질서와 규칙을 발견하여 다음에 올 것이 무엇인지를 예측하는 내용이다. 기존 3~5세 연령별 누리과정에서는 '규칙성 이해하기'의 내용이었던 부분으로, 유아가 생활에서 일정한 순서로 반복 배열되는 사물이나 사건의 양상을 이해하도록 하는 내용이었다. 3세는 생활 주변에서 반복되는 규칙성에 관심을 갖고, 4세는 이를 알아보고, 5세는 예측해 보도록 연령별 구분을 두었으며, 4세는 규칙성 모방, 5세는 자신만의 규칙성을 만들도록 하는 내용이 포함되어 있었다. 그러나 2019 개정 누리과정에서는 이러한 연령별 차이를 허물고, 규칙성을 모방해 보거나 만들어보는 부분을 삭제하였다.

표 5-12 2015년 누리과정 규칙성 이해하기의 세부내용

내용범주	내용	세부내용		
		3세	4세	5세
수학적 탐구하기	규칙성 이해하기	생활 주변에서 반복되는 규칙성에 관심을 갖는다.	생활 주변에서 반복되는 규칙성을 알아본다.	생활 주변에서 반복되는 규칙성을 알고 다음에 올 것을 예측해 본다.
			반복되는 규칙성을 인식하고 모방한다.	스스로 규칙성을 만들어 본다.

출처: 교육부(2015). 3~5세 연령별 누리과정 해설서.

표 5-13 2019 개정 누리과정 생활 속에서 탐구하기의 내용

내용범주	내용
생활 속에서 탐구하기	주변에서 반복되는 규칙을 찾는다.

출처: 교육부(2019). 2019 개정 누리과정 해설서.

표 5-14 유아경험의 실제

가게 놀이

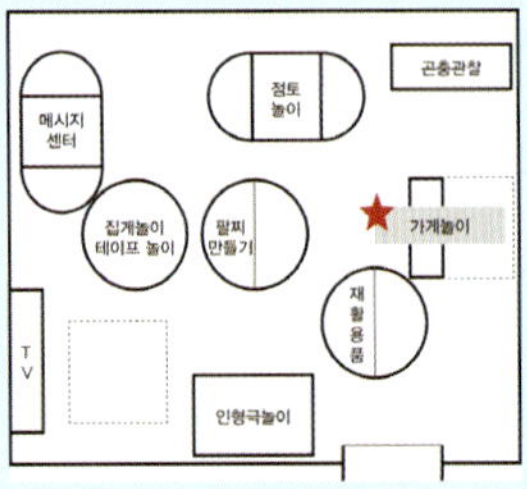

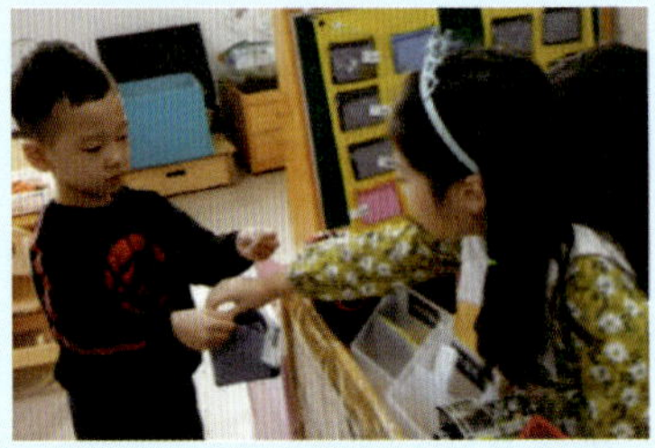

■ **놀이가 시작된 배경**

수 세기, 지갑과 돈 만들기 등 유아들은 숫자에 대한 관심을 계속 표현하여 유아들이 물건을 사고 파는 '소나무 마트'를 열었다. 현재 유아들은 교실에서 가게 놀이와 함께 우리가 만든 작품들을 다른 반에 가서도 물건을 팔고 싶다고 이야기한다.

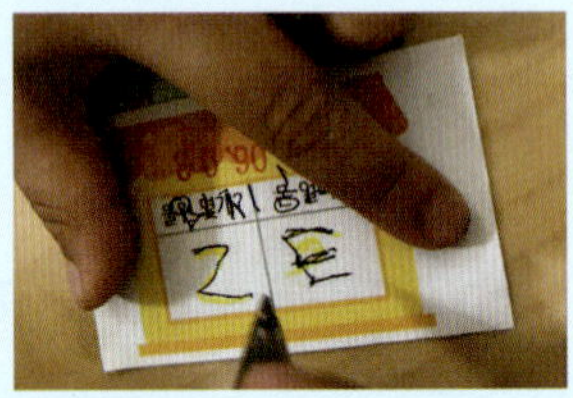

■ **교사의 지원**

수 세기에 대해서도 고민을 해 보아야 하기에 유아들이 사고 파는 경험을 통해 돈을 주고받는 것을 기록할 가게 주문서를 만들어 지원하였다. 유아들이 돈을 주고 물건을 사는 경험을 하는 것뿐만 아니라, 가게주인과 손님의 역할에 대해서 이야기 나누었다.

민영: 이현지 손님~. 이제 너 차례야. 5원 두 개씩 내는 거잖아.

카드를 건네고 민영이가 도장을 찍어준다.

현지: (손가락으로 4를 펴 보이며) 아까 아침 놀이시간에 거스름돈 안 받았어.
민영: 4개?

세모 4개를 현지에게 건넨다.

현지: 나 돈 백 개 다, 백 개.
다섯 개에다 다섯 개 하면 백 개야!
민영: 안녕히 계세요.
현지: 여기 있는데, 안녕히 계세요? 여기 있는데?
재석: 여기요. 하얀 종이 하나만 주세요.
민영: 여기 있어요.
재석: 감사합니다.

유아들에게 놀이 경험의 의미
가게 놀이는 수에 대해 생각해 보는 계기가 되며, 화폐를 정확하게 계산하는 것보다는 물건과 그에 대한 대가의 '오고감(교환)'을 경험할 수 있었다.

출처: 교육부, 보건복지부(2020). 2019 개정 누리과정 놀이운영사례집: 놀이, 유아가 세상을 만나고 살아가는 힘. pp.199-200.

(5) 일상에서 모은 자료를 기준에 따라 분류한다

'일상에서 모은 자료를 기준에 따라 분류한다'는 유아가 일상생활에서 흥미와 관심에 따라 필요한 자료를 다양한 방법으로 모으고, 수집한 자료의 공통점과 차이점을 탐색하며, 이를 하나 또는 그 이상의 다양한 기준(예: 모양, 크기, 색깔 등)에 따라 정리하고 조직해 보는 내용이다. 기존 3~5세 연령별 누리과정에서는 '기초적인 자료 수집과 결과 나타내기'의 내용이었던 부분으로, 유아가 일상생활에서 탐구하고자 하는 문제를 해결하기 위해 필요한 자료를 모으고, 정리하고, 결과를 나타내고, 해석하는 여러 과정을 포함했다. 3세는 같은 것끼리 짝지어 보는 것, 4세는 한 가지 기준으로 자료를 분류해 보는 것, 5세는 한 가지 기준으로 분류한 자료를 재분류해 보도록 했다. 그러나 2019 개정 누리과정에서는 이러한 연령별 차이를 허물고, 그림, 사진, 기호, 숫자 등 그래프로 나타내 보는 부분을 삭제하였다.

표 5-15 2015년 누리과정 기초적인 자료 수집과 결과 나타내기의 세부내용

내용범주	내용	세부내용		
		3세	4세	5세
수학적 탐구하기	기초적인 자료 수집과 결과 나타내기		필요한 정보나 자료를 수집한다.	
		같은 것끼리 짝을 짓는다.	한 가지 기준으로 자료를 분류해 본다.	한 가지 기준으로 분류한 자료를 다른 기준으로 재분류 해 본다.
				그림, 사진, 기호나 숫자를 사용해 그래프로 나타내 본다.

출처: 교육부(2015). 3~5세 연령별 누리과정 해설서.

표 5-16 2019 개정 누리과정 생활 속에서 탐구하기의 내용

내용범주	내용
생활 속에서 탐구하기	일상에서 모은 자료를 기준에 따라 분류한다.

출처: 교육부(2019). 2019 개정 누리과정 해설서.

표 5-17 유아경험의 실제

바깥 놀이터에서 유아가 친구들에게 "우리 이 열매 모으자. 개미는 이걸 좋아하거든" 하며 제안하자, 유아들이 "여기 많다"라고 말하며 바닥에 떨어진 작은 열매를 줍기 시작한다. 한 유아가 솔방울을 내밀자, "아니야. 솔방울은 너무 커, 좀 작은 게 필요해. 동그랗게 이거랑 똑같이 생긴 것만" 하고 말한다. 잠시 후 유아들이 주운 열매를 모으고, "이것 봐, 진짜 다 똑같은 열매다", "그런데 여기 빨간 건 잘 익은 건가?", "내일 오면 개미가 빨갛게 익은 건 다 먹었겠지?"라고 말하며 빨간 열매와 초록 열매를 골라낸다.

유아들이 선생님과 함께 콩나물무침 요리를 하고 있다. 작은 절구를 보던 한 유아가 "와! 맷돌이다" 라고 말하자, 다른 유아들이 "저 건 콩콩 찧는 거야", "맷돌이 아니고...?" 하며 선생님을 쳐다본다. 선생님은 "이건 절구인데"라고 말하자, 유아들이 "오늘 콩나물 무침에 쓰려고요?"하고 묻는다. 선생님은 "그래. 이걸로 깨소금을 만들어 볼까?"라고 말하며 절구 안에 깨를 넣는다.

출처: 교육부, 보건복지부(2019). 2019 개정 누리과정 해설서. p.107.

각 내용에 따른 연령별 세부내용을 제시하던 이전의 누리과정이나 수준별 내용을 제시하는 표준보육과정과는 달리 수준별·연령별 구분 없이 3~5세 공통의 수학교육 내용을 제시했다는 점이 2019 개정 누리과정에서 가장 크게 변경된 부분이다. 또한 2019 개정 누리과정은 구체적으로 학습내용을 제시하기보다는 포괄적인 내용범주 안에서 교사가 유아의 발달 수준을 고려하여 자율적으로 학습내용을 결정하여 교육하도록 하였다. 지도서를 통해 구체적인 지도방안과 지도 시 유의점을 설명했던 기존 지도서와는 달리 유아경험의 실제를 제시하거나 놀이 상황의 다양한 예시들을 제시해 주고 있다. 현장에서 만나는 유아들의 특성 및 발달 등에 따라 교사가 융통성을 발휘하여 교육하도록 하고 있다.

2 제4차 표준보육과정

1) 수학교육목표 간 연계

제4차 어린이집 표준보육과정은 2019 개정 누리과정과 연계하여 2020년 개정되었다. 제3차 표준보육과정과 동일하게 0~1세 보육과정, 2세 보육과정으로 구성되어 있으며, 기본생활, 신체운동, 의사소통, 사회관계, 예술경험, 자연탐구의 6개 영역을 중심으로 구성되었다. 표준보육과정은 누리과정과의 연계뿐만 아니라 초등교육과정과의 연계도 고려하였는데, 이를 비교하면 〈표 5-18〉과 같다.

표 5-18 제4차 표준보육과정 개정 누리과정 및 초등교육과정

구분	영역	목표	내용
제4차 표준보육 과정	자연 탐구 영역	목표	호기심을 가지고 탐색하며 상상력을 기른다. 0~1세: 주변환경과 자연에 관심을 가진다. 2세: 주변환경과 자연을 탐색하는 과정을 즐긴다.
		하위 목표	• 0~1세 1) 일상에서 탐색을 즐긴다. 2) 주변환경을 탐색한다. 3) 생명과 자연에 관심을 가진다. • 2세 1) 일상에서 탐색하는 과정을 즐긴다. 2) 주변환경에 관심을 가지고 탐색한다. 3) 생명과 자연에 관심을 가진다.
2019 개정 누리과정	자연 탐구 영역	목표	호기심과 탐구심을 가지고 상상력과 창의력을 기른다. 탐구하는 과정을 즐기고, 자연과 더불어 살아가는 태도를 가진다.
		하위 목표	• 3~5세 1) 일상에서 호기심을 가지고 탐구하는 과정을 즐긴다. 2) 생활 속의 문제를 수학적 · 과학적으로 탐구한다. 3) 생명과 자연을 존중한다.

구분	영역	목표	내용
초등교육 과정	수학	목표	수학적 개념, 원리, 법칙을 이해하고 기능을 습득하며 수학적으로 추론하고 의사소통하는 능력을 길러, 생활 주변과 사회 및 자연 현상을 수학적으로 이해하고 문제를 합리적이고 창의적으로 해결하며, 수학 학습자로서 바람직한 태도와 실천 능력을 기른다.
		하위 목표	1) 생활 주변현상을 수학적으로 관찰하고 표현하는 경험을 통하여 수학의 기초적인 개념, 원리, 법칙을 이해하고 수학의 기능을 습득한다. 2) 수학적으로 추론하고 의사소통하며, 창의·융합적 사고와 정보 처리 능력을 바탕으로 생활 주변현상을 수학적으로 이해하고 문제를 합리적이고 창의적으로 해결한다. 3) 수학 학습의 즐거움을 느끼고 수학의 유용성을 인식하며 수학 학습자로서 바람직한 태도와 실천 능력을 기른다.

제4차 표준보육과정과 2019 개정 누리과정 모두 수학교육 관련 내용이 자연탐구 영역에 있음을 확인할 수 있다. 목표에서도 호기심을 가지고 탐색 및 탐구하도록 하며 이를 통해 상상력·창의력을 기르도록 하고 있다. 초등교육과정에서도 생활 주변과 자연현상을 수학적으로 이해하도록 하고 창의적인 해결을 하도록 하는 것을 통해 연계성을 확인할 수 있다. 하위목표를 살펴보면 0~2세 표준 보육과정에서는 주변환경을 탐색하도록 하고 있는 반면, 3~5세 누리과정에서는 탐구하는 과정을 즐기도록 하고 있다. 초등교육과정에서는 한발 더 나아가 수학적 관찰, 표현, 추론, 의사소통 등 다양한 기능의 습득을 요구하는 것을 알 수 있다.

2) 제4차 표준보육과정의 내용

자연탐구 영역에서 수학교육과 관련된 내용범주는 '수학적 탐구하기'이다. 수학적 탐구하기의 내용을 살펴보면 〈표 5-19〉와 같다.

표 5-19 제4차 표준보육과정 수학적 탐구하기의 내용

내용범주	0~1세 내용	2세 내용
생활 속에서 탐구하기	• 친숙한 물체를 감각으로 탐색한다. • 물체의 수량에 관심을 가진다. • 주변 공간과 모양을 탐색한다. • 규칙성을 경험한다.	• 친숙한 물체의 특성과 변화를 감각으로 탐색한다. • 물체의 수량에 관심을 가진다. • 주변 공간과 모양을 탐색한다. • 규칙성에 관심을 가진다. • 주변 사물을 같고 다름에 따라 구분한다. • 생활 도구에 관심을 가진다.

출처: 보건복지부(2020). 4차 표준보육과정 고시문.

(1) 0~1세 생활 속에서 탐구하기의 내용

0~1세 '생활 속에서 탐구하기'는 '친숙한 물체를 감각으로 탐색한다', '물체의 수량에 관심을 가진다', '주변 공간과 모양을 탐색한다', '규칙성을 경험한다'의 내용으로 구성되어 있다. 수학교육과 관련된 내용은 '친숙한 물체를 감각으로 탐색한다'를 제외한 '물체의 수량에 관심을 가진다', '주변 공간과 모양을 탐색한다', '규칙성을 경험한다'이다.

제3차 표준보육과정에서는 수량 지각하기의 내용이 '물체의 수량에 관심을 가진다'로 변경되었다. 주변 공간 탐색하기 역시 '주변 공간과 모양을 탐색한다'로 변경되었으며, 간단한 규칙성 지각하기도 '규칙성을 경험한다'로 변경되었다. 사물의 여러 가지 속성을 비교하기 전에 탐색을 통해 먼저 사물이 가진 감각적 속성을 자연스럽게 지각하는 내용이었던 차이 지각하기는 삭제되었다.

표 5-20 제3차 표준보육과정 수학적 탐구하기의 내용

내용범주	내용
수학적 탐구하기	• 수량 지각하기 • 주변 공간 탐색하기 • 차이를 지각하기 • 간단한 규칙성 지각하기

출처: 보건복지부(2013). 제3차 표준보육과정 해설서.

표 5-21 제4차 표준보육과정 생활 속에서 탐구하기의 내용

내용범주	내용
생활 속에서 탐구하기	• 친숙한 물체를 감각으로 탐색한다. • 물체의 수량에 관심을 가진다. • 주변 공간과 모양을 탐색한다. • 규칙성을 경험한다.

출처: 보건복지부(2020). 4차 표준보육과정 고시문.

(2) 2세 수학적 탐구하기의 내용

2세 '생활 속에서 탐구하기'는 '친숙한 물체의 특성과 변화를 감각으로 탐색한다', '물체의 수량에 관심을 가진다', '주변 공간과 모양을 탐색한다', '규칙성에 관심을 가진다', '주변 사물을 같고 다름에 따라 구분한다', '생활 도구에 관심을 가진다'의 내용으로 구성되어 있다. 수학교육과 관련된 부분은 '친숙한 물체의 특성과 변화를 감각으로 탐색한다'와 '생활 도구에 관심을 가진다'를 제외한 '물체의 수량에 관심을 가진다', '주변 공간과 모양을 탐색한다', '규칙성에 관심을 가진다', '주변 사물을 같고 다름에 따라 구분한다'이다.

제3차 표준보육과정에서의 수량 인식하기는 '물체의 수량에 관심을 가진다'로 변경되었고, 공간과 도형에 관심 가지기는 '주변 공간과 모양을 탐색한다'로 변경되었다. 단순한 규칙성에 관심 가지는 '규칙성에 관심을 가진다'로 변경되었고, 구분하기는 '주

변 사물을 같고 다름에 따라 구분한다'로 변경되었다. 다만 차이에 관심 가지기는 '주변 사물을 같고 다름에 따라 구분한다'로 변경되어 0~1세와 마찬가지로 삭제되었음을 알 수 있다.

표 5-22 제3차 표준보육과정 수학적 탐구하기의 내용

내용범주	내용
수학적 탐구하기	• 수량 인식하기 • 공간과 도형에 관심 가지기 • 차이에 관심 가지기 • 단순한 규칙성에 관심 가지기 • 구분하기

출처: 보건복지부(2013). 제3차 표준보육과정 해설서.

표 5-23 제4차 표준보육과정 생활 속에서 탐구하기의 내용

내용범주	내용
생활 속에서 탐구하기	• 친숙한 물체의 특성과 변화를 감각으로 탐색한다. • 물체의 수량에 관심을 가진다. • 주변 공간과 모양을 탐색한다. • 규칙성에 관심을 가진다. • 주변 사물을 같고 다름에 따라 구분한다. • 생활 도구에 관심을 가진다.

출처: 보건복지부(2020). 4차 표준보육과정 고시문.

유아수학교육

PART 3

유아수학교육의 방법

CHAPTER 06

유아수학교육의 교수 · 학습방법

배울내용

1. 유아수학교육 교수 · 학습의 기본방향 및 원리
2. 유아수학교육 학습방법의 유형
3. 집단 구성활동
4. 문학을 통한 수학교육
5. 미술을 통한 수학교육
6. 음악을 통한 수학교육
7. 신체를 통한 수학교육
8. 야외활동을 통한 수학교육

학습목표

1. 유아수학교육 교수 · 학습의 기본방향과 원리 및 교사의 역할을 숙지한다.
2. 유아수학교육 학습방법의 유형을 구분한다.
3. 집단 구성활동을 익힌다.
4. 문학을 통한 수학교육의 의미, 학습원리 및 지도방법을 숙지한다.
5. 미술을 통한 수학교육의 의미, 학습원리 및 지도방법을 숙지한다.
6. 음악을 통한 수학교육의 의미, 학습원리 및 지도방법을 숙지한다.
7. 신체를 통한 수학교육의 의미, 학습원리 및 지도방법을 숙지한다.
8. 야외활동을 통한 수학교육의 의미, 학습원리 및 지도방법을 숙지한다.

수학은 사물이나 현상을 논리적으로 사고하는 학문으로써 수학교육의 주된 목표는 문제해결력과 사고력 증진을 통해 학습자의 수학적 능력을 배양하는 것이다(나가노 히로유키, 2014). 유아의 선천적인 수학능력은 태어나서 5세까지 지속적으로 발달하며 유아는 직접적으로 수학교육을 받지 않고도 자신을 둘러싼 맥락 및 환경과 상호작용을 통하여 수학에 관한 생각을 구성할 수 있다(Geist, 2010). 바루디(Baroody, 1987)는 수학 능력을 유아가 수들 사이의 관계를 인식하고, 수를 여러 가지 방법으로 표상하며, 수의 조작에 관한 지식과 나아가 수를 해석하고 사용할 수 있는 능력이라고 하였다. 따라서 수학교육의 목표는 생활 주변이나 자연, 사회현상을 수학적으로 이해하고 표현하는 과정을 통해 기본적인 수학적 기능과 개념, 원리, 법칙을 이해하는 능력을 기르고, 수학적 문제 상황을 논리적 사고를 통해 창의적으로 해결하는 태도를 기르는 것이다.

피아제(Piaget)는 유아수학교육의 목적을 영유아가 탐구와 실험 및 토의를 통해 스스로 의미를 구성해 가는 것에 두었으며, 여기서 실험은 신체적 조작과 정신적인 활동이 함께 일어나는 것으로 보았다(고선옥 외, 2014). 따라서 이 시기는 다양한 수학적 발달을 위한 활동을 충분히 제공하고 참여의 기회를 주어야 한다(권영례, 2017). 수학교육의 방법에서 유아와 교사는 유기적 관계이므로 교사가 유아의 근접발달지대 안에서 수를 이해하고 의미 있게 활용하는 것은 중요한데, 이를 위하여 적극적인 교사역할과 유능한 또래의 상호작용을 활용할 것을 강조하고 있다(김정숙, 2012). 그러므로 수학교육에 있어서 유아 스스로 새로운 문제의 해결을 위해 끊임없는 수학활동은 스스로 학습해 나가고 환경을 설정해 나가는 것이다.

1 유아수학교육 교수 · 학습의 기본방향 및 원리

유아수학교육은 유아로 하여금 주변세계에 대한 생각과 경험을 조직화함으로써 수학교육에 이론적 토대를 제공하고 수학적 기술을 사용하는 조작 능력을 키워주는 데에 있다. 2002년 NCTM과 NAEYC(NCTM & NAEYC, 2002)가 공동으로 유아수학에서 좋은 출발 촉진하기(Early Childhood Mathematics: Promoting Good Beginning)라는 기준을 제시하여 만3~6세 유아의 수학교육 지침을 운영하였다. NCTM과 NAEYC에서는 유아수학교육의 영역으로 수학적 개념을 형성시키는 것보다는 과정과 기술, 상호작용의 중요성을 강조하고 있다. 이에 국내의 누리과정에서는 유아수학교육의 목표를 '사물과 자연현상에 대하여 호기심을 가지고 지속적으로 탐구하는 태도'와 '생활 주변의 문제를 논리–수학적으로 해결하기 위한 기초능력을 기른다'라고 제시하고 있으며, 특히 수, 공간 및 도형에 대한 통찰력 기르기, 규칙성 이해하기, 자료정리 및 결과 나타내기 등 수학을 위한 기초역량을 기르는 데 집중하고 있다(홍혜경, 2010). 그러므로 수학교육은 다른 과목과 통합되어져야 하며, 분리된 학습이 아닌 의미 있고 통합된 학습 경험으로 제공되어야 한다(NAEYC, 2002; NCTM, 2000). 무엇보다 유아에게 필요한 수학교육은 문제해결방법을 통해 체계적인 교사의 계획과 유아의 적극적인 참여가 균형 있게 제공되어야 한다. 또한 의도적 교육을 통하여 교사가 적절하게 개입하고 직관이나 일상의 경험을 통하여 유아가 비형식적 경험을 배우는 과정이 필요하다. 이러한 수학과 예술 통합경험은 포괄적이고 다양한 상황에서 수학 정보들을 활용하여 사고할 수 있는 기회를 확장하고 수학의 흥미와 태도에 긍정적인 영향을 미치게 된다(Geist, 2009). 이는 일상생활에서 스스로 탐구하고 한 가지 주제로 통합된 수학활동을 통해 문제해결방법을 찾는 것이야말로 수학적 지식의 개념을 증진시키는 영역이라고 할 수 있다.

1) 일상을 통한 수학교육의 기본방향

유아는 선천적으로 일상의 경험을 통해 수학적 지식을 획득하기 위한 동기, 기회, 능력을 구성한다. 이러한 수학적 능력은 언제 어디서나 일상과 연결된 경험, 예상치 못한 질문이나 궁금증을 통해 수 개념을 습득하고 크고 작은 보존개념(획득, 분류, 서열, 대응) 등 수학적 문제해결을 위한 학습으로 유도할 수 있다. 3~5세 연령별 누리과정에서는 일상에서 수학적으로 능력을 기르는 것을 목표로 유아 자신이 일상을 흥미롭게 배울 수 있도록 하여야 한다고 강조한다. 긴즈버그(Ginsberg, 2006)는 유아들의 일상수학(everyday mathematics)은 어느 곳에나 존재하며, 능숙하고, 생각한 것보다 훨씬 복잡하며, 기어오르기와 같이 자연스럽고 흔한 것이라고 하였다. 즉, 유아에게 일상생활과 같은 친숙한 상황을 수학학습으로 제공하는 것은 수학교육에 대한 기초 개념을 배우고 수학적 사고를 형성하는 데 중요하다(Charlesworth, 2000; Smith, 1997)고 하였다. 그러므로 유아는 일상적 경험을 통해 얻은 수학적 지식을 삶에 유용하며 꼭 필요한 지식으로 여길 뿐만 아니라 문제해결을 위한 도구로서 배울만한 가치가 있는 학문이라 여기게 된다(문연심, 이화영, 2005). 따라서 일상을 통한 수학적 탐구의 구체적인 내용은 수학적 과정 이해하기, 일상에서 수학적 개념 알아보기, 즉흥적인 상황, 의도적인 상황으로 구성하고 교사는 흥미를 고려한 발달이 수학활동에 도움이 될 수 있도록 역할을 해야 할 것이다.

(1) 수학적 과정 이해하기

수학적 과정의 이해는 수학활동을 통해 유아가 이미 알고 있는 지식과 새로 알게 된 지식을 연결함으로써 문제해결을 더 수월하게 하며, 교사 또는 또래들과의 상호작용을 통해 정답의 유무를 확인할 수 있도록 해 준다. 또한 교사는 유아의 수학개념의 이해 정도를 파악하고 유아의 수학개념을 형성시키는 수학적 교수방법을 확대하여야 한다. 그러므로 유아가 일상 경험의 친숙한 상황에서 규칙성을 지각하고 수학적 상호작용을 통해 수학적 개념을 활용할 수 있는 통합적 기회를 제공하여야 한다. 과거의 수학교육방법이 공식을 익히고 개념을 알아가는 수학이었다면, 현재의 수학교육은 유아의 수학적 능력과 탐구를 강조하면서 일상에서 문제를 논리적으로 이해하고 해결하기 위한 기초능력을 함양하는 것이라고 할 수 있다.

(2) 일상생활에서 수학적 개념 알아보기

유아가 일상에서 수에 관심을 가지고 사물의 기준에 따라 배열되는 수학적 원리를 이용하여 탐구하는 방법으로 한 자릿수로 두 자릿수의 순서를 추측하거나, 시간에 따른 일과를 추측하고 같은 숫자 · 공간 · 시간 등의 규칙성을 발견하는 추론 가능한 경험이 포함된다. 그 예로 유아가 1에서 5까지 숫자와 같은 원리를 적용하여 5 이후의 숫자를 추론하고 확인을 통해 하루일과를 시간과 연계하므로 다음 일정을 추론하는 경험, 논리적 타당성을 중심으로 다른 내용들 사이의 관계를 인지하고 규칙을 이해하는 것이 수학적 과정에 포함된다. 유아들은 다양한 사람들과 관계를 맺음으로 수학적 상황을 만들어 가고 또래와의 상호작용을 통해 자신의 행동과 생각을 자유롭게 표현한다. 즉, 일상에서 놀이를 통해 같은 수를 빼고 더하고 비교함으로써 그 패턴을 경험하고 공간에 대한 위치를 비교한다. 이런 수학적 경험을 발견하는 과정에 있어서 자연스럽게 수를 인식하고 공유하면서 수학적 과정을 이해할 수 있다.

(3) 즉흥적인 상황

즉흥적으로 접하는 흥미로운 수학적 상황은 유아에게 호기심을 주며 관심을 갖고 즐겁게 주변 공간을 탐색 후 수학적 경험으로 연결할 수 있게 한다. 등원을 하면서 보게 되는 꽃의 종류, 돌 크기를 비교하는 것, 나무의 수를 세어 보는 것, 간식시간에 경험하는 음식 등 일상의 자연물을 통해 수학개념을 확장하고 수학경험으로 수와 양을 비교하는 능동적 개념을 형성하고 획득할 수 있다. 이는 일상생활 속에서 다양한 문제들을 스스로 이해하는 능력의 기초를 형성한다고 볼 수 있다.

예) 친구 장난감 수 비교, 자신이 좋아하는 동물 특징, 손과 발의 크기를 재어 보기, 모양이 비슷한 채소나 과일 찾아보기

(4) 의도적인 상황

유아교육기관의 환경은 유아들이 직접 탐색하고 조작활동을 통해 수학적 과정의 내용을 이해할 수 있는 다양한 자료로 채워진 환경이어야 한다. 매일 접하는 사물 중에서 유아의 흥미와 발달수준을 고려하여 유아들이 수 개념에 접근하고 문제 상황을 접근하기 위한 그림동화, 자료, 소품, 재료 등이 포함되어 있다. 이는 주제와 관련된 수학자료로 유아가 수 교육 활동의 흥미를 갖고 일상적 경험에 기초한 수 교육 활동의 이해를 통하여 수와 양을 비교하는 등 수학개념을 추론하고 정교화시키는 사고 능력에 중요한 역할을 한다. 그 속에서 경험하는 인지적 상황들은 유아들이 직접 수와 수량을 비교하여 수 사이의 관계를 이해하고, 생활에서 수를 사용할 수 있는 기회를 확장한다.

예) 활동계획, 교재 · 교구 준비하기, 수학활동, 평가하기.

2) 교수 · 학습 원리

수학이란 수를 헤아리고 측정하는 것에서 시작되며, 공간, 구조, 변화 등의 개념을 다루는 학문이다. 수학교육이 자발적으로 수행되기 위해서 교사는 누리과정 지침서에 제시된 체계적인 수학교육을 균형 있게 제공하고 발달수준을 고려한 교수학습방법을 제공하여야 한다. 이를 위해 교사는 유아의 수학적 활동을 촉진하고 끊임없이 수학적 태도를 사용하여야 한다. 교수 · 학습 원리과정은 개별화의 원리, 의미지향적 활동의 원리, 상호작용의 원리, 탐구학습의 원리, 통합의 원리로 구성되어 있으며, 교사는 목적의식을 갖고 유아의 연령과 개별적 발달 상황을 고려하여 평가하고 유아의 호기심을 기초로 유아가 지닌 수학적 능력과 적절한 비계(scaffolding)를 통해 개인차에 입각한 수

학활동에 초점을 맞추는 환경을 제공하여야 한다. 이러한 교수학습 원리를 구분하면 다음과 같다.

(1) 개별화의 원리

교사는 유아의 관심과 흥미, 특성을 고려하여 형식에 치우치지 않는 적합한 방식으로 자신의 능력을 발휘할 수 있는 학습을 구성해야 한다. 개별화의 원리란 유아의 발달상태, 능력, 개성, 개인차를 존중하면서 다양한 방법의 학습수행활동을 돕는 것을 의미한다. 이때 교사는 유아를 개별적 인격체로 존중하고 주체자인 유아 자신에게 맞는 교육적 활동의 기회를 제공하여야 한다. 유아는 각자 다른 외모만큼이나 성격, 능력, 환경을 통한 문제해결방법이 다르기 때문이다. 그러므로 교사는 유아의 발달속도에 따라 학습의 기능, 학습의 속도, 흥미, 동기 등의 개인차가 나타날 수 있으므로 발달수준의 면밀한 관찰이 필요하다.

(2) 의미 지향적 활동의 원리

유아들이 수학활동 속에서 구성한 의미의 원리를 이해하는 것으로 지식을 구성하기에 앞서 수학 지식을 왜 구성해야 하는지에 대한 그 의미를 알아야 한다. 수학교육에 있어서 의미는 스스로 지식을 구성하기 위해 유아가 자신에게 의미 있는 수학학습을 통해 능동적 지식을 학습하는 것이라 할 수 있다. 유아들은 수학적 과정이 원래 주어지는 것으로 생각하므로 어떠한 과정을 통해 주어졌는지에 대한 수학 지식의 가치와 의미를 분석하지 않은 상황에서 수학 지식을 수용하려는 경향이 있다. 이러한 점을 고려하여 교사는 수학활동에 대한 의미를 유아들이 느낄 수 있도록 지도하여야 한다. 그러므로 수학 학습 활동에 참여하고자 하는 내재된 의미를 수학적으로 표현하고 지식적인 합의와 영역에 맞게 구성하게 하는 것이 의미 지향적 활동 중심의 원리에 부합된다고 볼 수 있다.

(3) 상호작용의 원리

유아의 성장은 집단의 상호작용을 통해 발달하므로 균형 있는 환경을 제공하는 과정은 중요하다. 교사의 일관성 있는 교수 · 학습은 경험적 지식을 바탕으로 탐구의 기회를 제공하고 수학적 정보를 배우며 유아의 응답을 유도하여 문제를 해결할 수 있는 태도를 높여준다. 이때 교사는 유아가 수학적 의미를 이해할 수 있도록 추론적 상황을 제공하고 다른 유아들과 의견을 충분히 나눌 수 있는 시간과 기회를 제공하여 지식과 연계된 학습으로 유도하여야 한다.

(4) 탐구학습의 원리

유아는 스스로 탐색하는 경험 속에서 사물이나 현상에 대한 여러 가지 문제해결의 기술, 논리 수학적 기술, 사회적 지식을 습득한다. 또한 성인의 도움 없이도 주변을 탐색하기도 하고 모험심을 발휘하는데, 교사는 유아의 탐구와 자기세계를 확장시킬 수 있는 교육계획안을 구성하고 이를 수행하며 반성하는 순환적 과정을 이루도록 해야 한다. 유아수학활동은 유아 스스로 호기심을 느끼고 탐구하는 과정을 통해 수학적 문제 상황을 인식하고 해결하는 능동적 학습이 일어나도록 지원하여야 한다.

(5) 통합의 원리

통합이란 수학활동에 있어서 대 · 소집단활동, 개별활동, 정적 활동, 동적 활동, 야외활동 등 경험적 내용을 중심으로 신체, 사회, 정서, 인지적으로 조화를 이루면서 통합하는 활동과정을 의미한다. 교사는 표준보육과정의 편성과 수업활동계획안을 연계할 때 누리과정 5개 영역의 내용을 중심으로 영역별 활동을 구성하여야 한다. 교수 · 학습 상황에서는 통합적인 교육과정의 계획과 구성이 활발히 이루어질 필요가 있다. 이는 유아의 전인적 발달을 위해 학문과 발달 영역을 통합하여 교육적 경험을 갖게 하므로 자연스러운 상황에서 학습의 참여 의지가 높아질 수 있다는 것으로 통합적 관점을 중요시 한다.

3) 교사의 역할

교사는 유아의 수학교육에 대하여 수학교육내용을 무엇으로 하여 가르칠 것인지, 그리고 어떻게 그것을 교육할지에 대한 교수 · 학습과정 등을 끊임없이 고민해야 한다(이정욱, 유연화, 2012). 콘토스 등(Kontos et al., 1997)은 교사의 역할에서 주변에 대한 탐색은 호기심과 흥미를 주어 많은 유아들에게 놀이를 확장해 주는 안내자의 역할, 유아들의 행동의 특성을 기록하고 평가하는 역할, 유아들과 상호작용 등 다양한 역할을 해야 한다고 주장하고 있다. 김숙령(2011)은 교사의 역할을 첫째, 유아 개인의 수준과 경험을 고려하여 유아의 관심과 흥미에 적절한 수학교육을 마련하는 역할 둘째, 유아 스스로 관찰하고 탐구하여 수학적 학습이 이뤄지도록 격려하는 역할 셋째, 유아가 자신의 아이디어를 자연스럽게 표출할 수 있는 분위기를 조정하는 역할 넷째, 유아가 자신의 생각을 발표하고 주도적으로 질문할 수 있는 기회를 제공하는 역할 다섯째, 유아의 답을 즉각적으로 판단하지 않는 역할 여섯째, 주변에서 일어나는 일상생활과 수학학습을 연계하고 문제해결을 위한 도구로 수학이 활용되는 것을 인식할 수 있도록 지원하는 역할로 설명하고 있다.

이러한 수학 교수 · 학습 원리의 내용을 토대로 창의적이고 호기심을 유발하는 것이 교사의 역할이다. 그러므로 교사는 유아들의 학습과정을 지원하고 교수할 시기와 방법을 파악하여 유아의 수학적 사고를 촉진하고 평가해야 한다.

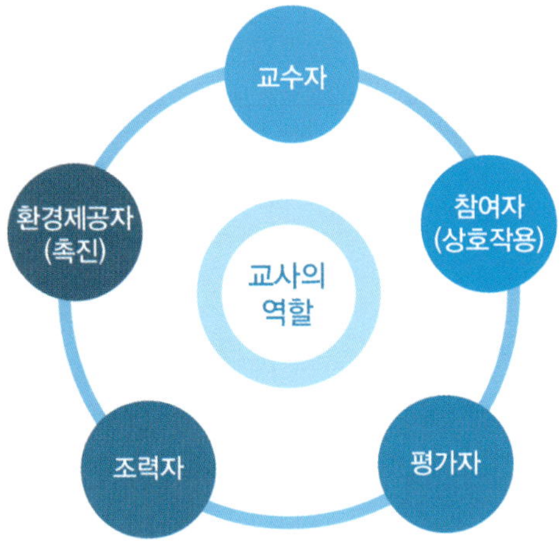

그림 6-1 유아수학교육에서의 교사의 역할

(1) 교수자의 역할

교사는 지식과 정보 제공자로서 유아 개인의 발달과정을 이해하고 어떻게 가르치고 양육할 것인지에 대한 유형을 보육환경에 적용함에 있어 접근방법을 충분히 고려해야 한다. 또한 유아에 대한 지식을 기반으로 프로그램을 계획하고 실행함으로써 교수자, 양육자, 촉진자, 참여자, 평가자의 역할을 효율적으로 수행해야 한다. 이때 교사는 유아의 개인적 특성을 고려한 적절한 활동자료를 제공하여 인정하기, 함께 구성하기, 시범보이기, 지시하기 등 모든 프로그램을 진행하고 확장해 나갈 수 있어야 한다.

(2) 환경(촉진) 제공자의 역할

교사는 수학교육현장에서 탐색할 수 있는 교구의 제공자이자 환경의 촉진자의 역할을 수행해야 한다. 또한 수학교육 시 체계적인 질문, 설명, 촉진 등의 개념원리를 제공하는 주체자임을 잊지 말아야 한다. 이러한 환경 속에서 유아가 주도적으로 상황을 이끌어 나갈 수 없을 때 교사는 주변환경과 유아가 자료를 탐색하는 활동 과정을 통하여 문제를 해결할 수 있도록 도움을 주는 역할을 한다. 또한 유아에게 흥미를 유발할 수 있도록 동기를 부여하고 실제적 발달수준의 도움과 사고를 확장하는 능력을 통하여 수학적 과정을 즐기도록 하는 것이 필요하다. 수업에 있어서 교사는 모든 답을 제공하는 자가 아닌 유아들에게 그들 스스로 학습을 수행하도록 촉진함으로써 서로 협동할 수 있는 기회를 제공하는 학습 촉진자임을 인식하여야 한다.

(3) 참여(상호작용)자의 역할

교사와 유아가 함께 활동에 참여하고 자연스럽게 관심을 집중하는 상호작용의 역할은 중요하다. 이러한 상호작용을 통해 교사가 먼저 시범을 보이고 활동의 방향을 제안함으로써 유아들로 하여금 자발적인 학습활동을 확장시켜야 한다. 교사가 참여자인 경우, 지나친 개입은 유아의 의존성을 유발할 수 있으므로 주의해야 한다. 또한 교사는 유아의 개인적 발달단계를 고려하여 교사－유아, 유아－유아의 상호적 균형이 필요함을 인지해야 한다.

(4) 조력자의 역할

교사는 학습에 있어서 유아 자신이 알고 있는 수학적 지식을 표현하고 탐구하는 기회를 갖게 함으로써 수학적 문제해결능력의 조력자로서 역할을 다하여야 한다. 그 뿐만 아니라 유아 개개인의 사고 과정을 관찰하고 분석하여 스스로 자신의 사고 과정에서 발생하는 학습의 오류를 보완함으로써 유아가 지식을 자주적으로 구성하고 재발견할 수 있도록 도와주어야 한다.

(5) 평가자의 역할

교사는 모든 프로그램에서 교육계획을 수립하고 학습의 과정과 결과가 얼마나 충족하였는지, 활동 과정에서의 경험이 유아발달의 전 영역에 어떤 영향을 미치는지, 교수학습방법에 있어 흥미로운 내용을 포함하는지를 평가한다. 유아에 대한 평가는 점수를 채점하는 것이 아니라 유아의 발달에 관한 전반적인 정보를 수집하는 종합적인 과정으로 이를 바탕으로 개별적 성향을 이해하는 데 목적을 두고 있다. 평가 단계는 마무리 과정을 통해 수학활동에서 느낀 점을 이야기로 나눔으로써 유아들이 흥미롭고 좋았던 점, 개선해야 될 부분을 분석하기 위한 것으로 다음 활동을 보완하는 과정이기도 하다. 이러한 평가는 추후의 교육계획안을 작성하고 보육과정운영을 위한 진단으로 학습과정의 개선에 기여하는 유용한 자료가 될 수 있다.

2 유아수학교육 학습방법의 유형

유아들의 수학적 지식은 단순한 암기, 훈련과 같은 방법보다는 경험 · 조작 중심의 수학활동을 통해서 자연스럽게 수학적 지식을 발달시킬 수 있으며, 나아가서 수학학습에 대한 긍정적인 태도를 형성할 수 있게 된다. 더욱이 최근 수학학습분야에 기초한 연구들에 의하면, 유아는 형식적인 수학교육 이전부터 이미 생활 속에서 비형식적으로 다양하게 수학적 경험을 통하여 자연스럽게 수학적 개념을 학습하고 사고를 증진시켜 나간다. 그러므로 유아의 발달에 적합한 수학교육을 한다는 것은 생활에서 공유된 경험을 유아가 이해할 수 있는 방법으로 수학을 제공하고, 유아가 의미를 찾을 수 있도록 문제 상황에서 추론할 수 있는 기회를 주는 것이 창의적인 문제해결방법이라고 볼 수 있다. 교사는 유아수학교육을 계획함에 있어 이런 학습유형을 다양한 상황에서 계획할 수 있어야 한다. 수학활동은 일상생활에서 자연스럽게 일어날 수도 있고, 우연한 사건을 수학적 교육으로 할 수 있으며, 교사의 계획에 의해 구조화된 학습이 이루어질 수도 있다. 수학학습유형은 유아들이 여러 형태의 수학을 접하게 되고, 자발적으로 말을 배우는 것처럼 수의 개념도 자연스럽게 경험하면서 발달하게 된다. 이때 교사는 수학적 학습에 흥미와 탐구 활동 중심의 교수방법을 충분히 제공하여 유아가 자신의 수준에 맞는 해결방법을 선택함으로써 수학에 대한 긍정적인 자신감을 형성하도록 하는 것이 중요하다.

1) 환경에서의 수학학습(자연적)

유아들은 본능적으로 주변과 환경을 탐색한다. 윌슨(Wilson, 1995)은 유아들이 환경과 자연을 탐색하면서 심미감뿐만 아니라 감각운동, 사회, 정서, 인지, 의사소통 등을 발달시킨다고 주장하였다. 이때 교사는 유아가 감각기관을 이용해서 자연이 주는 자극을 받아 느낌을 인식하도록 격려하고, 그 경험을 표현하도록 하는 것이 중요하다(교육인적자원부, 2003). 자연환경 속에서 오감을 활용하여 수학적 경험으로 연결될 수 있도록 교사는 유아에게 충분한 시간, 자유로운 탐색의 기회, 여유로운 공간을 제공하여야 한다.

예 나뭇잎 모양 비교하기, 벽지무늬에서 규칙성, 블록의 크기와 색깔 분류

2) 형식적인 학습(구조화)

형식적인 학습이란 교사와 유아 간의 수업을 계획하고 준비하여 이루는 과정을 말한다. 이러한 구조화된 수학적 경험은 유아들에게 수학적 개념이 포함된 구체적인 조작활동이 효과적이고 수와 수 사이의 관계를 조사하고, 사물의 속성이나 관계를 이해하기 위해 일상생활에서 수를 사용할 수 있는 많은 경험이 필요하다. 그러므로 교사는 누리과정을 근거로 학습을 계획함에 있어서 생활 주제에 따라 수학활동을 계획하고 이를 토대로 교육적 개념을 추출하고 여러 영역에서 다양한 수학교육을 수립하여야 한다.

예 연간계획서, 월간계획서, 주간계획서, 주제, 일일교육계획, 환경구성 및 자료제작, 평가 등

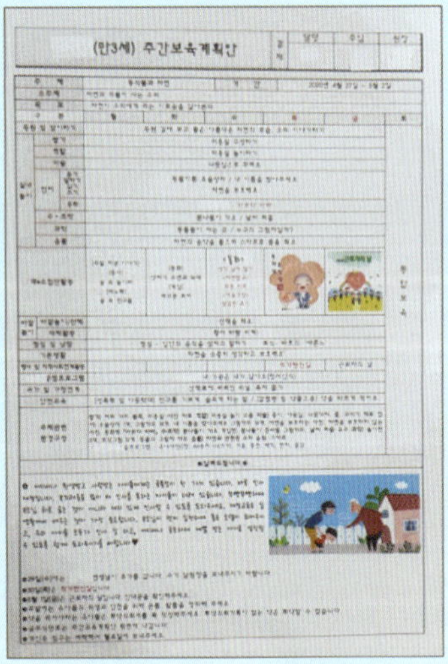
(만3세) 주간보육계획안

3) 비형식적인 학습(비구조화)

유아는 일상생활에서 비형식적인 수학적 지식을 형성하고 있으며 유아수학교육의 목적은 유아들이 비형식적 방법으로 터득한 수학적 개념을 보다 더 의미 있게 증진시키는 것이다(Baroody, 1987). 따라서 비형식적인 수학학습은 우연하게 일어난 수학적 상황을 교사가 유아의 흥미와 요구, 상황이 지닌 교육적 가치를 판단하여 활동으로 확대하는 것을 의미한다(계영희, 하연희, 2015). 이러한 학습방법은 유아가 수학적 상황의 자연스러운 경험을 통하여 교사의 도움으로 문제해결의 가능성이 보일 때 형식적 학습과 연결할 수 있다.

예 등원 및 인사 나누기, 자유선택활동시간, 간식시간(점심시간), 마무리 시간 등

3 집단 구성활동

유아는 집단 구성활동 과정에 참여하면서 교육주제를 중심으로 대그룹, 소그룹, 개별 구성활동으로 구분한다. 이 세 가지 유형의 활동 방법의 장단점을 인식하고 집단의 구성활동에 필요한 방법을 선택하는 융통성 있는 학습운영이 필요하다. 집단의 크기는 학습목표, 문제 상황, 활동유형에 따라 유아들이 문제를 해결하는 과정에서 협동심을 경험하는 중요한 요소이다. 모든 유아들은 집단 내에서 어떤 유형으로 활동에 참여할 것인가에 대한 역할을 통하여 공동의 목표와 과제를 수행하면서 다른 유아들과 협력하는 방법을 배우게 된다. 따라서 교사는 다양한 매체를 활용하여 정보를 탐색하고 문제해결과정에서 소속감과 성취감을 느끼는 교수 · 학습 방법을 적용할 필요성이 있다.

1) 대집단 구성활동

대집단 활동은 유아 개인이 집단에서 어떻게 활동에 참여할 것인가에 대한 역할을 통하여 공동의 목표와 과제를 수행하는 과정에서 다른 유아들과 협력하는 방법을 배우게 된다. 교사의 주도적 학습방법으로 짧은 시간 동안 많은 학습활동을 다룰 수 있다는 장점이 있지만 유아 간 상호작용의 기회가 충분치 않으므로 대집단 수업을 진행하기 위해서는 시범, 녹화자료, 복합매체를 활용하는 등 흥미로운 수업방식을 통하여 동작을 구체적으로 제시하여야 한다. 이러한 대집단 구성활동은 유아에게 개별학습보다 협동학습이 수학 문제해결력에 더욱 효과적이라는 것을 보여 준다. 이 과정에서 유아는 주의집중 시간이 짧아지므로 교사가 대집단 수업을 진행하기 위해서는 매체를 활용하는 등 다양한 수업방식을 준비하여야 한다.

예 동화구연, 야외활동, 게임 등

2) 소집단 구성활동

소집단 구성활동은 유아–유아 간 상호작용으로 각각의 목표를 달성하고 교사가 계획한 활동을 진행하는 방식을 의미한다. 이러한 수업 방식은 교사와 유아 간 질문의 기회를 제공하기 위하여 2인의 교사를 구성하는 것이 효과적이다. 교사는 소그룹 구성원을 선정할 경우 유아의 성별 및 개인의 특성을 고려하여 학습활동을 지원하여야 한다. 이런 소집단 구성활동은 유아들이 인지적 상황을 충분히 경험하고 의미 있는 정보를 축적한 후 토론이나 협동학습을 통해 수학적 지식을 학습할 수 있게 한다.

예 토의활동, 실험, 탐색 등

3) 개별 구성활동

개별 구성이란 교사가 진행하는 수동적 학습방법이 아니라 유아가 경험한 학습경험을 바탕으로 이루어지는 자발적인 능동적 학습활동을 의미한다. 이러한 개별 구성활동은 유아가 다양한 교육방법을 수행함에 있어 부족한 점이 무엇인지를 분석하고 개인별 차이를 규명함으로써 문제해결을 제시한다면 유아에게 맞는 학습과정을 진행할 수 있다. 그러므로 유아교육현장에서 이루어지는 수학활동과 통합교육의 형태는 자유선택활동을 통한 유아 개별 활동(Wellhousen & Kieff, 2001)의 수학교육 형태가 많은 부분을 차지하고 있는 것으로 나타났다.

예 블록놀이, 적목놀이 등

표 6-1 구성활동에 따른 교수 · 학습 지도안

과정	학습 내용
학습목표	학습 의욕 고취 • 학습 활동의 전반적인 파악
대집단 구성활동	대집단 수업 활동 • 수학의 개념, 원리, 법칙의 이해
소집단 구성활동	소집단 구성활동 • 교사의 적절한 안내 • 학습 과제 제공
개별 구성활동	스스로 학습문제해결 • 자율 학습 및 개별 지도
평가	평가 실시 • 학습 완성 및 심화 촉진
정리	요약정리 • 구성활동의 예습, 과제 제시

4 문학을 통한 수학교육

문학은 유아들에게 상상력을 길러주고, 경험의 확산과 충족을 제공하게 하며 사고력 및 창의력을 길러주고, 즐거움 속에서 세상을 잘 이해하며 살 수 있도록 도와준다. 또한 자기를 잘 표현할 수 있고, 독서에 대한 좋은 태도와 함께 언어능력, 심미적 감상력 등을 기를 수 있도록 해 준다(이상금, 장영희, 2003). 유아문학은 모든 장르를 다 포함하여 표현할 수 있는 독특한 장르이며, 그림과 단어들이 서로 의존하면서 이야기를 꾸며 나가는 형태를 가지고 있다는 특징을 지닌다(김현희, 박상희, 1999). 유아문학학습에서 지향하고 있는 놀이 및 활동 중심의 통합적 관점에서 볼 때도 유아문학활동은 수학적인 아이디어에 대한 내용이 포함되어 있고 수학활동의 맥락, 수학적 어휘, 기술 등 다양한 내용들이 포함되어 있어 더욱 중요성을 가진다. 이임옥(2002)에 의하면, 문학을 활용한 수학활동은 수학교육이 유아 자신의 실제 삶과 경험을 토대로 이루어져 더욱 의미 있는 학습이 될 수 있으며, 수학적 지식이나 개념이 설명적인 지식의 형태보다는 이야기식의 지식 형태로 제기될 수 있어 더욱 효과적이라고 하였다.

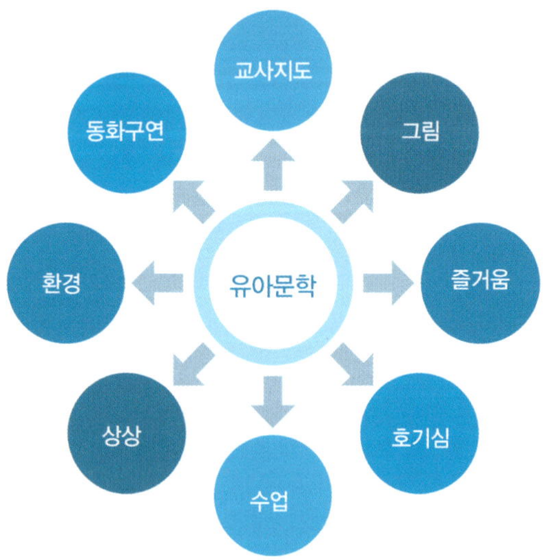

그림 6-2 유아문학활동

1) 문학수학활동의 교육적 의미

유아문학은 유아에게 다른 교과 내용을 전달하려는 교육적 수단으로서의 가치를 넘어서 유아문학 고유의 가치가 유아들에게 그대로 전달되도록 하여 심미적인 감상과 즐거움을 얻어야 한다는 유아문학의 순수성을 지키려는 주장들이 강하게 나타나고 있다(김세희, 2000; 서정숙, 2000). 이는 유아가 자신의 환경에 대한 이해를 증진하고 연계하는 데 매우 중요한 역할을 한다. 이러한 문학활동은 유아들이 수학에 대한 긍정적인 인식을 자연스럽게 연계하여 언어발달, 독서태도 형성, 정서발달을 토대로 심미적 감상력을 기를 수 있고 수학학습에 새로운 방향과 가치관을 형성하게 할 수 있다.

문학활동을 통한 수학교육의 효과를 알아보면 첫째, 수학성취와 어휘가 증가하고 유아문학활동을 통한 수학교육을 실시한 유아들이 수학성취도가 보다 높았으며, 자유놀이 동안 수학적 어휘의 사용이 증가되었다고 보고하고 있다(홍혜경, 2009). 둘째, 수학 관련 이야기책을 선호하게 된다(Halpern, 1992). 유아들은 수학적 상황을 포함하는 동화책을 선호하였으며, 이러한 책은 수학적 개념에 대한 의사소통 및 흥미를 촉진한다고 하였다. 수학적 개념을 다룬 책은 수학과 실제 상황을 자연스럽고 흥미롭게 연결해 주는 역할을 한다고 볼 수 있다(홍혜경, 2009). 셋째, 수학의 질적 사고가 향상되며 수학학습을 선호하게 되는 것을 알 수 있다(Hong, 1996). 유아문학활동을 통한 수학교육을 실시한 유아는 수학적 사고의 질적 수준에서 더 높은 것으로 나타났으며, 수학 영역과 수학 과제를 더 선호하는 것으로 보고하고 있다. 이는 유아문학활동을 통한 수학교육이 수학학습의 자발적이고 지속적인 추구를 하려는 긍정적인 성향에도 기여하는 것으로 본다. 이러한 문학활동을 통한 수학교육은 학습에 긍정적 효과를 미치기 때문에 이후의 다른 학습에도 지속적인 영향을 미치게 된다.

2) 문학수학활동의 학습원리

유아수학교육에서 지향하고 있는 활동 중심의 통합적 적용 관점에서 볼 때, 유아문학활동은 분리된 학습이 아닌 수학적인 아이디어에 대한 암시와 수학적 어휘 기술, 수학활동의 맥락을 포함하고 있기 때문에 문학수학활동은 더욱 중요하다고 볼 수 있다. 홍혜경(2004)은 문학을 통한 수학교육의 접근방법에 대한 이론적 원리를 다음과 같이 제시하고 있다. 첫째, 유아는 개념적 설명보다는 사건을 경험으로 연결하여 이야기식으로 설명할 때 쉽게 이해하므로 이야기책을 활용하는 것이 유아의 발달적 특성에 적합하다. 둘째, 이야기책은 유아가 호기심을 가질 수 있도록 흥미를 제공하고 수학적 개념을 탐색할 과제를 수행하는 것이 자연스러운 수학학습의 과정이다. 셋째, 이야기의 전개는 유아의 일상생활과 관계가 있거나 경험과 연관된 생각을 투사할 수 있는 세계를 다루므로 유아에게 의미 있는 맥락을 제공하게 된다. 넷째, 이야기책을 활용한 방법은 분리된 학습이 아닌 통합된 학습경험으로 제공되어지므로 기존 교육과정과의 통합을 보다 용이하게 한다.

3) 유아문학활동의 지도방법

문학의 즐거움은 선천적으로 느낄 수 있는 것이 아니므로 유아들 앞에 문학작품을 그저 내놓기만 할 것이 아니라 여러 가지 문학적 전략을 가르쳐 유아들이 문학작품이 갖고 있는 다양한 즐거움을 누릴 수 있게 해 주어야 한다(Nodelman, 2001). 문학의 지도방법에 대한 교사의 역할은 사전 준비, 그림책 지도, 읽기 방법, 전달 매체의 사용 등을 중심으로 구성되어 있다. 유아문학교육의 수업을 두 가지로 분류하면, 안내 중심의 강의식 수업을 통한 이론 중심이 적용되는 방법과 교육현장에서 유아들에게 직접 문학 전달매체를 제작하여 시범을 보이는 수업이 있다.

유아는 일상생활에서 나누는 대화 이상의 재미있는 이야기를 듣고 싶어 하며 눈에 보이지 않는 것을 머릿속으로 상상하고 창의력을 기르게 된다(이상금, 장영희, 2003). 이때 교사가 고려해야 할 문학활동의 특성과 지도방법을 정리하면 다음과 같다. 첫째, 모험적인 내용의 주제로 호기심과 탐구심을 해결할 수 있는 이야기책이어야 한다. 둘째, 환상적인 구성요소와 초보적인 수 세기와 글을 이해할 수 있는 책을 선정한다. 셋째, 단순하고 구조화된 책으로 이야기를 만들어 글없는 그림책을 탐색하게 한다. 넷째, 재미있는 단어로 구성된 예측 가능한 책을 활용한다. 다섯째, 긍정적인 자아개념을 형성할 수 있고 자존감을 다루는 책을 제공하여야 한다. 여섯째, 동일시하기 쉬운 인물이 등장하거나 친구 관계 상황을 다룬 책으로 유도한다.

5 미술을 통한 수학교육

유아에게 미술은 의사소통과 표현의 수단이 될 뿐만 아니라 미술을 통해 상상력과 감수성이 발달되고 주변환경에 대한 이해력을 높이게 된다(이숙재 외, 2002). 유아의 미술활동을 통한 수학교육은 생활, 느낌, 관찰, 상상, 감상, 공작 등의 경험을 중심으로 학습자의 새로운 지식의 구조를 형성하고, 수학적 원리와 연관된 주변 교과목에 대한 긍정적 자아개념을 형성하여야 한다. 이러한 특성이 반영된 유아미술교육은 유아에게 아름다움과 즐거움을 찾아 주고 주변의 환경과 현상을 새롭게 관찰할 수 있는 심미적인 안목을 기르게 한다(권상구, 1999). 즉, 유아는 오감을 통해 감각을 기르고, 감수성을 발달시키므로 오감을 최대한 활용할 수 있는 것이 미술이다. 유아 자신의 창의능력을 마음껏 발휘하여 자신의 능력을 체험할 수 있고, 내적 충동과 동기유발을 경험하면서 정서적 · 사회적 · 신체적 발달을 도모할 수 있다는 점에서 긍정적인 영향을 미친다.

1) 미술수학활동의 교육적 의미

미술수학활동의 교육적 의미는 창의력을 증진시키고 인지발달을 돕고 표현감각이나 기술적인 것을 습득할 뿐만 아니라 미적 감각, 심상 표현, 지각과 감각의 조화를 통하여 새로운 환경에 적응할 수 있는 인격을 형성하게 한다는 것이다. 이러한 미술활동을 통하여 유아들은 상상력을 동원해서 새로운 것을 구상하고 다양한 사고와 통합의 과정을 거쳐 느낌이나 감정을 자유롭게 표현하고 감상함으로써 창의적 표상능력을 기를 수 있다. 유아의 예술 경험은 심미감과 풍부한 감성을 기르는 기초가 될 뿐만 아니라 일상을 통해 예술에 대한 관심과 흥미를 갖게 하는 기초가 된다(박송자, 2011). 또한 유아는 미술활동을 통하여 창의적 자기표현 능력 정도를 파악할 수 있으며, 동시에 인지능력과 신체적·사회적 성숙 정도를 판단할 수 있는 진단의 매개로 활용된다(채영란, 지성애, 2008). 이런 점은 초기 자아개념을 형성하고 선, 색상, 소리, 형태, 그 밖의 여러 가지 내적 감정들을 자유롭게 형성하는 데 기여한다. 미술수학활동은 기능을 가르치는 수업이 아니라 미적 경험을 풍부하게 하여 감수성, 창의성, 정서 등의 품성을 기르고 한 가지 방법이 아닌 연상, 탐색, 표현활동, 조형, 도형을 이해함으로써 다양한 수업방식을 유도하여 유아로 하여금 적극성을 유발할 수 있게 구성되어야 한다.

2) 미술수학활동의 학습원리

미술수학활동은 유아가 과학적 원리와 현상이 조화된 미술작품을 선정하고 감상하기, 미술작품에 표현된 미적 요소와 수학적 원리 탐색하기, 수학적 원리에 대한 탐구를 활용하여 독창적 작품을 표현하기를 통하여 추상하는 능력, 조직하는 능력, 종합하는 능력을 길러줄 수 있다. 유아기 미술은 단순한 표현활동이 아닌 감각과 신체로 자신을 둘러싼 환경과의 만남을 통해 인지적인 의미를 구성하고, 내면적인 정화와 심미적 가치관을 형성하도록 하며, 문제해결능력과 의사결정의 기회를 주는 과정을 통해 유아의 통합적 학습과 지식체계를 구축하도록 하기 때문에 유아기 창의성 발달을 위한 교육의 매개로서 매우 효과적인 것이다(지성애, 2015).

미술수학활동의 효과적인 학습방법으로 서술, 분석, 해석, 평가의 4단계로 정리할 수 있으며 첫째, 서술 단계는 미술활동작품을 객관적으로 알 수 있는 것들을 기록하는 단계로써 작품에 대한 개인의 반응이나 결론, 평가 등은 보류하고 있다. 둘째, 분석 단계는 미술작품 속에서 각 형태들이 어떻게 상호작용하는가에 대한 분석 기술을 의미한다. 즉, 작품 속에서 사물 간의 관계를 분석하여 해석하는 것이라 볼 수 있다. 셋째, 해석 단계는 관찰했던 모든 것들에 의미가 무엇인지를 파악하는 것이다. 형식적 분석을 바탕으로 유아가 미술활동을 통해 수학이 담고 있는 의미를 결정하는 과정이라 볼 수 있다. 마지막으로 평가 단계는 서술, 분석, 해석의 단계에서 정리된 근거를 토대로 작품의 가치를 판단하는 단계이다. 유아는 발달단계에 따라 미술수학활동의 방식과 표현이 다르므로 수학과 통합한 다양한 수업을 제공하여야 한다.

3) 유아미술활동의 지도방법

미술활동은 유아에게 있어 누구나 좋아하는 본질적인 교육활동이며, 미술활동의 그리기는 유아들의 마음상태가 자연스럽게 표현된다고 볼 수 있다. 이러한 미술은 심미적인 측면을 강조하기 때문에 수학을 학습하는 데 보다 즐거움과 긍정적인 태도를 갖게 한다(권영례, 1998).

교사는 유아들과 감상활동을 효과적으로 구성하기 위해 미적 요소와 원리를 이해하고 일상에서 쉽게 얻을 수 있는 재료를 활용해야 한다. 이에 교사는 수학적 미술활동을 촉진시킴에 있어 유아의 발달특성을 고려하여 느낌을 공유하면서 문제해결능력과 미술적 산물을 창조할 수 있도록 개방적인 사고와 자유로움을 보장해 줄 수 있는 태도로 수업에 임해야 한다. 이러한 지도방법을 위한 교사의 역할을 살펴보면 첫째, 미술작품에 내재된 수학적 개념 및 원리에 대하여 인식하기 둘째, 창의적 아이디어를 표현할 수 있도록 격려하고 환경을 제공하기 셋째, 수학적 기법을 연계하고 분석하는 작품을 선정하기 넷째, 호기심과 산만한 행동을 구별하여 자신감을 길러주기 다섯째, 유아의 문제점을 해결하기 위해 다양한 관점에서 방법을 제시하고 스스로 해결할 수 있도록 지도하기 등이 있다.

표 6-2 미술 수학놀이 표현 분석

구분	내용
민감성(sensitivity)	유아가 그림으로 표현하는 장면을 연상한다.
융통성(flexibility)	그림을 표현하는 공간이 적어지면 다른 그림 뒤에 숨어 있다고 표현한다.
독창성(originality)	그림을 그리는 대상을 다양한 방법으로 표현한다.
유창성(fluency)	보이지 않는 숨은 곳까지 표현한다.
정교성(elaboration)	높은 곳을 그림으로 표현하기 위해 낮은 곳을 작게 표현한다.

표 6-3 수학미술 프로그램 활동

활동명	활동내용	효과
신문지 조형	신문지를 자르는 조형 활동을 통하여 호기심을 유발한다.	색, 형태, 도형, 창의력
벽돌집 만들기	집의 원리를 알고 건물 꾸미기를 통하여 나만의 집을 만들어 본다.	공간지각능력, 표현능력, 창의력
자동차 놀이	자동차 모양, 색깔, 교통규칙을 통하여 원과 도형을 이해하고 색종이로 표현한다.	도형, 공간능력

6 음악을 통한 수학교육

유아들은 본능적으로 음악을 듣고 즐기며 다양하게 표현되는 심미감을 통해 아름다움을 느낀다. 음악의 기본적 요소인 음계는 수학적 원리로 구성되어 있으며, 음의 기본적 명칭은 수학적 분할개념으로 구분할 수 있다. 이 밖에도 리듬과 박자는 수학의 규칙성 및 분수의 개념으로 해석될 수 있고 소리의 진동수, 주파수는 음정과 형식 등에서 수열, 비수, 함수 등 독특하고 다양한 방식으로 표현될 수 있다. 수학개념에 기초한 음악의 개념은 소리를 통하여 현상을 적용하고 상상력뿐만 아니라 집중력, 융통성, 유창성, 탐구력을 표현해 봄으로써 수학적 개념과 밀접하게 관련된 특성을 가지고 있다. 그러므로 음악과 수학학습을 효율적으로 진행하기 위한 공통적인 개념 요소를 찾아 모두 학습을 가능하게 하며, 인지적 요소나 추상적 구조의 개념을 보완하여 적용하는 것이 중요하다. 이러한 구조와 원리상 음악에서 중요한 기본 요소인 리듬, 박자는 수학의 규칙성으로 구성되어 있음을 알 수 있다. 유아음악교육이 다양하고 폭넓게 진행되기 위해서는 수학개념과 음악개념의 공통적인 필요성이나 효과에 비중을 두어 표현활동이 촉진될 수 있도록 도와주고 두 개념의 발달이 동시에 이루어질 수 있는 교수 · 학습방법이 제시되어야 한다.

1) 음악수학활동의 교육적 의미

유아음악교육은 음악활동에 필요한 기초적 기술을 익히고 음악이 가지고 있는 가치는 일상의 자연스러운 현상을 경험하는 과정이며, 소리에 반응하는 인지 및 감각적 교육의 기능을 통해 나타나게 된다. 유아기는 다양한 유형의 음악을 통해 목소리나 악기를 다루는 경험을 가짐으로써 음악의 이해를 넓힐 수 있도록 심미적 발달이 촉진되어야 한다. 유아가 언어를 습득하는 것처럼 음악을 배우게 되므로 성장기의 유아들에게 음악을 많이 들려주는 것은 수학적 개념을 잘 기억하게 한다. 그러므로 유아의 음악교육은 유아의 정서발달에도 큰 기여를 하며 기억능력을 향상시킬 뿐 아니라 학습과 주의집중을 향상시킨다(황성숙, 2004). 또한 유아는 음악활동의 즐거움을 수학적 개념과 연결함으로써 학습의 동기를 유발할 수 있고, 다양한 사고의 균형 있는 음악성 발달을 도울 수 있다. 음악 속에는 수학개념이 포함되어 있으므로 유아들이 음악과 수학개념을 동시에 경험하는 것을 통해 유아가 이해할 수 있는 음악활동의 경험은 발달에 있어 매우 중요하다고 볼 수 있다.

2) 음악수학활동의 학습원리

음악 속에서 수학활동은 다양한 형태로 나타난다. 유아가 듣는 음악 속에는 규칙성, 분류, 순서, 일대일 대응 등의 수학개념들이 존재한다. 음악과 수학개념은 각각 사용하는 용어나 상징적 기호가 다르지만 음악의 구성은 수학적 과정의 체계적 단계를 이용하여 만들어져 있으며, 음정, 협화음, 음향적 조합의 측면은 비율이나 평균율의 계산 등이 수학적 원리로 구성되어 있다. 음악의 음향학적 원리와 형식은 수학적으로 다양하게 분석되고 있으며, 음악의 요소 가운데 소리뿐만 아니라 박자와 빠르기, 리듬, 음표 등의 개념과 음악의 형식 속에도 수학적 개념이 내포되어 있다(Schilling, 2002).

그린버그(Greenberg, 1979)는 유아의 음악교육은 유아의 성장에 있어서 인지, 정서, 사회, 신체발달과 연결되어 있으며, 음악성의 발달은 다른 영역의 발달을 의미한다고 주장한다. 수학학습에 기초한 음악활동의 학습원리는 유아의 개별발달과 흥미, 경험의 정도에 따라 통합적 프로그램을 실시하는 구성원리를 정리하면 다음과 같다. 첫째, 유아의 발달수준과 흥미를 고려하여 교사와 유아의 상호작용을 통하여 음악과 수학개념을 경험하도록 하여야 한다. 둘째, 음악과 수학적 개념이 분리되지 않도록 프로그램을 진행하고, 두 개념 사이에 균형을 이루며 나열식으로 진행되지 않도록 통합적인 진행을 이루어야 한다. 셋째, 유아들이 악기 연주를 통하여 동기부여와 음악적 표현과정을 반영할 수 있도록 하여야 한다. 넷째, 수학개념에 기초한 수학음악은 과정 중심으로 진행하여야 하며 유아 스스로 음악개념과 수학개념을 능동적으로 표현할 수 있도록 도와주어야 한다.

3) 유아음악활동의 지도방법

음악수업에 사용되는 도구로는 타악기와 음악적 교육 목표를 흥미롭고 쉽게 교육할 수 있는 교구, 그 외 주변의 활용 가능한 폐품들도 재활용하여 예술적인 음악 표현과 수학적 학습을 위한 도구로 사용할 수 있다. 유아들의 악보 읽기는 신체 표현과 다양한 도구를 통해 호기심과 상상력을 자극하고 호기심을 일깨워 음악적 흥미를 유도할 수 있다. 유아에게 악보를 볼 줄 아는 적절한 시기를 통하여 악보 읽기를 주입식으로 지도하는 것보다 발달적 수준에 적합한 음악적 개념과 시각적인 매체를 연관하여, 탐색하고 접근하는 것이 더 효과적이다. 이때 교사는 유아와 함께 경험할 음악개념과 수학개념에 대해 이해함은 물론 이를 위해 준비된 악기 사용방법에 대하여 숙지하고 활동의 촉진자로서 유아들이 다양하게 표현할 수 있도록 질문에 방향을 제시하고 자연스럽게 발달시키도록 지도하여야 한다.

음악활동은 유아의 호기심을 불러 일으키고 탐색활동을 자극하여 유아들은 본능적으로 소리를 만든다. 이때 유아의 발달에 적합한 주변의 멜로디 악기와 리듬악기를 제시하여 화음에 대한 경험과 소리의 높낮이 개념을 시각적으로 확인할 수 있고 자연스럽게 접하는 과정을 통하여 유아들의 음악성 발달을 도울 수 있다.

수학적 개념을 음악활동에 적용하는 것은 주의집중 시간이 짧고 감각적인 활동을 추구하는 유아들의 발달적 특성에 적합하다(문연심, 2009).

표 6-4 수학적 음악 표현 분석내용

음악개념	수학개념	프로그램 내용
음정	측정	변화 측정하기
박자	수	수의 개념알기
높낮이	공간(도형)	공간(도형) 알아보기
빠르기	규칙성	규칙성 찾기

표 6-5 수학개념에 기초한 유아 음악 악기

트라이앵글, 색깔별 마라카스, 실로폰, 피아노, 크기별 핸드드럼, 우드블록

7 신체를 통한 수학교육

유아는 신체활동을 경험하면서 발육을 촉진시키고 자신과 외부 세계를 지각하며 새로운 기능을 습득한다. 신체의 움직임을 통해 자아를 인식하기 시작하고, 사회적인 협동력과 심미감을 통해 직면한 문제를 자신의 몸으로 해결하는 능력을 기른다. 특히 유아기에 있어서 신체발달은 지적 발달과 연관성이 있으므로 교사는 유아가 자신의 신체를 직접 움직여 봄으로써 여러 가지 방향, 위치, 도형 등의 공간개념을 이해할 수 있도록 다양한 경험을 제공해 주어야 한다(김희선, 2005). 이런 신체의 움직임을 통해 환경에 적응하고 자기 자신을 표현하는 데 능동적으로 대처하여 의미 있는 생활을 가능하게 해 주는 도구로써의 행동을 의미한다(류진희 외, 2015). 특히 유아는 자신의 신체적 감각활동과 반복적인 움직임을 통하여 깊이 사고하고 표상할 수 있는 능력이 길러짐으로써 신체활동은 수학적 문제해결능력에 긍정적인 영향을 끼친다고 볼 수 있다.

1) 신체수학활동의 교육적 의미

신체활동은 유아교육분야에서 '체육활동(physical education)', '동작교육(movement education)' 등의 다양한 용어들로 사용되어 왔다. 신체활동은 유아의 신체발달, 사회성 발달, 언어발달, 정서발달, 인지발달 등 유아의 성장에 긍정적인 영향을 미치며, 다양한 영역의 인성발달에 기초를 이룬다. 유아가 신체활동에 참여하는 것은 그 자체만으로 학습과 발달에 필수적이며 교육적 가치를 가지고 있다. 신체활동은 인간의 사고와 감정, 정신과 신체 간의 조화로운 관계를 확립시키는 좋은 매개체로써 유아에게 많은 생각과 상상의 기회를 제공하며 자신의 생각과 느낌을 자유롭게 하는 교육활동이다(김규수 외, 2004). 이러한 활동을 통하여 자신이 살고 있는 세상을 다양한 방법으로 탐색하고 신체활동을 통해 타인의 생각과 감정을 이해하며 공감, 모방과 상상적 요소를 중심으로 창조적 과정을 경험하게 된다. 또한 신체활동을 통해 얻어지는 긍정적인 정서반응은 자신감, 창의성, 건강유지를 포함할 뿐만 아니라 유아의 전인적 발달과 운동영역, 수학을 일상적인 개념으로 인식하는 통합적 교육의 기회를 제공하는 것에 의미가 있다고 볼 수 있다.

유아들의 신체활동이 증진된 것은 신체활동을 통한 수학프로그램이 효과가 있음을 의미하며, 이것은 유아가 다양한 신체활동을 통하여 창의적으로 표현해 봄으로써 유아 수준에 적절한 자극이 제공될 때, 유아는 지속적으로 흥미를 가지고 신체활동을 탐색할 수 있게 된다.

2) 신체수학활동의 학습원리

유아의 신체활동을 수행하기 위해서는 유아의 흥미와 관심, 유아가 다양하게 참여할 수 있는 집단 구성, 긍정적인 정서반응을 유발할 수 있는 교사의 교육적 방안과 유념해야 할 교수·학습 원리를 정리하면 다음과 같다. 첫째, 유아들이 신체활동을 통하여 자신의 신체와 도구를 탐색하고 호기심을 발휘하는 과정으로 신체활동에 대한 유아의 동기유발을 느낄 수 있도록 도와주어야 한다. 둘째, 유아에게 개별 활동을 통해 자신의 성취감을 느낄 수 있고, 스스로 노력하여 목표를 달성하고 신체적 능력을 발휘할 수 있도록 기회를 제공해야 한다. 셋째, 신체활동의 과정에서 유아가 자신의 생각을 적극적으로 표현하고 교사와 유아들 간의 다양한 상호작용을 할 수 있는 기회를 제공해 주어야 한다. 즉, 신체활동은 유아가 다양한 사회적 능력을 기르고 또래와 긍정적인 상호작용의 경험을 하도록 지원하며, 유아의 사회적 능력 형성에 기초를 마련해 주고 인성을 함양하는 데 교육적 의미를 증진시킨다고 볼 수 있다.

3) 유아신체활동의 지도방법

교사는 유아가 신체활동을 수행하면서 협동, 존중과 같은 사회기술을 증진시키고 타인의 관점을 조망할 수 있도록 지도해 주어야 하며, 이러한 과정에서 일어나는 문제들을 스스로 해결할 수 있도록 이끌어 주어야 한다. 유아를 신체활동에 참여시키기 위한 교사의 지도방법을 살펴보면 다음과 같다. 첫째, 유아들이 자발적으로 참여할 수 있도록 계획해야 한다(유지안, 2015). 둘째, 유아가 적극적으로 표현할 수 있도록 상호작용을 해야 한다(성연정, 2015). 셋째, 유아가 역동적으로 참여할 수 있는 집단을 구성해야 한다(교육부, 2013; 유지안, 2015). 유아가 신체활동에 즐겁게 참여하기 위해서는 개별 활동, 소집단 활동, 대집단 활동 등 다양한 집단이 역동적으로 변화할 수 있도록 구성해 주어야 한다(유지안, 2015).

이러한 신체활동을 통한 수학적 의미는 유아가 주변환경에서 접하는 다양한 도형을 찾아보고, 만지고 조작해 봄으로써 각각의 특징을 이해할 수 있으므로 교사는 유아 수준에 적절한 자극을 제공하여야 한다.

표 6-6 수학개념의 신체활동 전개 방식

활동단계	활동내용
시작 전 활동	실물 · 자료 사진을 통하여 활동 전 수학적 개념에 대하여 토의하고 이야기를 나눈다.
전개 활동	유아와 함께 다양한 활동을 계획하고 실행하여 활동방법을 소개한다.
평가하기	활동 후 유아들의 생각과 느낌을 표현할 수 있는 기회를 제공한다.

표 6-7 신체활동을 통한 수학프로그램 내용 및 조직

활동명	목표	수학적 문제해결력
친구끼리 모여요	• 이동 운동 · 대근육 운동으로 협동력을 증진시키고 사물이 가진 비슷한 점을 알아 볼 수 있다.	수, 패턴, 도형, 측정
다양한 꽃을 찾아요	• 이동 운동 능력을 향상시키고 일정한 기준에 따라 분류할 수 있다.	수, 패턴, 분류, 측정
친구의 몸을 재어 보아요	• 조작 및 협동능력의 향상을 통하여 친구의 몸을 재어 보고 서로 비교해 본다.	수, 분류, 패턴, 통계
어디에서 많이 살까요?	• 하늘, 땅, 바다에서 생활하는 각종 동물을 분류하여 그래프로 나타내고 대근육 운동 능력을 향상시킨다.	분류, 수, 통계
손으로 피아노를 연주해요	• 수를 바르게 인식하여 소근육 운동 능력을 향상시키고 수의 연산을 경험한다.	수, 패턴, 분류, 통계

8 야외활동을 통한 수학교육

유아의 야외활동은 교수학습방법에 따라 계획하여야 목적과 목표에 부합하는 성취를 가져올 수 있다. 즉, 야외활동은 교육적 계획에 따라 수행되었을 때 목표를 효과적으로 달성할 수 있다. 이런 야외활동 교수법은 탐색을 시작으로 자연의 물리적 속성, 사실 등의 현상을 지각하고 사물과 비교하며 표상해 보는 조작적 과정에서 그 개념을 획득하고 사고 활동까지 확장되는 것을 발견할 수 있다.

1) 야외수학활동의 교육적 의미

수학을 배우는 것이 생활 속에서 만나게 되는 문제들을 해결하는 데 있어 가치 있고 유용하다는 사실을 이해하고 이러한 경험이 즐겁다는 생각을 갖게 해 주기 위해서는 유아기에 긍정적인 수학경험이 중요하다(서동미, 2007). 특히 유아가 능동적 수학경험을 하기 위해서는 즐거운 경험을 통하여 수학에 대한 긍정적인 생각을 강화시키는 것이 중요하며, 유아가 즐거워하는 수학과 야외활동을 통합하여 교육과정을 구성하는 교수학습방법의 기회를 제공하여야 한다. 빌톤(Bilton, 2010)은 유아가 역할을 맡아 상상 놀이를 하고 다양한 집단 활동에 동등하게 참여하는 기회가 많이 주어지는데, 이는 실외가 단지 소음이 허용되거나 공간적으로 더 넓어서가 아니라 실내에서 제공되지 않는 자유로움이 제공되기 때문이라고 언급하였다. 대부분의 유아교육기관에서는 야외활동을 수학적 내용이 포함된 동작활동을 통해 수학적 경험을 자연스럽게 수학개념을 접하는 경험을 하게 된다. 그러므로 유아는 야외활동을 통하여 신체와 공간, 관계, 흐름을 연계함으로써 여러 가지 수학개념을 습득할 수 있다.

2) 야외수학활동의 학습원리

유아는 야외활동을 통해 스스로 수학적 탐구를 수행하는 과정에서 보다 적극적으로 참여하여 자신감을 갖게 된다. 수학개념에는 수 연산, 수 세기, 수 인식, 기하, 양적인 지식이 포함되는데, 야외활동은 유아에게 이러한 수학개념을 전달할 수 있는 경험적 수단이 될 수 있다. 특히 신체를 활용하는 동작활동은 크고 작은, 높고 낮은, 길고 짧은, 넓고 좁은, 가장 높은, 가장 낮은, 더 긴, 같은 길이와 같은 개념을 쉽게 설명해 줄 수 있으며, 유아가 동작을 통해 수학개념을 신체를 통해 느끼고, 표현하고, 적용할 수 있도록 하는 경험은 수학을 일상적인 개념으로 인식하는 데 도움이 된다(손미애, 2010).

유아야외활동의 교수·학습 원리를 정리하면 첫째, 야외활동에서 신체활동에 기반하여 다양한 수학적 학습이 일어날 수 있도록 흥미와 경험을 중심으로 활동을 구성한다. 둘째, 교사는 유아가 개별적인 놀이가 중심이 된 프로그램을 운영하여 다른 활동과 연계하여야 하며, 그룹으로 운영되는 형태의 놀이도 중요하지만 유아 개인이 신체를 활용한 야외활동을 배울 수 있도록 하는 것이 중요하다. 셋째, 유아가 자발적인 프로그램에 참여하면서 수학과 야외활동에 대한 이해의 폭을 다양하게 경험하게 한다. 넷째, 유아가 문제를 해결하는 방식으로 흥미와 관심이 지속되는 과정 중심의 교육이 되어야 한다. 다섯째, 유아 개개인의 발달에 적합하게 활동을 구성하고 적합한 야외활동을 통하여 이를 수학적 개념과 접목하여 참여할 수 있게 하여야 한다. 여섯째, 동작을 익혀 나가는 방법에 있어서 교사는 모델의 역할을 통해 유아가 더 높은 수준의 발달단계를 경험할 수 있도록 지원해 주어야 한다.

3) 유아야외활동의 지도방법

유아를 위한 야외활동과 연계된 수학교육 프로그램의 목표를 달성하기 위해서 수학 학습전략과 교사의 역할은 매우 중요하다. 교사는 유아가 야외활동에 호기심을 가지고 탐구하려는 의욕을 통해 자연의 모든 환경의 흥미를 경험함으로써 지속적인 탐구를 자발적으로 탐색할 수 있도록 자료를 수집하고 구성할 때, 원하는 목표를 달성할 수 있다. 이러한 교사의 전문성은 수업에 직접적인 영향을 주며, 동작활동이 유아에게 중요하다고 인식시키는 것만큼 실제로 수업을 실행하는 교사의 교육내용 선택 및 교수방법에 대한 지식 활용이 무엇보다 중요하다(최혜윤, 2015). 유아교사는 야외활동에서 수학적 소재를 활용한 통합적 활동에 관심 가지기, 수학적 과정기술 활용하기, 운동 능력 증진하기, 수학에 대한 긍정적인 성향 갖기 등은 유아들에게 야외활동의 즐거움을 경험하면서 수학적 성향과 문제해결을 위한 끈기 함양하기에 도움을 줄 수 있다. 이러한 야외수학활동이 의미 있는 교육이 되기 위해서는 유아의 반성적인 사고와 문제에 대한 특성을 이해하고 새로운 지식을 통합할 수 있는 수학적 탐구활동이 장려되어야 한다. 유아가 수학적 소재를 기반으로 즐거움을 경험하면서 수학에 대한 호기심과 흥미를 촉진하고 동기화할 수 있도록 교사는 수학적 소재와 관련된 자료들이 수학적이라는 것을 느끼지 않도록 자연스럽게 접근하여야 한다.

표 6-8 수학개념에 기초한 야외 활동자료

자료유형	활용방법
동화	자연과 사물을 동화로 들려줌으로써 햇살, 비, 구름, 눈 등에 대하여 자연물과 수 개념과의 관계에 흥미를 느낄 수 있도록 지도한다.
자연물	일상생활과 관련된 모습, 소리를 내는 도구, 눈 오는 날의 모습 등 자연에 대한 관찰을 활용하여 수 개념에 대한 흥미를 유발시킨다.
조형재료	자연물 조형재료를 활용함으로써 수 교육 활동을 이해하고 수 개념 관계에 활용하도록 기회를 제공한다.

CHAPTER 07

유아수학교육의 환경

배울내용

1. 수학교육을 위한 환경구성
2. 수학교수 · 학습의 활동자료
3. 실제 놀이를 통한 수학활동

학습목표

1. 수학교육을 위한 환경구성의 원리 및 수학활동영역 구성 시 고려해야 할 점에 대해 알아본다.
2. 유아 생활 속의 문제를 수학적으로 접근할 수 있는 수학적 활동자료를 찾아볼 수 있다.
3. 유아의 일과운영 중 놀이를 통해 할 수 있는 수학활동 실제에 대해 알아본다.

1 수학교육을 위한 환경구성

1) 수학활동을 위한 환경구성

2019 개정 누리과정에서는 유아 중심 및 놀이 중심으로 교사의 계획된 놀이가 아니라 유아들의 호기심과 탐구심에 의한 자발적 놀이가 이루어지도록 하는 데 중점을 두고 있다. 즉, 기존의 교사가 만들어서 제공하거나 생활주제별 목표에 따른 영역별 환경 구성보다는 아이들의 호기심과 욕구에 의해 자발적으로 일어나는 놀이 속에서 배울 수 있도록 하는 것을 지향하고 있다.

유아·놀이 중심 교육과정에서는 유아와 환경 간의 상호작용이 매우 중요하다. 환경은 유아의 놀이가 활성화되는 배경이자 유아가 다양한 배움을 경험하는 원천이 된다. 유아와 환경과의 상호작용은 유아 주변의 친근한 공간, 자료, 일상생활에서 자연스럽게 접하는 모든 환경과의 교감을 포함한다(2019 개정 누리과정 해설서).

유아는 자유롭게 놀이할 때 즐겁고 행복하다. 교사는 유아의 전인적 발달과 행복추구를 지원하기 위해 유아가 자유롭고 충분히 놀이할 수 있는 환경을 제공할 수 있어야 한다. 2019 개정 누리과정에서는 유아교육기관에서 기존의 교사가 생활주제에 맞추어 만든 수학놀이 교구보다 유아가 호기심을 가지고 주변세계를 탐색하고 탐구하며 재미있는 상상을 하면서 자기만의 방식으로 놀이를 창조하고 변형해 가면서 창의성을 기를 수 있도록 아이들이 놀면서 이루어지는 수학적 내용을 담은 활동들이 가치가 있다고 보고 있다.

유아는 일상생활 속에서 자연과 만나는 다양한 사물과 문제에 호기심을 발동하고 궁금한 것을 알아보기 위해 상상력을 가지고 도전하게 된다. 실제 아이들의 놀이 속에는 자연스럽게 수학적 내용이 들어갈 수밖에 없음에도 우리는 아이들을 교육한다는 의미에서 놀이를 계획하고 교사가 만든 정형화된 교구를 제공하게 되었다. 이제는 유아가 일상의 놀이 속에서 수학적 지식, 기능, 태도 및 가치를 자연스럽게 경험하면서 익히고 성장할 수 있도록 지원해야 한다.

2019 개정 누리과정에(유아, 놀이 중심 교육과정) 맞춘 수학활동 시 고려해야 할 환경구성은 〈표 7-1〉과 같다.

표 7-1 수학활동 시 고려해야 할 환경구성

- 영유아의 흥미를 유발하고 지속시킬 수 있는 일상생활에 친숙한 자료나 관심을 갖는 놀이 환경을 제공할 수 있도록 유아들의 현재의 관심거리에 교사는 관심을 가지고 교수자료를 준비해야 한다.
- 놀이를 확장하고 연계할 수 있도록 적절한 개입과 거리를 둘 수 있어야 한다.
- 안전하고 위생적인 부분에 배려가 필요하다.
- 수학적 활동이 모든 영역과 연계하여 통합적으로 이루어질 수 있도록 한계를 지어서는 안 된다.
- 유아가 보고, 듣고, 만지고 자유롭게 표현할 수 있는 놀이 환경을 제공한다.
- 비구조적인 열린 자료를 풍부하게 제공하여 유아가 자신만의 방식으로 활용할 수 있도록 지원한다.

이를 위해 교사는 유아들이 수학적 활동을 할 수 있도록 충분한 시간과 다양한 탐색 환경을 제공해야 한다. 유아들의 놀이에 수학적 관련 어휘로 언어적 상호작용을 해 주고 다양한 접근을 위해 전시물 등 환경을 재구조화해 줄 필요가 있다. 또한 놀이 상황과 흐름에 따라 유아의 놀이를 존중하고 이해하면서 유아가 필요로 하는 놀이자료, 놀이공간, 놀이규칙과 안전 등을 고려하여 필요한 지원을 할 수 있어야 한다.

2) 장소에 따른 수학교육 환경

수학교육 환경을 구성할 때 발달에 따른 특성을 고려하여 보고 듣고 만지는 등의 감각을 이용하여 무게, 형태, 시간, 공간 등의 수학적 개념을 익힐 수 있도록 제공해 주어야 하며 사물을 직접 보거나 만지고 스스로 조작하는 등 경험에 의해 얻어진 지식을 바탕으로 사물에 대한 직관적 해석뿐만 아니라 사물 간에 서로 다르거나 같음을 알 수 있는 경험을 제공하고 이러한 경험을 통해 논리, 수학적 지식을 습득할 수 있도록 실제 물체를 다루어 볼 수 있는 환경을 제공해 주어야 한다.

(1) 실내 영역

유아들의 일과운영의 대부분을 차지하는 실내 영역은 교실 내에 있는 다양한 놀잇감을 가지고 일상생활 속 다양한 놀이를 통해 수학교육이 이루어지는 공간이다.

역할극을 통해 순서짓기, 분류하기, 기초자료 수집하기 등이 이루어지고 블록놀이를 통해 크기 비교하기, 다양한 모양 알아보기, 일대일 대응하기, 분류하기 등이 이루어질 수 있으며 율동이나 새 노래 등의 놀이 속에서 일대일 대응하기, 패턴 알아보기 등 다양한 수학적 개념을 익힐 수 있도록 교사는 유아들의 호기심과 관심을 유발할 수 있는 다양한 놀잇감과 놀 거리를 제공할 수 있어야 한다. 흥미 영역의 필요한 구체적인 자료들에 대한 구체적인 자료의 내용과 예는 〈표 7-2〉, 〈그림 7-1〉~〈그림 7-7〉과 같다.

표 7-2 흥미 영역의 필요한 자료

흥미 영역	필요한 자료들
언어 영역	수학적 탐구 능력 및 태도, 수 감각 기르기, 공간 및 도형에 대한 이해, 기본적인 측정해 보기, 규칙성 이해, 자료 정리 및 결과 나타내기 등을 간접적으로 경험할 수 있는 다양한 그림책들과 쓰기도구를 준비한다(그림 책, 단어카드, 잡지나 카탈로그, 광고나 포스터, 동요, 동시집, 글자도장 등).
수 · 조작 영역	• 수활동자료: 일대일 대응, 분류, 비교, 서열, 부분과 전체, 무게나 부피, 길이측정, 공간과 형태에 도움을 주는 교재 · 교구 • 조작활동자료: 퍼즐, 자물쇠 맞추기, 볼트와 너트 맞추기 • 일상생활활동자료: 옮겨 담기, 바느질, 끈 끼우기, 구슬꿰기, 단추 끼우기, 지퍼 올리기, 끈 매기 등 • 게임활동: 기억하기와 색깔 맞추기 게임 등

흥미 영역	필요한 자료들
쌓기놀이 영역	도형, 크기, 공간, 규칙성, 수 감각 기르기 등을 경험할 수 있는 다양한 블록과 장난감을 준비한다. • 다양한 블록: 종이 벽돌 블록, 단위 블록, 공간 블록, 우레탄 블록, 우드 블록 등 • 크고 작은 모형: 동물, 사람, 공룡 등의 인형이나 모형, 탈것들(기차, 트럭, 레미콘, 구급차, 경찰차, 여객기 등) • 사회극 놀이 소품: 여러 종류의 가면, 교통 신호나 표지판 등
역할놀이 영역	다양한 생활공간과 환경(예: 은행 놀이, 병원 놀이, 시장 놀이, 주유소 놀이, 직업과 관련 공간, 음식점 등)을 꾸며 주고 놀이를 통해 유아들이 수학적 경험과 어휘를 사용할 수 있도록 지원하고 준비한다.
미술 영역	수학적 내용을 경험할 수 있는 다양한 활동자료를 준비한다. • 종이류: 도화지, 색종이, 골판지, 잡지, 신문지 등 • 그리기 도구: 크레파스, 색연필, 사인펜, 매직, 물감 등 • 만들기 도구: 가위, 풀, 테이프, 펀치, 핑킹 가위 등 • 각종 자료: 찰흙, 고무 점토, 밀가루 점토, 나뭇가지, 나무젓가락, 빨대, 실, 솜, 스펀지, 수수깡, 자연물 등 • 여러 가지 재활용품: 여러 모양과 크기의 상자, 헝겊, 빈 병, 휴지심, 다양한 모양과 크기의 병뚜껑 등
과학 영역	수학적 교육 내용을 경험할 수 있도록 크기, 무게, 패턴 등을 실제 관찰하고 경험해 볼 수 있는 자료를 준비한다(예: 저울, 자석, 온도계, 습도계, 크기와 모양이 같거나 다른 용기, 계량컵, 계량스푼, 식물키우기, 광물 등 자연물, 그밖에 관찰 도구).
음률 영역	모양의 크기나 소리의 크기를 경험할 수 있는 다양한 악기 종류 • 생활 속 악기: 젓가락, 냄비뚜껑, 깡통, 빨래판, 채, 콩, 부채 등 • 우리나라 전통 악기류: 장구, 소고, 북, 꽹과리, 피리 등 • 외국 악기류: 리듬악기(탬버린, 캐스터네츠, 트라이앵글, 마라카스 등), 스카프, 리본, 작은 낙하산 등

한글 첨성대　　한글모형　　그림책

그림 7-1 언어 영역의 자료의 예

맥포머스　　회전마블런　　색깔 끼우기 블록

칠교 놀이　　패턴 만들기　　퍼즐 맞추기

그림 7-2 수 · 조작 영역의 자료의 예

나무 블록

스펀지 블록

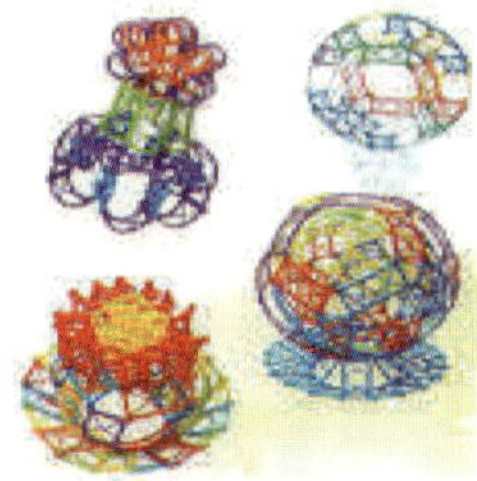

연결 블록

도형 블록

레고 블록

벽돌 블록

그림 7-3 쌓기 영역 자료의 예

음식점 놀이

시장 놀이

동물가면

은행 놀이

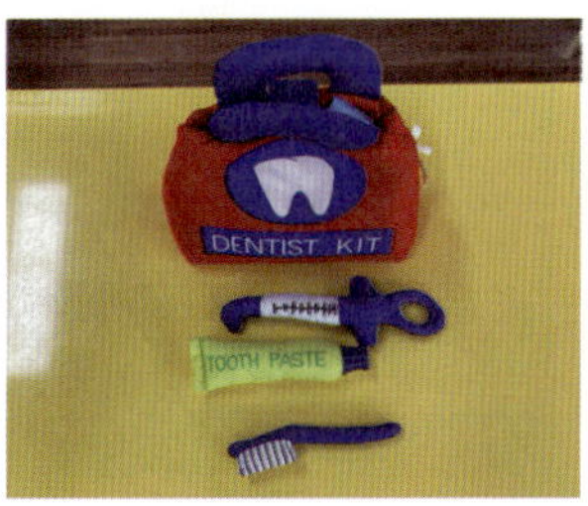

병원 놀이

아이스크림 가게

그림 7-4 역할 영역 자료의 예

모양 가위

모양 펀치

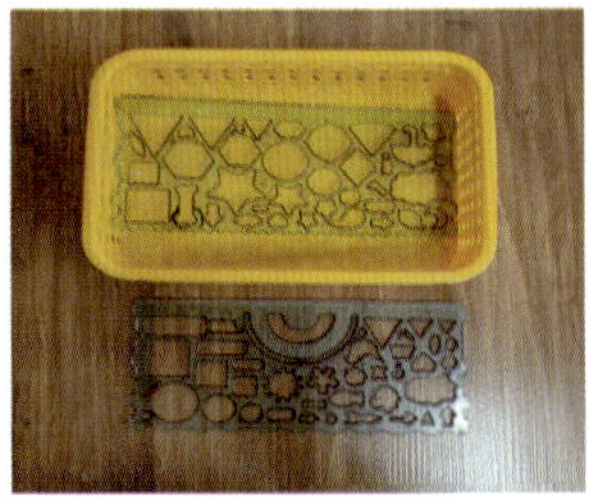
모양 자

자연물

털실

단추

그림 7-5 미술 영역 자료의 예

과학 영역

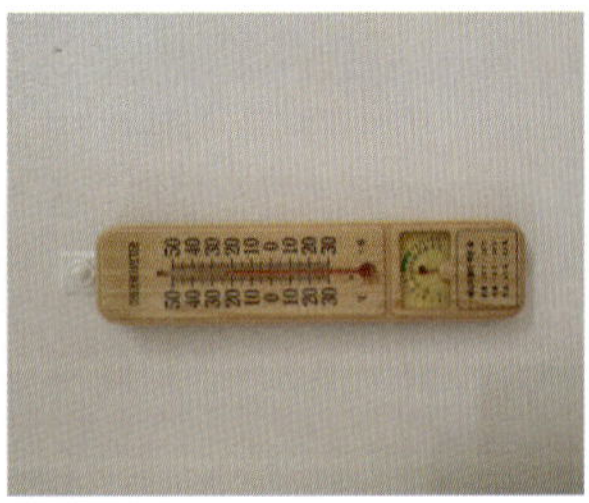
온도습도계

회오리마블

양팔저울

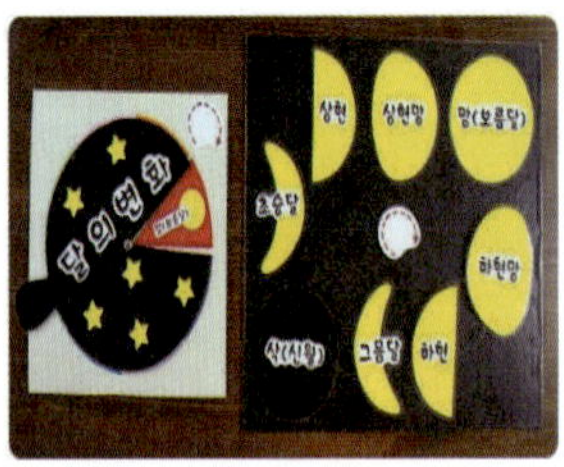
달모양 관찰하기

지구와 행성

그림 7-6 과학 영역 자료의 예

기타

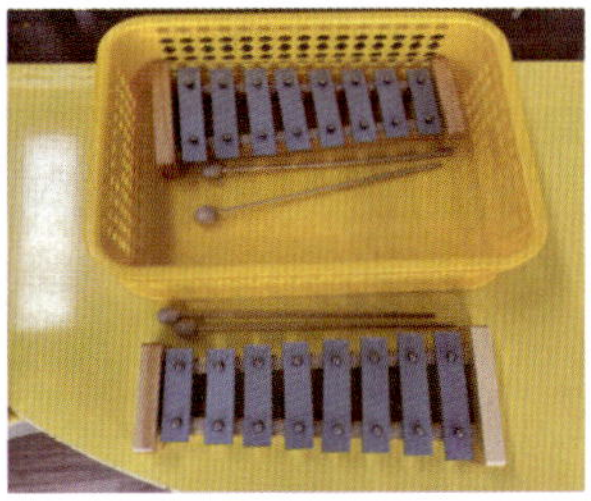

실로폰

다양한 악기

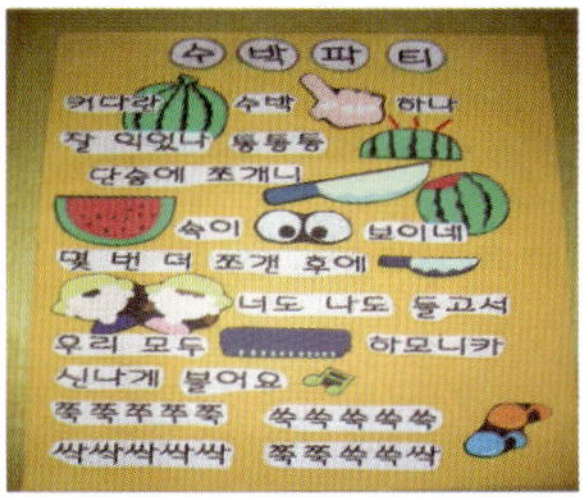

새노래판

신체표현도구

음률 영역

그림 7-7 음률 영역 자료의 예

(2) 실외 영역

실외 영역은 열린 공간으로 유아들이 공간적 환경에 따라 다양한 수학적 활동이 이루어지는 곳이다. 영유아의 발달과 흥미에 적합한 물리적 환경은 영유아와 교사 간에 활동의 질을 높이고 영유아들을 위해 흥미로운 놀이를 확장시킬 수 있다. 놀이터의 놀이기구를 이용하면서 순서짓기, 수 세기, 무게 비교하기를 익힐 수 있으며, 다양한 실외 놀이를 통해 수학적 경험을 할 수 있도록 다양한 놀이와 공간을 제공해 주어야 한다. 또한 실외 놀이 공간은 자연과 접해 있는 경우가 많으므로 자연 속에서 유아들이 수학적 경험을 할 수 있도록 교사는 배려하고 유도할 필요가 있다. 실외 영역에 필요한 구체적인 자료들에 대한 내용과 예는 〈표 7-3〉, 〈그림 7-8〉~〈그림 7-12〉와 같다.

표 7-3 실외 영역의 필요한 자료들

실외 영역	필요한 자료들
물/모래놀이 영역	측정과 높이, 깊이 등을 경험할 수 있는 물놀이 교구 등을 준비한다. • 모래놀이를 위한 자료: 다양한 크기의 모양 그릇과 통, 흙파기 도구 등
종합놀이기구	거리, 높이, 크기, 속도 등을 경험할 수 있는 놀이기구를 설치한다(크기가 다른 공, 굴렁쇠, 후프, 줄넘기, 제기, 고무줄 등).
텃밭 영역	식물을 키우며 시간의 변화 등과 규칙성을 알고 수확물을 통해 수 세기, 비교하기, 일대일 대응 해 보기, 자료 수집과 분류 등을 해 볼 수 있도록 해 준다. • 관찰도구: 돋보기, 관찰기록지, 물주기 도구, 크고 작은 화분, 모종삽 등
동물 사육장	동물의 성장을 지켜보며 비교하고, 순서 짓고, 자료 수집과 분류 등을 해 볼 수 있도록 해 준다.
작업 영역	여러 가지 작업을 해 볼 수 있는 박스, 밀가루, 점토, 젓가락, 자연물 등을 준비하고 각종 목공놀이 도구(나무망치, 다양한 그릇, 장갑, 밀기막대, 자 등)를 준비한다.

모래 놀이

정리창고

물 시설

그림 7-8 물/모래 놀이 영역의 예

종합놀이기구 그네 시소

그림 7-9 종합놀이의 예

그림 7-10 텃밭 영역의 예

목공놀이세트

목공 · 작업 영역

그림 7-11 작업(목공) 영역의 예

그림 7-12 동물 키우기의 예

2 수학교수 · 학습 활동자료

유아를 위한 수학 영역의 자료는 수에 대한 이해, 수의 비교와 연산하기, 분류하기, 공간과 도형의 개념 이해하기, 규칙성 이해하기, 자료 수집과 결과 나타내기 등과 같은 다양한 활동으로 구성되어야 한다. 유아를 위한 수 영역에 적절한 구체적 활동자료를 살펴보면 〈표 7-4〉와 같다.

표 7-4 유아를 위한 수 영역에 적절한 구체적 활동자료

수학적 관련 내용	활동자료
기본자료	주변에서 수집할 수 있는 물체 및 자료, 상자, 플라스틱 용기, 다양한 게임자료 및 주사위, 계산기, 시계, 날짜판, 달력, 수학 관련 그림책
수와 연산의 기초개념 알아보기	게임판과 주사위, 수 카드, 세기 막대, 자석숫자, 수 퍼즐, 셀 수 있는 물건, 숫자도장, 수 놀이 책, 자연물
공간과 도형의 기초개념 알아보기	다양한 블록, 미로, 지오보드와 고무 밴드, 좌표판, 여러 가지 기하도형, 모양 맞추기, 지도 관련 그림책, 자연물
기초적인 측정하기	자, 끈 테이프, 여러 가지 막대, 측정도구(계량 컵, 계량 스푼 등), 다양한 크기의 용기, 임의 측정기구, 양팔저울, 체중계, 저울, 자연물
규칙성 이해하기	패턴카드, 패턴블록, 패턴 게임자료, 패턴이 있는 물건(스카프, 목도리, 목걸이 등), 자연물
기초적인 자료 수집과 결과 나타내기	주변에서 수집한 단추, 조개, 동전, 열매, 병뚜껑, 분류카드와 분류판, 크기와 색깔, 모양이 다양한 블록, 수 관련 그림책, 자연물

1) 자연물을 통한 수학교육 환경

(1) 수와 연산

수와 연산과 관련된 활동으로는 수 세기, 일대일 대응, 연산 활동이다. 수와 연산에 관련된 내용과 예를 구체적으로 살펴보면 〈표 7-5〉와 같다.

표 7-5 수와 연산의 내용과 활동의 예

구분	내용
수 세기	수 세기는 실생활의 사물에서 수 세기의 사물로, 실제 조작으로부터 수에 대한 상징으로 전환하도록 돕는 데 중요한 역할을 한다. 또한 유아가 수량에 대한 기본 개념을 발달시키는 수단이 되며, 동등성과 비동등성, 수 크기의 순서를 이해하는 핵심이 된다.    꽃잎 수 세어보기  완두콩 알 세어보기  수박 씨 세어보기

구분	내용
일대일 대응	일대일 대응이란 배열된 각 물체를 셀 때 각 물체에 단 한 개의 수 단어를 부여해야 하는 원리이다. 즉, 하나의 물체에 하나를 짝지어봄으로써 한 집단이 다른 집단의 수와 같다는 것을 이해하는 것이다.  **자연물로 일대일 대응관계 배우기**  **씨앗과 열매 맞추기**
연산	연산이 요구되는 수학적 문제 상황에서 유아들은 물체의 수를 더하거나 빼보고, 나누어보는 구체적인 경험을 통해 수 세기를 통한 연산능력의 기초를 형성하게 된다.  **나뭇잎 숫자 세기 및 뒤집기 활동**

(2) 공간과 기하

공간과 기하는 영유아가 주변 사람과 물체들 간의 관계에서 자신을 인식하는 능력으로 영유아가 자신을 중심으로 위, 아래, 앞, 뒤, 옆 등의 방향과 세모, 네모, 동그라미 등 도형에 대한 개념 및 크기, 위치, 거리 등을 말한다. 공간과 기하에 관련된 도형(모양), 공간자료(위치), 규칙성(패턴), 자료 분석 자료(분류)의 구체적인 내용과 활동의 예를 살펴보면 〈표 7-6〉과 같다.

표 7-6 공간과 기하의 내용과 활동의 예

구분	내용
도형 (모양)	도형의 교육내용은 입체도형과 평면도형, 도형의 이동과 대칭에 대해 경험할 수 있도록 해주어야 한다.  꿀벌의 집은 왜 육각형일까?
공간자료 (위치)	유아들은 자신의 눈을 통해 물체의 패턴, 형태, 위치와 움직임을 인식하고 외부세계와 사람들에 대한 감각정보를 통합하여 주변과 물체에 대해 지각하고 발견할 수 있도록 해 주어야 한다.  그물 놀이  그림자 놀이
규칙성 (패턴)	유아들은 낮과 밤, 계절의 변화, 유치원에서의 하루일과, 요일의 반복성 등 모두 규칙적으로 이루어지는 것을 인식하게 된다. 또한 일상생활 속에서 동작, 색, 소리, 및 수량 등에 나타나는 규칙성과 반복을 경험할 수 있도록 해 준다.  다양한 자연물을 이용한 패턴놀이

구분	내용
자료 분석 (분류)	유아 자신이 원하는 자료를 수집하고 수집한 사물의 속성을 다른 기준으로 분류해 보기도 하고 수집된 자료를 그림 그래프 등을 사용하여 그 결과를 나타내는 것이다.  **자연물 모으고 나눠보기**

(3) 측정하기

측정은 한 집합이나 물체의 길이를 정하는 것으로 영유아 단계에서 다루는 측정의 내용은 길이, 면적, 부피, 무게, 시간, 온도의 기초개념이다. 측정하기와 관련된 길이, 시간 측정의 구체적인 내용과 활동의 예를 살펴보면 〈표 7-7〉과 같다.

표 7-7 측정하기의 내용과 활동의 예

구분	내용
길이(자, 줄, 막대)	길이는 두 지점 간의 거리로 높이, 길이, 폭, 둘레, 거리, 깊이 등 다양한 상황이나 대상에 따라 사용하는 용어와 단위가 다르다는 것을 이해하도록 도와주어야 한다.  **나뭇잎 크기 비교하기** 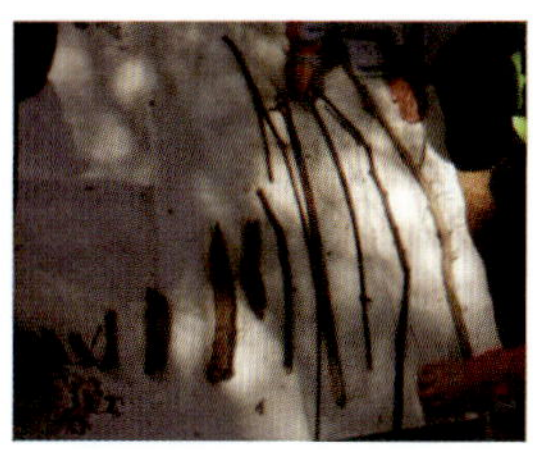 **나뭇가지 길이 비교하기**

구분	내용
	  숲속 자연물 무게 측정하기 돌탑쌓기
시간 측정 (시계모형 디지털시계, 하루 일과표, 모래시계, 달력 등)	유아기에는 정확한 시간을 읽게 하기보다는 일상생활 속에서 물체, 사건, 자신의 변화와 관련지어 시간의 흐름을 경험하게 한다.  자연물 시계  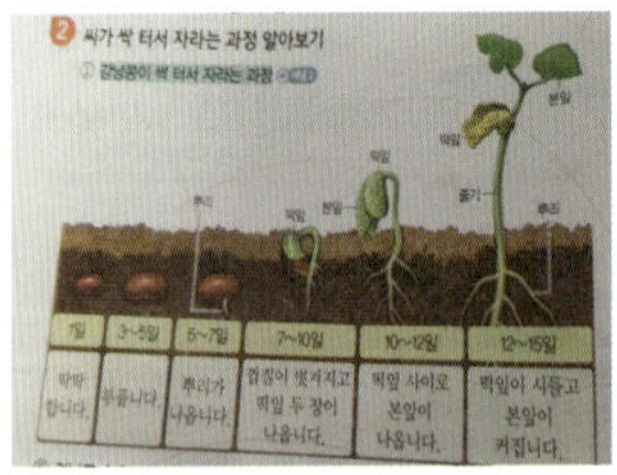 강아지의 성장기록 식물의 성장기록

2) 그림책을 통한 수학교육 환경

유아에게 흥미로운 상황과 상상력을 제공해 주는 동화를 통한 유아수학교육은 일상생활에서 해결해야 할 문제해결능력의 향상뿐만 아니라 영유아의 사고를 자극할 수 있는 좋은 자료가 될 수 있다. 그러므로 유아교육기관에서 그림책을 활용한 수학교육을 할 때는 이야기가 흥미로워야 하며, 삽화가 매력적이어야 하며, 수학적 개념이나 어휘를 정확히 사용한 그림책이 좋다.

그림책을 활용하기 위한 구체적인 방법은 첫째, 그림책의 수학적 상황을 활용하는 것으로 이야기 내용이나 줄거리의 구성이 수학적 개념이나 기술의 적용을 가능하게 하는 그림책을 선정하여 그 이야기 상황을 그대로 실행하여 봄으로써 수학 관련 경험으로 유도하는 방법이다.

둘째, 그림책의 조작적 물체를 활용하는 것으로 그림책에 포함되어 있는 조작 가능한 물체를 활용하여 여러 의미 있는 수학활동으로 제시하는 경우이다.

셋째, 그림책을 수학적 개념의 소개에 활용하는 것으로 그림책에 포함되어 있는 내용이 유아에게 추상적인 수학적 개념에 대한 기초적인 경험을 제공하여 수학적 관계의 이해에 도움을 줄 수 있는 방법이다. 따라서 다른 그림책보다 직접적으로 특정 개념의 소개를 목적으로 구성되어 있어 어떤 개념을 학습하기 이전에 개념의 소개와 경험을 제공하기 위해 활용할 수 있는 방법이다.

넷째, 그림책은 창의적 구성활동으로 활용하는 것으로 그림책에 포함되어 있는 내용을 활용하는 것이다. 주제를 적용하여 영유아가 창의적인 방법으로 이야기를 확장하거나 비슷한 상황의 그림책을 꾸며보게 하는 방법이다. 영유아가 이미 알고 있는 수학적 개념이나 기술을 활용하여 적절한 일상적인 상황에 적용해 보는 경험을 제공하므로 수학적 적용능력과 창의적 문제구성능력에 도움이 되는 활용방법이라 할 수 있다.

다섯째, 그림책을 문제 상황 제기로 활용하는 것으로 그림책이 영유아에게 흥미 있는 문제를 제기하는 상황을 담고 있어 발달수준에 따라 다양한 해결책을 탐색하게 하는 것이다(고선옥 외, 2014).

표 7-8 수학활동에 활용할 수 있는 그림책

	**에드 영, 「일곱 마리 눈먼 생쥐」**: 부분과 전체, 수 세기, 덧셈과 뺄셈 일곱 마리의 서로 다른 색깔의 생쥐들이 각자 자신이 본 부분만 이야기하고 전체의 모습을 보지 못하는 생쥐들의 이야기를 다룬 책이다.
	**존 버닝햄, 「장바구니」**: 뺄셈 동화 속 주인공인 스티븐이 심부름을 다녀오며 다양한 동물들에게 심부름으로 가져오던 물건을 하나씩 빼앗기면서 장봐왔던 물건들이 하나씩 사라지는 이야기책이다.
	**모리스 샌닥, 「깊은 밤 부엌에서」**: 공간(방향) 주인공 미키가 빵가게 아저씨들이 만들고 있는 빵 반죽에 빠지게 되면서 부엌 안 우윳병 꼭대기, 병 안 등을 돌아다니면서 주인공 미키의 공간이동을 통해 안과 밖의 개념을 이해하도록 도와주는 내용이다.
	**김윤경, 「모양을 찾아봐」**: 다양한 도형 동그라미, 세모, 네모 등의 도형을 제시하고 같은 모양을 가진 사물을 그림에서 찾아보는 활동을 통해 도형에 대한 인식을 도와주는 그림책이다.
	**존 버닝햄, 「비밀파티」**: 크기의 변화, 공간(위치) 마리가 고양이 말콤을 따라 비밀파티에 가는 내용으로 마리와 고양이의 현재 크기를 비교해 본 후 몸이 줄어들어 말콤과 크기가 같아진 마리, 마지막에 다시 현재의 크기로 돌아온 말콤을 비교해 보면서 크기의 변화를 인식하게 함 덧붙여 이동을 통한 다양한 위치와 변화도 이해할 수 있다.

스즈키 마모루, 「앞옆뒤」: 공간(방향)
한 가지 사물의 앞과 옆, 뒤의 모양을 제시하고 관찰해 보면서 방향에 따라 형태가 다름을 보여주는 내용의 책이다.

샘 맥브래트니, 「내가 아빠를 얼마나 사랑하는지 아세요」: 길이, 측정
아빠와 아들이 사랑을 측정하는 내용으로 반복적으로 등장하는 "이만큼"이란 임의 측정 단위를 사용하여 측정개념을 이해할 수 있도록 한다.

버지니아 리 버튼, 「작은 집 이야기」: 시간
시간의 변화에 따라 작은 집 주변이 어떻게 발달되어 가는지 알 수 있는 그림책으로 작은 집이 바라보는 계절의 변화와 자연이 보여주는 아름다움은 사회의 빠른 변화 속에 삭막하고 어두운 느낌이 드는 도시로 바뀌는 것을 그림으로 보여준다.

마리 올 에츠, 「숲속에서」: 규칙성(패턴)
주인공이 새 나팔을 가지고 종이모자를 쓴 후 숲 속을 산책하며 사자, 아기 코끼리, 곰, 캥거루, 황새, 원숭이, 토끼 등을 만나 함께 숲속에서 노는 이야기로 주인공이 산책을 나서며 만나는 동물들이 자신이 하던 일을 멈추고 주인공을 따라 가면서 자연스럽게 줄을 지어 따라 가는 모습을 통해 패턴을 인식하게 되고, 각장을 넘길 때마다 동물들이 하나씩 증가하는 것을 보며 다음 동물이 무엇인지 예측해 볼 수 있다.

에른스트 얀들, 「높이 더 높이」: 규칙성(패턴)
아저씨가 의자 위에, 의자는 책상 위에, 책상은 집 위에, 집은 산 위에 등 하나씩 더해지는 패턴인식에 도움이 되는 그림책이다.

키소 히데오, 「한입에 덥석」: 형태분류
동물들이 수박을 열 개로 나누어 먹으면서 한입을 베어먹을 때 생긴 여러 가지 모양을 살펴보며 동물들의 입모양과 동물들이 베어먹은 모양을 분류해 봄으로써 동물들의 입모양에 따라 생긴 모양의 공통점과 차이점을 살펴보면서 동물들의 생김새를 구분할 수 있으며 모양, 크기를 인식하는 데 도움을 준다.

마이클 로젠과 헬린 옥슨버리, 「곰 사냥을 떠나자」: 분류(순서짓기)
경쾌한 리듬의 문장과 의성어, 의태어들의 소리들이 극적인 효과를 주면서 특히 활자의 시각적 표현이 독특하게 표현되어 있다. 의성어의 활자가 처음에는 작았다가 점점 커지면서 아이들의 불안이 활자 크기를 통해 표현되어 활자 크기에 따른 사람과 연결하여 순서를 지어보는 활동을 통해 분류를 해 볼 수 있다.

안노 미쓰마사, 「함께 세어 보아요」: 숫자의 의미
숫자 0에서 12까지를 세고 익힐 수 있는 책으로 숨은그림 찾기 하듯 숫자를 찾고 세어 볼 수 있는 그림책으로 숫자에 대한 개념을 한층 이해시키고 각 장마다 나타나 있는 숫자의 의미를 그림을 통해 알 수 있다.

정원정, 「아기 예수와 숫자 이야기」: 1에서 10까지의 수 개념
아기 예수의 탄생과정에 등장하는 별 하나, 마리아와 요셉 둘, 동방박사 셋, 소 넷, 당나귀 다섯, 양치기 여섯, 천사 일곱, 생쥐 여덟, 비둘기 아홉, 양 열까지 아기 예수 탄생을 축하하는 내용으로 1에서 10까지의 수 개념을 다루고 있다.

제임스 덴버, 「똑딱 똑딱」: 시간
시간의 양을 생활과 자연 속에서 예를 들어 이해할 수 있도록 해 주는 그림책이다.

알프 프로이셀, 「10까지 셀 줄 아는 아기 염소」: 수 개념
아기염소와 함께 1에서 10까지 숫자를 배워가는 그림책이다.

제라르 프랑켕, 「커다란 순무」: 수 세기, 크기비교
할아버지가 다 자란 순무를 뽑기 위해 할머니, 손녀, 강아지, 고양이, 생쥐에게 도움을 청해 순서대로 도움을 받아가며 크기를 비교할 수 있는 그림책이다.

에릭 칼, 「배고픈 애벌레」: 수 세기, 일대일 대응
배고픈 애벌레가 먹을 것을 찾아 시간의 흐름에 따라 요일이 변하고 요일별로 사과, 배 등 다양한 음식을 먹으면서 다양한 음식의 종류도 알아가며 애벌레가 번데기가 되고 번데기가 다시 예쁜 나비로 변하는 것을 알게 된다.

3 실제 놀이를 통한 수학활동

수학활동자료는 수학교육활동에 활용되는 교수매체를 말하는데, 이는 모든 종류의 교수·학습 자료는 물론이고 교사의 교수기술이나 학습 분위기까지 포함하는 일체의 교육환경으로 폭넓게 정의된다(이영자, 1981). 2019 개정 누리과정에서는 유아들의 수학적 활동을 정형화된 교구나 교재, 또는 교사가 제작한 교재나 교구의 지원을 최대한 최소화하고 일상생활 속의 놀이 속에서 놀이를 통한 수학적 활동이 이루어질 수 있도록 지원해야 함을 강조하고 있다.

1) 종이나 상자를 활용한 수학활동

종이컵 키 재기 및 컵 쌓기

종이 칠교놀이

숫자 상자놀이

그림 7-13 종이나 상자를 활용한 수학활동의 예

2) 점토를 활용한 수학활동

점토로 숫자 만들기

점토 나누기

그림 7-14 점토를 활용한 수학활동의 예

3) 놀이를 통한 수학활동

숫자 젠가 쌓기

단추 패턴놀이

세계 여러 나라 전통놀이

그림 7-15 놀이를 통한 수학활동의 예

4) 생태활동을 접목한 수학활동

자연물 분류하기

돌 무게 비교하기

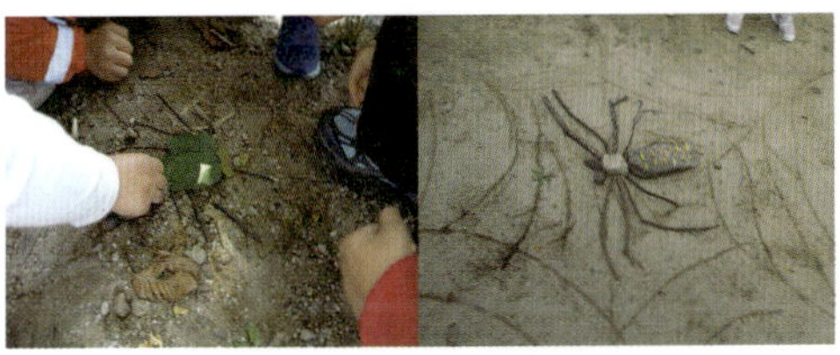

자연물로 거미와 거미줄 만들기

거미줄 놀이

연줄기로 비눗방울 놀이 1

연줄기로 비눗방울 놀이 2

그림 7-16 생태활동을 통한 수학활동의 예

5) 세시풍속을 통한 수학활동

윷놀이

공기놀이

사방치기(땅따먹기)

투호놀이

딱지치기

다리세기

그림 7-17 세시풍속을 통한 수학활동의 예

6) 요리활동을 통한 수학활동

타래과자 만들기

두부과자 만들기

메주 만들기

붕어빵 만들기

김장 담그기

그림 7-18 요리활동을 통한 수학활동의 예

7) 블록활동을 통한 수학활동

수 세기

우리 집 만들기

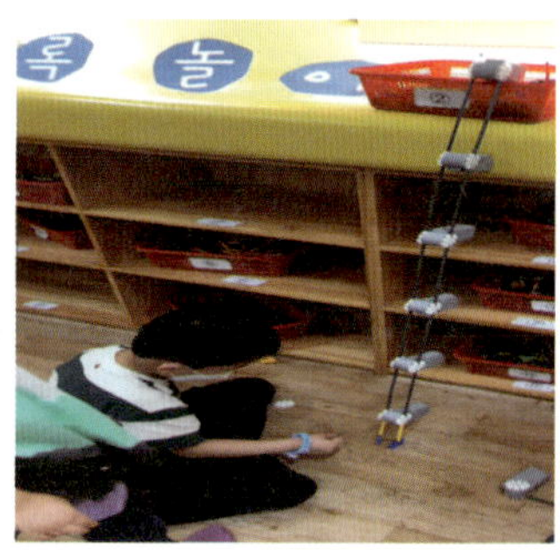

엘리베이터 만들기

글자 만들기

아파트 만들기

도르레 만들기

그림 7-19 블록활동을 통한 수학활동의 예

8) 실외활동을 통한 수학활동

동굴 만들기

보물 찾기

공사장 놀이

시장 놀이

시소 타기

그네 타기

그림 7-20 실외활동을 통한 수학활동의 예

9) 미술활동을 통한 수학활동

집 만들기 수족관 만들기

그림 7-21 미술활동을 통한 수학활동의 예

10) 역할활동을 통한 수학활동

동물 · 곤충 가면 놀이 피아노 학원 놀이

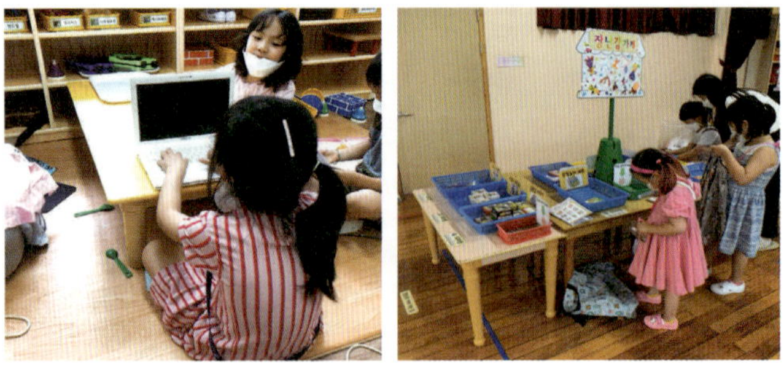

행정실 놀이 시장 놀이

그림 7-22 역할활동을 통한 수학활동의 예

CHAPTER 08

유아수학교육의 평가

배울내용

1. 유아수학교육 평가의 이해
2. 유아수학교육 평가의 내용
3. 유아수학교육의 평가방법

학습목표

1. 유아수학교육 평가의 개념 및 목적을 이해하고 평가기준을 숙지한다.
2. 유아수학교육 평가의 내용을 이해하고 각 평가내용을 숙지한다.
3. 구체적인 유아수학교육 평가방법을 이해하고 각 평가기술을 숙지한다.

유아에 대한 평가는 유아가 무엇을 알고 있는지, 어떻게 행동하는지에 대해 관심을 가지고 유아의 발달과 학습에서의 성취와 진보의 증거들을 수집하기 위해 관찰하고 기록하고 문서화하는 과정으로 정의된다(Fleege, 1997). 즉, 평가는 유아의 발달이 효율적으로 이루어졌는지를 알아보고, 평가결과를 바탕으로 유아에게 적절한 교수계획을 수립하기 위해 꼭 필요한 활동으로 볼 수 있다. 또한 유아교육평가는 단순히 유아의 평가를 넘어 부모와의 의사소통수단으로 사용할 수 있다. 따라서 본 장에서는 유아교육평가에 기초하여 유아수학교육 평가의 이해, 내용 및 구체적인 평가방법에 대해 살펴보고자 한다.

1 유아수학교육 평가의 이해

1) 유아수학교육 평가의 목적

유아수학교육 평가의 개념은 일반적 교육평가의 개념에서 도출해 볼 수 있다. 구체적으로 애플(Apple, 2000)은 평가란 "어떤 교육적 결정을 하기 위해 정보를 수집하고, 정보에 기초하여 유아의 발달적 수준을 확인하여 유아의 성취와 진보를 점검하는 활동"으로 정의하고 있다. 즉, 유아교육에서의 유아평가는 학습의 성취와 진보가 효율적으로 이루어졌는지를 알아보기 위해 증거와 자료를 수집하고, 평가결과를 바탕으로 유아에게 적절한 교수계획을 수립하여 제공하는 과정으로 정의할 수 있다.

유아평가에 대한 일반적인 정의에 기초해 볼 때, 유아수학교육의 평가는 유아의 수학교육에 대한 계획과 실행, 조정이 효과적으로 이루어지는 지속적인 과정으로 정의할 수 있다. 즉, 평가는 교육과정의 중요한 부분으로서 수학교육 교수활동과 유아의 수학적 발달의 진단을 위한 지침의 역할을 하며, 단순히 1회로 끝나는 것이 아니라 계속적이고 순환적인 과정으로 볼 수 있다. 따라서 유아수학교육 평가는 유아가 어느 정도의 수학적 지식을 가지고 있는가를 단순하게 검사하는 것이 아니라 계속적이고 순환적인 과정이다. 다시 말해 유아수학교육 평가는 유아가 어느 정도의 수학적 지식을 가지고 있는가를 단순하게 검사하는 것이 아니라 유아의 수학적 성취와 진보에 대한 다양한 정보를 수집하고, 정보를 해석하여 교수·학습 과정에 반영하며, 부모와의 의사소통수단으로도 사용할 수 있는 복합적이고 순환적인 과정으로 볼 수 있다.

유아수학교육 평가의 개념에 기초해 보면, 유아수학교육 평가의 목적은 유아의 수학적 성취와 진보를 평가하고, 수학교육 프로그램의 적절성을 평가하여 유아의 수학 학습의 성취를 최대화할 수 있도록 하는 데 있다. 구체적으로 미국 수학교사협의회(National Council Teachers of Mathematics, 1995)의 수학교육 평가의 목적을 살펴보면 〈표 8-1〉과 같다.

표 8-1 유아수학교육 평가의 목적

- 형식적 · 비형식적 방법으로 교실에서의 유아의 진보를 관찰하고 기록하여 교사가 유아의 수학학습 정도를 알 수 있도록 돕는 것이다.
- 교수 · 학습 평가를 기초로 다음의 교수활동의 계획을 적절히 수립할 수 있도록 돕는 것이다.
- 유아의 성취를 평가하고 보고하기 위한 것이다.
- 프로그램의 효과성을 평가하기 위한 것이다.

유아수학교육 평가의 목적은 유아의 수학학습에서의 진보에 대한 정보를 얻는 것과 교수 활동의 증진으로 볼 수 있다. 평가의 목적은 목표가 달성되었는지를 검사하는 것뿐만 아니라 유아들의 수학적 학습을 안내하고 더 넓혀주는 것에 있다. 유아들에게 수학활동을 제공하고 교수한 후에 특별한 상황하에 그들이 얼마나 잘 수행하였는가를 보기 위해 단순히 검사하는 것보다 평가는 그 이상이 되어야 한다. 따라서 평가는 교수와 통합되어 교사가 교수를 위한 결정을 할 때, 정보를 주고 안내해 주는 역할을 해줄 수 있어야 한다.

2) 유아수학교육 평가의 기준

유아수학교육 평가를 바람직하게 하기 위해서는 평가가 일관성 있게 이루어져야 하며, 정기적인 평가자료의 수집과 분석을 통한 객관적인 평가로 이루어질 수 있도록 하는 것이 중요하다. 또한 유아수학교육 과정에서 평가가 수학교육의 목적과 내용, 교수·학습 방법과 상호 연결되도록 함으로써 교사의 전문적 신장을 높이고, 수학교수방법의 개선이 이루어질 수 있도록 하기 위해서는 유아수학교육에 대한 평가의 기준이 제시되어야 한다.

미국 수학교사협의회(National Council Teachers of Mathematics, 1992)에서는 수학교육을 위한 평가기준을 〈표 8-2〉와 같이 크게 8가지로 제시하고 있다. 이와 같은 평가기준은 수학교육평가의 초점과 과정에 대한 내용으로 구성되어 있는데, 평가기준 1은 평가의 지속성, 기준 2는 유아뿐만 아니라 평가 참여자로서의 교사평가, 기준 3은 다양한 정보에 기초한 평가의 중요성, 기준 4는 수학적 지식에 대한 평가, 기준 5는 수학적 기술에 대한 평가, 기준 6은 수학적 태도에 대한 평가, 기준 7은 평가방법에 대한 기준, 기준 8에서는 평가를 위한 학습환경에 대한 기준을 제시하고 있다(김소향, 2004).

표 8-2 미국 수학교사협의회 수학교육 평가기준

구분	내용
기준 1	**• 수학교육에 대한 평가는 주기적인 과정이어야 한다.** – 수학적 개별 지도에 대한 정보의 정기적 수집 및 분석 – 수업 지도 분석에 기초한 전문성 발달 – 전문성 발달의 결과로 교수 학습 개선
기준 2	**• 수학교육평가는 다음과 같은 기회를 제공하여야 한다.** – 교사 자신의 교수방법에 대한 분석 – 자신의 교수방법에 대한 동료 교사와의 상의 – 자신의 교수방법에 대해 장학사와 협의
기준 3	**• 수학교육평가는 다음의 다양한 정보에 기초하여야 한다.** – 유아의 학습을 위한 교사의 목표와 기대 – 이러한 목표를 달성하기 위한 교사의 계획 – 교사의 포트폴리오, 수업계획 샘플, 교사의 활동과 자료, 수학에 대한 유아의 이해 평가 방법 – 교실에서의 교사지도에 대한 다수의 에피소드 분석 – 수학에 대한 유아의 이해 및 수학을 하려는 성향에 대한 증거
기준 4	**• 수학적 지식과 수학적 과정에 대한 이해 및 적용 능력을 갖추고 수학과 다른 학문을 연결시킬 수 있어야 한다.** – 수학적 지식과 과정에 대한 올바른 지식을 갖춤 – 상호 연관된 개념과 과정의 연결망으로서 수학을 제시 – 수학과 다른 학문 간의 연결 및 매일의 생활과의 연결을 강조 – 수학적 지식 및 과정, 수학과 다른 학문 및 생활과의 연결에 대한 이해를 확장하는 수학적 대화에 유아의 참여
기준 5	**• 문제해결, 추론, 의사소통을 포함하는 과정으로서 수학교육의 평가는 다음과 같은 사항을 실천할 수 있는 증거를 제시할 수 있어야 한다.** – 문제를 공식화하고 시험하기, 다른 전략을 사용하여 문제해결하기, 결과를 증명하고 해석하기, 해결을 일반화하기 등 문제해결의 양상 모델을 보이며 강조 – 수학적 추론의 역할 시범을 보이고 강조 – 문어적 · 구어적 · 시각적 유형을 사용한 수학적 의사소통모델을 보이고 강조 – 문제해결에 대한 유아의 이해와 수학적인 추론 및 의사소통능력을 확장하는 대화에 유아의 참여

구분	내용
기준 6	**• 유아의 수학적 성향을 조성해 주는지를 평가해야 한다.** – 교사가 수학적 성향의 모델을 보임 – 사고의 방법으로서 수학적 가치를 인식하고 다른 학문과 사회에서의 수학 적용의 예를 보임 – 적절한 과제를 활용하여 수학을 함으로써, 그리고 수학적 대화에 유아를 참여시킴으로써 유아의 자신감, 융통성, 인내심, 호기심, 창의성 등을 증진
기준 7	**• 유아의 수학이해를 평가하는 방법에 대하여 다음과 같은 사항을 기초로 평가해야 한다.** – 유아의 수학이해 수준을 파악하기 위하여 다양한 평가방법을 사용 – 유아의 발달수준, 수학적 성숙도, 문화적 배경에 평가방법을 맞춤 – 가르친 내용 및 방법에 평가방법을 맞춤 – 개별 유아의 수학에 대한 이해, 수학을 하려는 성향을 분석하여 이들의 수학적 발달 정보를 유아, 부모 및 원장에게 제공 – 유아의 수학에 대한 이해와 수학을 하려는 성향을 평가 정보에 맞추어 학습활동을 계획
기준 8	**• 유아의 수학적 능력의 발달을 조성하는 학습환경을 구성하는 능력에 대한 평가는 다음과 같은 사항에 기초한다.** – 수학은 개별적으로 동시에 다른 사람과 협력하여 탐색하고 창안하는 과목이라는 생각이 학습환경구성에 반영 – 유아와 유아의 아이디어를 존중하고 호기심과 자발성을 장려 – 유아가 자신의 결론을 이끌어내고 확인하는 것을 장려 – 유아가 사전지식에 기초하고 사전지식을 확대하여 새로운 의미를 구성하도록 허락하는 과제를 선정 – 주변자원을 적절히 활용 – 수학적 과제 설계 시 유아의 다양한 흥미와 언어적 · 문화적 · 사회경제적 배경을 고려하여 설계 – 모든 유아의 참여와 계속적 수학 연구를 확인하고 장려

미국 수학교사협의회(National Council Teachers of Mathematics, 2000)는 〈표 8-2〉에 제시된 8가지 수학교육평가 기준에 기초하여 다음과 같은 평가의 원리를 강조하고 있다. 첫째, 평가는 다양한 방식으로 유아의 수학적 학습을 확장시켜주어야 한다. 둘째, 모든 유아를 위한 질 높은 수학적 학습을 증진시키기 위해서 평가와 교수는 반드시 통합되어야 하며, 평가는 매일 교실에서 일어나는 활동의 계속적인 한 부분이 되어야 한다. 셋째,

평가는 다차원적 방법(multiple approaches)을 사용하여 이루어져야 한다. 왜냐하면 다양한 수학교육 영역에서의 유아의 수학적 능력에 대한 강점을 잘 드러내주도록 이끌어야 하기 때문이다.

우리나라에서도 수학교육평가체제의 연구(강옥기 외, 1991)를 통해 수학교육의 목표 달성도에 대한 평가의 대상과 그 준거를 〈표 8-3〉과 같이 제시하고 있다. 구체적으로 인지적 능력과 수학적 태도를 평가의 대상으로 하고 있으며, 인지적 능력에 포함되는 준거로는 지식, 이해 및 문제해결을 제시하고 있으며, 수학적 태도와 관련된 수학적 성향을 또 다른 준거로 제시하고 있다.

표 8-3 수학교육 목표 달성도 평가의 준거

평가대상	평가준거	내용
인지적 능력	지식	• 수학적 언어 사용 • 적절한 해결 절차를 선정하여 적용하고 응용 • 해결 절차의 적용과 응용이 옳음을 입증
	이해	• 여러 개념의 예와 반례를 인식하고 분류하고 제시 • 개념을 나타내는 데 모형, 도식, 기호를 사용 • 원리를 확인하고 응용 • 개념의 다른 형태의 표현 사이의 관계 • 개념과 원리를 비교, 대조, 통합 • 개념을 표현하기 위한 기호를 인식하고 설명하고 응용 • 여러 개념을 포함하는 가정과 관계를 설명
	문제해결	• 문제를 인지하고 형성 • 전략, 자료, 모형을 사용 • 해결 절차를 만들고 확장하고 수정 • 추론 • 풀이의 타당성과 옳음을 판단 • 풀이의 일반화

평가대상	평가준거	내용
수학적 태도	수학적 성향	• 수학을 이용하여 문제를 해결하는 것에 대한 자신감 • 문제해결에서 수학적 아이디어를 탐구하고 다른 방법을 찾으려는 융통성 • 수학적 과제를 꾸준히 수행하려는 의지 • 수학을 하는데의 관심, 호기심, 창의력 • 자신의 생각과 행동을 감시하고 반성하는 경향 • 일상생활과 다른 과목에 수학을 적용하는 가치의 인식 • 수학의 역할과 가치에 대한 이해

출처: 강옥기 외(1991). 교육의 본질 추구를 위한 수학 교육 평가 체제 연구. 한국교육개발원.

이상과 같은 평가의 기준과 원리에 기초하여 수학교육평가가 수행되기 위해 평가자는 유아수학평가의 목적을 이해하고 있어야 하며, 다양한 자원으로부터 수집한 평가결과를 토대로 유아수학능력을 해석하여야 한다. 또한 평가과제에는 교수와 통합된 평가가 가능한 평가활동의 형태가 반드시 포함되어야 한다. 평가에서 사용되는 과제는 유아에게 가치 있는 것이어야 하며, 가치 있는 평가과제의 제시 형태는 유아의 발달에 적합한 형태가 바람직하다. 평가과제는 점수화 준거 및 체계 등의 방법과 함께 제시되어 평가의 결과가 유아와 교사 모두에게 도움이 될 수 있어야 한다.

2 유아수학교육 평가의 내용

유아수학교육에 대한 평가는 일반적으로 유아의 수학적 지식, 수학적 과정기술 및 수학적 태도에 대해 평가가 이루어지게 된다. 유아수학교육의 평가내용이 되는 유아의 수학적 지식, 수학적 과정기술 및 유아의 수학적 태도를 구체적으로 살펴보면 다음과 같다.

1) 수학적 지식

수학적 지식(mathematical knowledge)은 상황이나 사물의 관계를 지어봄으로써 유아가 수학에 대해 논리적으로 구성할 수 있는 지식을 의미하며(NAEYC & NCTM, 2002), 유아의 수학적 지식은 수학교육 내용영역과 관련지어 각 내용별 기초적인 지식들로 구성될 수 있다. 따라서 수학적 지식을 평가하기 위해서는 유아수학교육 내용을 살펴보아야 한다. 유아의 수학교육 내용은 학자들에 따라 조금씩 다르게 제시하고 있으며, 각각의 내용에 따라 수학적 지식이 세분화될 수 있다(NCTM, 2002). 일반적으로 유아수학교육 내용의 포괄성이 강조되면서 3세부터 6세까지의 유아들을 대상으로 적용할 수 있는 수학교육내용으로는 수와 연산, 공간과 기하, 측정, 패턴과 대수, 자료의 조직과 분석 등이 강조되고 있다. 김소향(2004)은 수학교육 내용영역을 다음의 5가지로 구분하고 있다.

- **수와 연산**: 수와 관련된 수 개념을 의미하는 것으로 수 세기와 숫자 읽기와 쓰기, 수의 더하기와 빼기와 같은 조작을 포함
- **공간과 기하**: 자기 주변과 그 안에 있는 물건들에 대한 직관적 느낌이라고 할 수 있는 공간 개념과 우리가 살고 있는 세상의 공간적 패턴, 형태, 움직임을 의미하는 기하학을 이해하는 것
- **측정**: 길이, 무게, 부피, 면적에 대한 구체적인 사물의 직접적인 측정과 시간, 온도 등과 같이 구체적으로 측정할 수 없는 간접적인 측정을 포함
- **패턴**: 사물의 모양이나 양상이 일정한 규칙성을 나타내며 반복되는 형태를 의미
- **자료의 조직과 분석**: 일상생활에서 필요한 다양한 자료를 수집하고 어떤 준거나 속성을 기초로 조직하여 기술하고 그 정보에 기초하여 결정을 내리고 예상하는 것을 의미

유아의 수학적 지식을 측정할 수 있는 척도를 〈표 8-4〉와 같이 제시하고 있다.

표 8-4 유아의 수학적 지식 척도

<table>
<tr><td rowspan="3">구분</td><td>기관명</td><td></td><td>유아성명</td><td></td><td>나이 및 성별</td><td>세(남/여)</td></tr>
<tr><td>기관이용기간</td><td></td><td>평가일시</td><td></td><td>평가자</td><td></td></tr>
<tr><td colspan="5">문항</td><td>관찰점수</td></tr>
<tr><td rowspan="10">수와 연산</td><td colspan="5">1. 유아는 사물을 가지고 일대일 대응하기를 한다.</td><td>0, 1, 2</td></tr>
<tr><td colspan="5">2. 유아는 구체물을 이용하여 20까지 합리적인 수 세기를 한다.</td><td>0, 1, 2</td></tr>
<tr><td colspan="5">3. 유아는 10으로 100까지 구체물을 센다.</td><td>0, 1, 2</td></tr>
<tr><td colspan="5">4. 유아는 구체물을 한번 보고 하나씩 세지 않고 세 개까지 개수를 즉지하여 말한다.</td><td>0, 1, 2</td></tr>
<tr><td colspan="5">5. 유아는 주사위의 패턴화 된 여섯 개 점을 세지 않고 즉지하여 말한다.</td><td>0, 1, 2</td></tr>
<tr><td colspan="5">6. 유아는 합이 3을 넘지 않는 범위 내에서 더하기를 한다.</td><td>0, 1, 2</td></tr>
<tr><td colspan="5">7. 유아는 계산한 값이 3을 넘지 않는 범위 내에서 빼기를 한다.</td><td>0, 1, 2</td></tr>
<tr><td colspan="5">8. 유아는 합이 10을 넘지 않는 범위 내에서 더하기를 한다.</td><td>0, 1, 2</td></tr>
<tr><td colspan="5">9. 유아는 계산한 값이 10을 넘지 않는 범위 내에서 빼기를 한다.</td><td>0, 1, 2</td></tr>
<tr><td colspan="5">10. 유아는 10범위 내에서 수량의 부분과 전체를 말한다.</td><td>0, 1, 2</td></tr>
<tr><td rowspan="9">공간과 기하</td><td colspan="5">11. 유아는 물건이 놓인 위치와 방향(위, 아래, 앞, 뒤, 옆)을 말한다.</td><td>0, 1, 2</td></tr>
<tr><td colspan="5">12. 유아는 그림을 보고 그림 속 사물의 위치와 방향에 맞게 다른 그림에 놓는다.</td><td>0, 1, 2</td></tr>
<tr><td colspan="5">13. 유아는 원 모양을 찾아낸다.</td><td>0, 1, 2</td></tr>
<tr><td colspan="5">14. 유아는 삼각형 모양을 찾아낸다.</td><td>0, 1, 2</td></tr>
<tr><td colspan="5">15. 유아는 사각형 모양을 찾아낸다.</td><td>0, 1, 2</td></tr>
<tr><td colspan="5">16. 유아는 오각형 모양을 찾아낸다.</td><td>0, 1, 2</td></tr>
<tr><td colspan="5">17. 유아는 구 모양을 찾아낸다.</td><td>0, 1, 2</td></tr>
<tr><td colspan="5">18. 유아는 육면체 모양을 찾아낸다.</td><td>0, 1, 2</td></tr>
<tr><td colspan="5">19. 유아는 기본 도형으로 다른 도형의 모양을 구성한다.</td><td>0, 1, 2</td></tr>
</table>

측정	20. 유아는 임의 단위(비표준화된 단위)를 이용하여 길이 혹은 높이를 측정한다.	0, 1, 2
	21. 유아는 임의 단위를 이용하여 무게를 측정한다.	0, 1, 2
	22. 유아는 임의 단위를 이용하여 넓이를 측정한다.	0, 1, 2
	23. 유아는 정해진 시간이 경과되었음을 알고 행동을 멈춘다.	0, 1, 2
패턴	24. 유아는 모양을 보고 반복되는 ABAB 패턴의 규칙을 알고 그 다음 패턴을 이어간다.	0, 1, 2
	25. 유아는 모양을 보고 반복되는 ABCABC 패턴의 규칙을 알고 그 다음 패턴을 이어간다.	0, 1, 2
	26. 유아는 수의 관계성에 따른 규칙적 패턴을 알고 그 다음 수 패턴을 이어간다.	0, 1, 2
자료의 조직	27. 유아는 사물의 성질에 따라 분류한다.	0, 1, 2
	28. 유아는 사물의 상대적 차이에 따라 순서 짓는다.	0, 1, 2
	29. 유아는 자료를 그래프로 조직한다.	0, 1, 2
	30. 유아는 그래프에 나타난 결과를 말한다.	0, 1, 2

기타 참고사항 및 종합의견

2) 수학적 과정기술

수학적 과정기술(mathematical process skill)은 수학교육의 목적의 하나로 수학적 지식을 발달시키는 주요한 수단 중의 하나이다. 수학적 과정기술이란 유아가 수학을 경험하는 과정에서 중요한 수학적 아이디어를 이해하고 수학적 능력을 확장시키는 데 필요한 기술을 의미한다. 구체적으로 수학적 과정기술을 수학교육 내용 기준에 포함시켜 수학적 문제를 정의하고 해결하는 문제해결하기, 여러 가지 수학적 상황에서 추론하고 증명하기, 수학적 아이디어에 대해 토론하고, 쓰고, 읽고, 듣는 의사소통하기, 다른 학문적 교과 영역과 수학적으로 연결하기, 수학적 아이디어를 조직하고, 기록하고, 의사소통을 위한 표상하기 등을 제시하고 있다. 김소향(2004)은 수학적 과정기술을 다음의 3가지로 구분하고 있다.

- **문제해결하기**: 수학적 문제해결은 수학적 문제의 상황이 요구하고 있는 문제를 해결하기 위해 이전에 획득한 지식이나 개념 등을 이용하여 문제를 풀어가는 기술
- **의사소통하기**: 유아가 수학적 상황에서 매일 사용하는 언어를 수학적 언어와 상징에 관련시키는 것이며, 수학적 이해에 대해 의사소통하는 것
- **추론하기**: 유아가 수학에 대해 논리적 결론을 내리고, 자신의 수학적 사고를 설명하기 위해 모델을 사용하고 패턴과 관계를 사용하는 것

유아의 수학적 과정기술을 측정할 수 있는 척도를 〈표 8-5〉와 같이 제시하고 있다.

표 8-5 수학적 과정기술 척도

<table>
<tr><td rowspan="3">구분</td><td>기관명</td><td></td><td>유아성명</td><td></td><td>나이 및 성별</td><td>세(남/여)</td></tr>
<tr><td>기관이용기간</td><td></td><td>평가일시</td><td></td><td>평가자</td><td></td></tr>
<tr><td colspan="5">문항</td><td>관찰점수</td></tr>
<tr><td rowspan="3">문제해결하기</td><td colspan="5">1. 유아는 수학적 상황에서 다른 유아의 방법과 자신의 방법을 비교한다.</td><td>0, 1, 2</td></tr>
<tr><td colspan="5">2. 유아는 수학적 상황에서 수학적 문제를 발견했을 때 문제의 원인을 찾으려고 한다.</td><td>0, 1, 2</td></tr>
<tr><td colspan="5">3. 유아는 수학적 상황에서 수학적 문제를 해결하기 위해 한 가지 이상의 다양한 전략을 사용한다.</td><td>0, 1, 2</td></tr>
<tr><td rowspan="2">의사소통하기</td><td colspan="5">4. 유아는 다른 유아에게 게임에서 나타난 수학적 내용에 대한 방법이나 전략을 이야기한다.</td><td>0, 1, 2</td></tr>
<tr><td colspan="5">5. 유아는 수학적 용어를 적절히 사용한다.</td><td>0, 1, 2</td></tr>
<tr><td rowspan="2">추론하기</td><td colspan="5">6. 유아는 주어진 수학적 정보를 토대로 유추한다.</td><td>0, 1, 2</td></tr>
<tr><td colspan="5">7. 유아는 게임에 사용한 수학적 전략을 검토한다.</td><td>0, 1, 2</td></tr>
</table>

기타 참고사항 및 종합의견

3) 수학적 태도

유아수학교육에서 중요한 또 다른 측면은 수학에 대한 흥미와 성향과 같은 수학적 태도의 발달이다. 태도는 어떤 대상에 대해 갖는 신념인 인지적 요소와 감정을 나타내는 정의적인 요소, 행동적 반응을 나타내는 행동적 요소 등으로 어떤 것에 대한 사람의 감정이나 성향으로서 유사한 경험에 대한 감정이 축적됨으로써 형성된다. 그러므로 수학적 태도(mathematical attitude)는 수학에 대한 일반적인 감정적 성향이며, 수학을 하는 과정에서 나타나는 특별한 행동양식을 의미한다. 수학적 태도는 수학적 지식과 방법을 이해하도록 하는 것뿐만 아니라 수학적 지식과 개념을 이해하고 추리하도록 도움을 준다. 그러므로 수학적 태도는 수학교육의 중요한 목적이면서 유아의 수학적 성취와 발전을 평가하기 위한 영역으로 강조되고 있다. 김소향(2004)은 수학적 태도를 다음의 5가지로 구분하고 있다.

- **호기심**: 수학적 문제해결이나 학습의 동기가 될 수 있으며, 호기심을 나타내는 행동으로는 수학적 주제나 내용을 자주 하거나 새로운 대상에 관심을 기울이는 행동이 포함
- **주의집중**: 유아가 수학적 상황이나 활동 과정에 주의를 기울이는 태도
- **개방성**: 수학활동의 과정에서 자기주장에 대한 비판을 수용하고 다른 사람의 의견을 듣고 수용하며 게임의 결과를 그대로 인정하는 태도
- **적극성**: 수학과 관련된 활동에 적극적으로 참여하여 활동을 열심히 하는 태도
- **지속성**: 끈기성과 유사한 구성요소로 해결되지 않는 문제를 포기하지 않고 지속적으로 해결해 보려는 태도

유아의 수학적 태도를 측정할 수 있는 척도를 〈표 8-6〉과 같이 제시하고 있다.

표 8-6 수학적 태도 척도

<table>
<tr><td rowspan="3">구분</td><td>기관명</td><td></td><td>유아성명</td><td></td><td>나이 및 성별</td><td>세(남/여)</td></tr>
<tr><td>기관이용기간</td><td></td><td>평가일시</td><td></td><td>평가자</td><td></td></tr>
<tr><td colspan="5">문항</td><td>관찰점수</td></tr>
<tr><td>호기심</td><td colspan="5">1. 유아는 수학적 내용에 대한 호기심을 말로 표현한다.</td><td>0, 1, 2</td></tr>
<tr><td>주의집중</td><td colspan="5">2. 유아는 수학적 내용에 주의집중한다.</td><td>0, 1, 2</td></tr>
<tr><td>개방성</td><td colspan="5">3. 유아는 수학적 내용에 대하여 다른 유아의 의견을 존중하여 받아들인다.</td><td>0, 1, 2</td></tr>
<tr><td>적극성</td><td colspan="5">4. 유아는 수학적 상황에 적극적으로 참여한다.</td><td>0, 1, 2</td></tr>
<tr><td>지속성</td><td colspan="5">5. 유아는 수학적 상황이 끝날 때까지 지속적으로 행동한다.</td><td>0, 1, 2</td></tr>
</table>

기타 참고사항 및 종합의견

3 유아수학교육의 평가방법

유아수학교육에서 유아를 평가하는 중요한 목적은 유아들이 알고 있는 것과 할 수 있는 것에 대한 정보를 얻고 해석하는 것에 있다. 이를 위해서 평가는 유아수학교육과정의 목적과 목표를 반영해야 하며, 유아의 성취를 정확하게 나타내는 유아수학교육의 목적과 일관된 맥락에서 다루어져야 한다. 유아수학교육을 평가하는 방법으로는 크게 형식적 평가방법과 비형식적 평가방법으로 구분할 수 있다.

1) 형식적 평가방법

형식적 평가의 유형들은 일반적으로 표준화된 평가를 의미하며, 유아교육에서 사용되는 형식적 평가의 유형은 발달적 선별 검사, 준비도 검사, 진단 검사 등으로 구분해 볼 수 있다. 발달적 선별 검사(developmental screening test)는 1930년대부터 시작되어 오늘날까지 여전히 사용되고 있는 평가로서 학습장애나 다른 장애에 대한 위험 가능성 때문에 좀 더 집중적인 수준의 진단적 측정이 요구되는 유아를 알아내기 위해 고안된 가장 간단한 절차의 평가이다. 준비도 검사(readiness test)는 유아가 학문적 프로그램에 참여하기 위해 어느 정도 준비되었는지를 측정하기 위한 것이며, 진단 검사(diagnostic test)는 유아의 장애 여부나 학업상 결함이 있는 구체적인 영역을 밝히기 위해 고도로 훈련받은 전문가에 의해 이루어지는 평가로서 검사 결과는 학업 성취의 진단과 결함의 원인을 밝혀 잠재적인 치료 전략을 마련하는 기초로 사용된다.

유아용 수학능력평가는 수학의 각 하위내용별로 개발된 평가도구와 수학내용을 종합적으로 측정하는 평가도구나 평가준거로 나누어 볼 수 있다. 종합적인 수학교육의 내용을 포함하고 있는 평가도구(김반재, 2013; 황해수, 2011)는 〈표 8-7〉, 유아를 대상으로 검사를 실시할 경우 유의해야 할 사항은 〈표 8-8〉과 같다(황해익 외, 2004).

표 8-7 종합적인 수학교육의 내용을 포함하고 있는 평가도구

평가도구	개발자(연도)	영역수 (문항수)	평가내용 영역 및 방법
문제해결능력 검사	Ward(1993) 황정숙(1996) 번안	4(15)	유사, 차이 알아내기, 구분 짓기, 패턴, 측정하기
수학성취검사 (Stanford Early Sc hool Achievement Test) I	The Psychological Corporation(1989) 이기현(1995) 번안 · 수정	4(42)	수 개념, 문제해결, 기하, 측정(만3, 4세용)
수학성취검사 (Stanford Early School Achievement Test) II	The Psychological Corporation(1989) 이기현(1995) 번안 · 수정	4(38)	수 개념, 문제해결, 기하, 측정(만5세용)
유아수학능력 검사	최혜진(2003)	4(91)	사물의 규칙성, 수 개념, 기하, 측정
NCTM에 기초한 수학능력 검사	김지영(2004)	5(90)	수와 연산, 수, 기하, 측정, 자료 분석과 확률
유아수학활동과제	홍혜경(1995)	4(4)	분류활동, 수활동, 공간 및 수활동, 모양활동
유아수학활동	채혜경(2005)	6(3)	사물의 규칙성, 수개념, 측정, 시간, 공간과 도형, 통계
수학게임을 통한 유아의 수학적 지식, 수학적 과정 기술, 수학적 태도에 대한 평가도구	김소향(2004)	3(38)	수학적 지식, 과정기술 및 수학적 태도
유아수학학습능력에 대한 역동적 평가도구	황해익(2008)	4(72)	수 세기, 패턴, 기하, 측정
아동용 수학능력 평가도구 (TEMA)	김반재(2013)	2(72)	형식적 수학능력, 비형식적 수학능력
High/Scope의 아동관찰척도	이정환(1997)	분류, 순서와 시간, 수 개념, 공간관계 영역별 5수준	
활동 중심 스펙트럼의 수학평가	Mara Krechevsky (1998)	공룡게임(수 개념, 수 세기 기술, 규칙사용능력, 전략사용), 버스게임(암산능력, 수 정보의 기록, 조직능력)	

표 8-8 유아를 대상으로 검사를 실시할 경우 유의해야 할 사항

- 유아가 편안한 분위기에서 검사에 임하도록 해야 한다. 검사를 위한 물리적 환경은 평상시와 같은 안정되고 편안한 분위기를 제공하고, 유아의 주의를 분산시키거나 유아가 관심을 가질 만한 방해 자극을 최소화한다. 검사에 필요한 자료들을 순서대로 정리해 두고, 순차적으로 자료를 제시하며 검사를 진행할 수 있도록 한다.
- 유아를 대상으로 검사를 실시하는 경우에는 유아에게 실시하는 검사가 어떤 검사이며, 왜 하는 것인지 유아가 이해할 수 있는 수준으로 설명해 줌으로써 유아가 지나치게 긴장하거나 혹은 불성실하게 응답하지 않도록 해야 한다.
- 대부분의 검사는 유아에게 익숙하지 않기 때문에 검사자와 유아가 짧은 시간 동안이라도 서로 간의 신뢰를 형성할 수 있는 시간을 먼저 가져야 한다. 이러한 과정을 통하여 유아의 생각과 상태가 검사결과에 잘 반영될 수 있어 더욱 신뢰로운 검사결과를 얻을 수 있다.
- 유아에 대한 평가를 실시하고 이를 해석할 때에는 신중을 기해야 한다. 검사결과는 당시 상황에서 유아가 보인 능력과 행동에 국한된 것이며, 그것이 유아의 모든 것을 설명해 주는 것이 아님을 명심해야 한다. 따라서 단일한 검사결과로 유아를 낙인찍지 않아야 하며, 검사의 범위 안에서 해석이 이루어져야 한다.
- 검사는 궁극적으로 검사를 받은 대상에게 도움이 될 수 있어야 한다. 특히 유아를 대상으로 하는 경우에는 보호자의 동의하에 진행되어야 하며, 보호자의 동의가 있었다 하더라도 유아가 검사 참여를 거부할 경우 검사에 임하도록 강요해서는 안 된다. 또한 피검사자의 동의없이 검사결과를 외부로 유출해서는 안 되며, 사전에 동의를 받은 검사목적의 범위 안에서 검사결과가 사용되어야 한다.

〈표 8-7〉과 같이 수학영역을 종합적으로 평가하고 있는 것을 살펴보면, 수학내용의 전반적인 영역에 대한 개인 내, 개인 간 비교가 가능하다는 장점이 있다. 그리고 표준화된 검사(김지영, 2004; 이기현, 1995; 최혜진, 2003; 홍혜경 외, 2006; 황정숙, 1996)와 수행과정이 평가에 포함되는 검사(김소향, 2004; 채혜경, 2005; 홍혜경, 1995; 황해익, 2008)로 구분됨을 알 수 있다.

이와 같은 형식적 평가와 관련된 평가도구는 평가방법과 절차도 획일화된 방법으로 진행되고, 유아교육현장과 관련이 없는 교실 이외의 장소에서 유아의 수학적 발달 수준을 진단 평가하는 방법이다. 형식적 검사의 대표적인 표준화된 검사는 유아의 수학적 능력의 발달과 성취에 대한 정보를 신뢰성 있게 제공하지 못한다는 단점이 있으며, 표준화된 검사에 대한 과신과 잘못된 사용, 형식적인 사용의 남발 등의 문제가 제기되

면서 유아들에게 좀 더 적절하고 교사의 요구와 목적에 일치되는 비형식적 평가방법들을 요구하게 되었다.

2) 비형식적 평가방법

비형식적 평가는 유아교육이 이루어지는 상황과 맥락의 전체 과정 속에서 교사의 요구와 목적에 따라 자연스럽게 사용될 수 있는 평가로 포트폴리오 평가방법, 관찰에 기초한 일화기록법이나 행동목록 평가방법, 평정척도 평가방법 및 수행평가활동을 통한 평가방법이 대표적이다.

(1) 포트폴리오 평가방법

포트폴리오(portfolio)는 유아가 완성한 그림, 그래프, 쓰기 등의 수학 관련 작품과 프로젝트의 사진 등을 유아의 포트폴리오에 끼어 두고, 교사가 간단히 설명을 달아서 유아의 수학에 대한 태도와 수학학습의 진전을 평가하는 방법이다. 포트폴리오 평가는 최근에 유아교육 분야에서 점차 강조되고 있는 평가방법으로 단편적인 영역에 대한 일회적인 평가가 아니라 유아 개개인의 변화와 발달과정을 종합적으로 평가하기 위해 전체적이면서도 지속적인 평가를 강조하는 것으로 수행평가의 대표적인 기법 중의 하나이다. 포트폴리오를 통한 유아평가는 유아의 발달과 학습을 기록하는 증거를 계속적으로 목적을 가지고 수집해 놓은 것으로 유아의 경험과 발달적 진전, 성취결과 등을 보여주기 때문에 학습과 발달을 위한 평가와 지침의 기초를 제공해 준다.

표 8-9 포트폴리오 평가의 예시

유아명	김은혁(남)	자료유형	핵심☐ / 개별☑
기록일	2016년 11월 24일(목)	반명(연령)	새싹반(만3세)
관찰영역/활동	프로젝트 활동〈진짜로 날아가는 로켓〉: 진짜로 날아가는 로켓 탑승해 보기		
 〈진짜로 날아가는 로켓 탑승해 보기〉		 〈10, 9, 8, 7.....제로! 발사구호 외치기〉	
기록내용	로켓에 탑승하기 위해 출입문으로 가는데 지혁이 먼저 탑승하려하자 양보해 줌. 지혁에게 탑승 순서를 양보해도 신나 하며 출입문을 닫아 줌. 로켓 주변에 모여든 유아들과 함께 "십, 구, 팔, 칠~제로! 발사!"라고 발사구호를 입을 모아 외침(교사: 교실 천정에 낚싯줄 도르래 장치를 설치하여 발사구호를 외치면 줄을 잡아당겨 〈진짜로 날아가는 로켓〉을 실현해 줌). 마치 발사되듯 높이 치솟는 로켓을 보고 신기해 함. 몇 번의 발사장면을 목격하고 도르래 장치에 관심을 보이며 자신도 줄을 당겨보고 싶어 함.		
한 줄 평가	친구에게 순서를 양보하며, 자신의 감정을 조절하여 친구를 배려하는 모습을 보임. 물체의 이동장면을 유심히 관찰하고 원리에 관심을 가짐.		
색인키워드	사회관계: 타인에 대한 배려, 함께 놀이하는 기쁨 자연탐구: 물체의 이동과 원리에 관심 갖기		

출처: 권성민 외(2019). 유아사회교육. 양성원. p.332.

포트폴리오 평가는 유아의 포트폴리오 작업과 교사의 평가도구로서의 포트폴리오로 구성된다. 전자는 실제 교실의 맥락에서 유아가 그들 자신의 학습과 자기반성의 증거를 발견할 수 있도록 자신의 작업들을 수집하는 것으로 정의되며, 후자는 유아의 성취와 진보에 대해 중요하다고 보여지는 관찰일지, 실험일지, 유아들의 작품뿐만 아니라 교수·학습과 평가가 통합된 과정에서의 평가자료와 증거, 사전·사후 평가과정에서 사용된 평가방법의 결과물들을 체계적으로 조직하여 유아의 수학적 경험과 발달적 진보, 성취결과 등을 종합적으로 평가하고 보고하는 데 사용할 수 있다. 이와 같은 포트폴리오가 가능하기 위해서는 단순한 유아의 작품 수집에서 더 나아가 작품이 지니는 사회적 맥락이나 작업의 진행과정, 유아의 의도, 교사의 판단 등이 각 작품마다 전부는 아니더라도 가능한 한 짧게 기록되어 있어야만 비로소 유아의 수행 정도를 보여주는 진정한 기록이 될 수 있다.

이처럼 포트폴리오 평가는 유아들에게는 자신의 학습에 대한 책임감을 가지게 하며, 자신이 학습한 것을 평가하기 위한 능력을 발달시키는 데 도움을 주고, 교사들에게는 유아의 학습과정과 결과를 총체적이며 정확하게 파악함으로써 명확한 수업목표를 설정하게 하고, 수업의 참된 방향을 제공해 주며, 나아가 더욱 효과적인 목표를 설정하고 또 이를 평가하며 자신의 수업에 대한 평가와 반성을 하게 함으로써 새로운 학습방법과 자료개발의 필요성을 인식하고 개발하는 자기 성장의 기회를 발견하게 된다(김태경 외, 2020).

(2) 관찰법

관찰법은 일상생활 속에서 유아가 자연스럽게 활동하는 모습을 관찰자가 본대로 기록하는 것으로 교사가 유아의 발달특성을 올바르게 판단하여 유아의 발달에 적합하도록 교육과정을 구성하는 데 중요한 자료를 제공한다. 또한 부모에게 유아에 대한 정보를 제공하기에 용이하다. 관찰법에는 일화기록법, 행동목록법 및 평정척도법이 주로 사용된다.

① 일화기록법

일화기록법(anecdotal record)은 아동을 이해하기 위하여 구체적인 행동을 중심으로 가능한 한 상세히 관찰하여 기록하는 방법으로 관찰자의 주관적 해석없이 발생한 행동 그대로를 객관적으로 기록하는 방법이다. 즉, 관찰대상의 하나의 행위를 묘사하여 기술하는 기록방법으로 관찰대상의 특정 영역을 이해하는 데 중요한 역할을 하게 되는 것이 바로 일화기록법이다(Wortham, 2001). 일화기록법은 하나의 특정 사건을 관찰 즉시, 발생 맥락을 포함하여 구체적이고 객관적인 서술로 기록하는 방법으로 볼 수 있다. 정확한 일화기록을 위해서는 사건이 일어난 즉시 순서대로 정확하게 기록해야 하지만 유아교육상황하에서 즉각적으로 기록하는 데에는 여러 어려움이 발생할 수 있다. 따라서 즉각 기록하지 못할 상황에서는 이후 기록을 도울 수 있는 키워드를 누가, 언제, 어디서, 무엇을, 왜를 중심으로 기록하여 이후에 정확한 일화기록을 하는 자료로 활용하게 된다. 일화기록법의 특징(Goodwin & Driscoll, 1980)은 〈표 8-10〉, 일화기록법의 예시는 〈표 8-11〉과 같다(권성민 외, 2019).

표 8-10 일화기록법의 특징

- 일화기록은 직접 관찰한 것을 기록한다.
- 일화기록은 하나의 사건을 관찰한 즉시, 정확하고 구체적으로 기록한다.
- 일화기록은 관찰행동의 맥락을 포함한다.
- 일화기록 시 관찰상황에 대한 해석은 객관적 관찰상황 제시와 분리하여 별도로 표시하여 제시한다.
- 일화기록은 관찰대상의 일반적인 행동과 특정 행동 모두에 초점을 맞추어 기록한다.

표 8-11 일화기록법의 예

관찰대상	박민준(남)	생년월일	2012.03.06.
관찰시간	자유선택활동 시간 (10:00~10:40)	관 찰 일	2018.09.23.
관찰장면	쌓기놀이영역	관 찰 자	이슬비
관찰행동	놀이 시 갈등상황		
관찰내용	민준이와 은호가 자유선택활동 시간에 쌓기놀이영역에서 협력하여 블록을 높이 쌓고 있다. 은호가 민준이에게 "얼마큼 높이 쌓을 거야?"라고 하자, 민준이는 "일단 계속 블록 가져 와 봐"라고 하며 무엇인가를 생각하고 있다. 잠시 후 해솔이와 재현이가 다가와 "우리 엄청 큰 다리 만들자"라고 하며 블록으로 다리를 만들기 시작한다. 해솔이가 민준, 은호가 모아 놓은 블록을 보며 가져가려 하자 민준이가 "이거 만지지 마!" 하고 큰 소리로 이야기한다. 해솔이가 "이거 다 같이 쓰는 건데 왜 너만 쓰려고 하냐?"라고 하자, 민준이가 블록 2개를 건네주면서 "우리도 모자라~, 이것만 써"한다. 해솔이는 아무런 말없이 재현이 옆으로 가서 앉는다. 재현이가 해솔이에게 블록이 더 많이 필요하다고 이야기하자 해솔이가 다시 민준이 옆으로 가서 한참 동안 쳐다본다. 민준이 해솔이를 쳐다보지 않자 해솔이는 교사에게 "선생님, 블록이 모자라요"라고 말한다.		
분석 및 해석	민준이 쌓기놀이에서 놀이를 주도하는 것을 알 수 있었다. 같이 놀이하는 은호는 민준에게 얼마나 더 높이 쌓을 것인지 물어보면서 민준의 쌓기 계획을 확인하는 모습을 보였다. 한편 다른 구성물을 만들던 친구들(해솔, 재현)에게 블록을 빌려주기 싫어하며 친구를 배려하지 않는 모습을 보였다. 해솔은 민준이 블록을 독점하려는 것에 불만이 있는 듯 보였으나 크게 저항하지 않고 교사에게 이야기하러 가는 것을 보면서 평소 민준이는 다른 아이들에게 친근한 상대는 아니라는 것을 알 수 있다. 한창 협동놀이가 일어나는 이 시기 유아들은 규칙이 있는 게임 등 사회적 놀이가 가능하다. 쌓기놀이영역에서 주로 많은 시간을 가지는 민준을 비롯한 남자아이들에게 교사가 일정한 규칙을 가지고 놀이할 수 있도록 적극적으로 개입하여 서로 협력하고, 배려하면서 놀이하는 것에 익숙해질 수 있는 기회를 마련해 주어야겠다.		

출처: 이영애, 유준호(2018). 아동관찰 및 행동연구. 한국방송통신대학교출판문화원.

② 행동목록법

행동목록법(behavior checklist)이란 관찰할 행동의 목록을 사전에 만들어 놓고 관찰하면서 해당되는 행동이 나타날 때마다 체크(V)로 표기하는 방법으로 이 방법을 통해 관찰시간이 절약되고 유아의 행동을 쉽게 관찰할 수 있기 때문에 학습계획 및 유아의 행동평가 등에 간편하게 적용할 수 있는 유아행동 측정법이다(한국유아교육학회, 1996). 즉, 행동목록표는 주어진 상황에서 목표로 하는 특정 행동의 발생 여부를 기록하는 측정법이다. 행동목록법으로 아동을 측정하기 위하여 관찰자는 아동이 행동할 때마다 용이하게 체크할 수 있도록 관찰하고자 하는 행동을 미리 치밀하게 분류하여 제시하여야 한다. 이때 제시되는 행동은 서로 배타적이고 단순한 분류기준을 충족시킬 수 있도록 포괄적이어야 한다. 이를 위하여 관찰자는 관찰을 통해 본인이 측정하고자 하는 행동이 무엇인가에 대한 충분한 조사를 선행해야 한다(김이영 외, 2018). 행동목록법 작성 시 주의해야 할 사항은 〈표 8-12〉와 같다(Irvin & Bushnell, 1980).

표 8-12 행동목록법 작성 시 주의사항

- 관찰을 시작하기 전에 미리 행동목록을 작성하여야 한다.
- 관찰하고자 하는 대상 행동의 유형 목록을 조작적으로 정의한 구체적 행동을 제시해 놓아야 한다.
- 특정한 행동의 위계와 포함관계를 고려하여 논리적으로 행동목록을 작성해야 한다.

행동목록법의 장점은 명료하고 조작적으로 구성한 행동목록을 통해 아동을 측정할 수 있기에 편리할 뿐만 아니라 효율적이며 객관적이라는 점이다. 반면 단점은 행동의 유무만을 측정하기에 관찰된 행동의 세부상황과 맥락 및 측정하고자 하는 행동의 빈도나 지속 시간은 알 수 없으므로 이를 보완할 수 있는 다른 관찰방법과 병행해서 사용할 필요가 있다는 점이다(김이영 외, 2018).

아동관찰 시 효과적으로 가장 많이 사용되는 측정법인 행동목록법으로 플랜더(Flander)의 교실에서 이루어지는 교사와 학생의 상호작용 분석을 들 수 있다. 플랜더는 교실에서 발생할 수 있는 교사와 학생의 모든 행동 특징을 〈표 8-13〉과 같이 10가지로 유목화하여 번호를 부여하였고, 이를 〈그림 8-1〉과 행동목록으로 작성하여 아동을 측정하는 데 사용하였다(김정환, 2000).

표 8-13 플랜더의 상호작용 분석 분류표

구분	항목	내용
교사의 언어(의사)	반응	1. 감정을 수용함: 비위협적인 방법으로 학생의 태도나 감정적인 음성을 수용·명료화한다. 느낌은 긍정적이거나 부정적일 수 있다. 감정의 예언 및 확인 작업까지 포함된다. 2. 칭찬 또는 고무함: 학생들을 칭찬하거나 고무시켜준다. "아, 그래 계속해 봐" 긴장을 완화할 수 있는 농담을 한다. 그러나 학생에게 부담을 주지 않는다. 3. 학생들의 아이디어를 수용하거나 이용함: 학생들의 대화에 고마움을 표한다. 학생들의 생각이나 아이디어에 기초하여 명료화하고, 기술하며 질문을 한다.
	발문	4. 질문함: 학생들의 응답을 기대하면서 교사의 아이디어에 기초하여 절차내용에 관한 질문을 한다.
	주도적 활동	5. 강의: 내용이나 절차에 관련된 사실이나 의견을 제시한다. 교사 자신의 생각을 말하기도 하며, 설명하고, 권위 있는 인용까지 포함한다. 6. 지시: 지시하거나 평가를 하기도 하고, 학생들에게 따르도록 명령까지 한다. 7. 학생을 비판하거나 권위를 합리화함: 학생들의 불수용적인 행동형태를 수용적인 행동형태로 바꾸기 위한 강력한 진술이다. 학생들의 잘못된 응답을 정정한다. 큰 소리로 꾸중한다. 왜 교사 본인이 이러한 행동을 하는지의 이유를 밝힌다. 극단적인 교사중심적이다.
학생의 언어(의사)	반응	8. 학생 반응: 상황을 구조화하거나 제한하는 의미로 교사에게 반응한다. 자신의 아이디어 생각을 표현할 수 있는 자유가 제한된다.
	주도적 활동	9. 학생의사표현: 학생이 자율적 또는 교사의 요청에 대한 응답으로서 자신의 아이디어나 생각을 표현한다. 의사를 발표할 자유가 인정된다. 현존하는 구조화된 상황 이상까지 전개된다.
활동		10. 침묵이나 혼란: 잠시 중단하거나 침묵상태, 관찰자가 충분히 이해할 정도로 서로 의사소통이 안 되는 경우이다.

관찰시간(분)

분류상호작용유형

	1					5					10					15					20					25
1				v	v																					
2																										
3																										
4																										
5																										
6																										
7						v																				
8																										
9	v	v					v	v	v	v		v	v	v	v											
10																										

그림 8-1 플랜더의 상호작용 분석 분류목에 따른 체크리스트

③ 평정척도법

평정척도법(rating scale method)은 주어진 상황에서 측정하고자 하는 행동의 발생 유무에 대한 확인뿐만 아니라 행동의 질적인 특성까지 측정하는 방법이다. 즉, 행동목록법이 유아의 수학활동 행동을 관찰하는 상황에서 수학활동 행동의 발생 유무만을 측정하는 것과 달리 평정척도법은 수학활동 행동의 강도와 수준까지 측정하여 관찰결과를 척도상의 유목이나 숫자 등으로 간편하게 기록할 수 있도록 만들어 놓은 것이다. 평정정도는 3, 5, 7단계의 기수로 나뉘고 척도를 표시하는 방식에 따라 〈표 8-14〉와 같이 분류할 수 있다(김이영 외, 2018).

표 8-14 평정척도법의 분류

<table>
<tr><th>분류</th><th>설명</th><th>예시</th></tr>
<tr><td>기술
평정
척도</td><td>척도를 간단한 어구나 문장으로 기술하는 평정척도</td><td>당신은 유아수학교육이 교사의 전문성을 나타내는 교과목이라는 것에 동의하십니까?
① 매우 동의 ② 대체로 동의 ③ 보통
④ 대체로 동의하지 않음 ⑤ 매우 동의하지 않음</td></tr>
<tr><td>도식
평정
척도</td><td>척도를 그림으로 나타낸 평정척도로 각 단계를 시각적으로 제시하고 있어 평정에 도움을 주는 평정척도</td><td>다음은 수학적 기초능력과 태도에 관한 내용이다. 해당 유아가 속하는 숫자에 ○표 하시오.
<table>
<tr><th></th><th>아주
그렇다</th><th>약간
그렇다</th><th>중간
정도</th><th>약간
그렇지 않다</th><th>전혀
그렇지 않다</th></tr>
<tr><td>1. 생활 속에서 사용되는 수가 수 세기 의미가 있다는 것을 안다.</td><td>1</td><td>2</td><td>3</td><td>4</td><td>5</td></tr>
<tr><td>2. 생활 속에서 사용되는 수가 순서짓기 의미가 있다는 것을 안다.</td><td>1</td><td>2</td><td>3</td><td>4</td><td>5</td></tr>
<tr><td>3. 수의 의미 알고 관심을 가진다.</td><td>1</td><td>2</td><td>3</td><td>4</td><td>5</td></tr>
<tr><td>4. 수의 의미 알기 과정을 즐긴다.</td><td>1</td><td>2</td><td>3</td><td>4</td><td>5</td></tr>
</table></td></tr>
<tr><td>순위
평정
척도</td><td>어느 한 집단을 기준으로 집단에 속한 특정 아동의 능력이나 행동특성을 평정하여 순위를 매기거나 상대적 위치를 표시하는 평정척도</td><td>선생님의 반에서 수학의 평가항목을 평정하시되, 학급 전체를 기준으로 하여 아래 각 영역별 수준을 표시하세요.
<table>
<tr><th>구분</th><th>상</th><th>중</th><th>하</th></tr>
<tr><td>1. 수 감각 기르기</td><td></td><td></td><td></td></tr>
<tr><td>2. 공간 및 도형에 대해 알아보기</td><td></td><td></td><td></td></tr>
<tr><td>3. 기초적인 측정해 보기</td><td></td><td></td><td></td></tr>
<tr><td>4. 규칙성 알아보기</td><td></td><td></td><td></td></tr>
<tr><td>5. 자료정리 및 결과 나타내기</td><td></td><td></td><td></td></tr>
</table></td></tr>
</table>

평정척도 구성 시 유의점은 행동목록 작성 유의점과 유사하지만 질적인 특성 측정 시 객관성 확보가 추가로 요구된다. 평정척도법의 장점은 〈표 8-15〉와 같다(Wortham, 2001).

표 8-15 평정척도법의 장점

- 측정이 쉽고 빠르다.
- 평가 초보자도 평정척도법을 사용하여 쉽게 측정할 수 있다.
- 평정척도를 통해 누적적 평가가 용이하다.

행동목록법으로 관찰할 수 없는 유아 행동의 질적인 특성을 평가하는 평정척도법을 활용하여 〈표 8-16〉과 같이 유아의 영역별 수행 수준을 측정할 수 있다.

표 8-16 3세 누리과정 유아관찰척도: 관찰기록지

기관명		관 찰 자	
학급명		관찰기간	~
유아명(성별)	(남 / 여)	생년월일	년 월 일

※ 해당하는 칸에 V 표시 하세요.

영역	문항	수준 1	수준 2	수준 3	수준 4	영역	문항	수준 1	수준 2	수준 3	수준 4
신체운동·건강	1. 신체를 인식하고 움직이기					사회관계	21. 친구와 함께 놀이하기				
	2. 소근육 조절하기						22. 약속과 규칙지키기				
	3. 신체활동에 참여하기						23. 지역사회 관심 갖고 이해하기				
	4. 공을 이용하여 신체활동 하기						24. 우리나라 관심 갖고 이해하기				
	5. 주변을 깨끗이 하기					예술경험	25. 음악적 요소 탐색하기				
	6. 바른태도로 식사하기						26. 다양한 미술 재료와 도구 사용하기				
	7. 하루일과에 참여하기						27. 노래로 표현하기				
	8. 안전하게 놀이하기						28. 움직임과 춤으로 표현하기				
의사소통	9. 낱말과 문장 듣고 이해하기						29. 극놀이로 표현하기				
	10. 이야기 듣고 이해하기						30. 다양한 예술 감상하기				
	11. 바른 태도로 듣기					자연탐구	31. 탐구하는 태도 기르기				
	12. 느낌, 생각, 경험 말하기						32. 수량 비교하기				
	13. 상황에 맞게 바른 태도로 말하기						33. 공간의 기초개념 형성하기				
	14.. 글자 읽기에 흥미 가지기						34. 기초적인 측정하기				
	15. 책에 관심 가지기						35. 사물을 분류하기				
	16. 쓰기에 관심 가지기						36. 친숙한 물체와 물질의 특성 알아보기				
사회관계	17. 나에 대해 관심가지기						37. 동물이나 식물 탐구하기				
	18. 나의 일 스스로 하기						38. 자연현상 탐구하기				
	19. 나의 감정 알기										
	20. 가족구성원에 대해 알기										

출처: 서울특별시유아교육진흥원(2013). 연령별 누리과정 평가도구.

(3) 수행평가활동을 통한 평가방법

수행 과제를 이용한 평가활동방법은 하루일과에서 자연적으로 생성된 수학적 문제해결 상황이나 교사가 의도적으로 계획하여 제시한 수학적 활동 과제의 활동 수행 관찰기록을 통해 유아의 학습 수준을 진단, 평가하는 방법이다. 이와 같은 평가는 수행과제를 제공하여 유아의 수행과정을 관찰하고 질문하고 반응을 기록하는 방법을 통해 유아의 능력을 평가하면서 동시에 교수가 이루어지도록 돕는 방법이다. 평가과제를 제공하고 질문을 제기하여 유아들이 직접 자료를 다루고 활동을 수행하는 과정을 관찰하여 결론을 내리는 것을 기록하면서 유아의 사고 기술과 지식을 분석 준거에 따라 평가하는 방법은 중요한 수학적 지식을 유아가 얼마나 이해하고 있는지를 증명할 기회를 제공한다. 이러한 평가과제는 개인적으로나 집단으로 완성될 수 있으며, 세밀한 점수화 지침과 점수 척도 등이 요구된다. 이러한 수행과제를 이용한 평가활동은 평가의 기능뿐만 아니라 활동을 수행하는 과정이 자연스럽게 교수의 한 부분이 되어 교수와 평가가 통합될 수 있다는 장점을 지닌다.

유아수학교육

PART 4

유아수학교육의 실제

CHAPTER 09

유아를 위한 통합적 수학활동

배울내용

1. 게임을 통한 유아수학활동
2. 문학을 통한 유아수학활동
3. 과학을 통한 유아수학활동
4. 미술을 통한 유아수학활동
5. 음악 및 동작활동을 통한 유아수학활동
6. 요리활동을 통한 유아수학활동
7. 야외활동을 통한 유아수학활동
8. 전통놀이를 통한 유아수학활동

학습목표

1. 게임을 통한 유아수학활동 실제를 익힌다.
2. 문학을 통한 유아수학활동 실제를 익힌다.
3. 과학을 통한 유아수학활동 실제를 익힌다.
4. 미술을 통한 유아수학활동 실제를 익힌다.
5. 음악 및 동작활동을 통한 유아수학활동 실제를 익힌다.
6. 요리활동을 통한 유아수학활동 실제를 익힌다.
7. 야외활동을 통한 유아수학활동 실제를 익힌다.
8. 전통놀이를 통한 유아수학활동 실제를 익힌다.

1 게임을 통한 유아수학활동

<table>
<tr><td>활동 제목</td><td>화전 먹기 게임</td><td>대상연령</td><td>만4세</td></tr>
<tr><td>활동 목표</td><td colspan="3">• 봄철에 먹을 수 있는 음식에 관심을 갖고 알아본다.
• 1~6까지의 수를 세어보고, 이를 통해 간단한 연산을 경험한다.</td></tr>
<tr><td>누리과정 관련요소</td><td colspan="3">• 자연탐구: 생활 속에서 탐구하기–물체를 세어 수량을 알아본다.
• 자연탐구: 탐구과정 즐기기–궁금한 것을 탐구하는 과정에 즐겁게 참여한다.</td></tr>
<tr><td>활동자료</td><td colspan="3">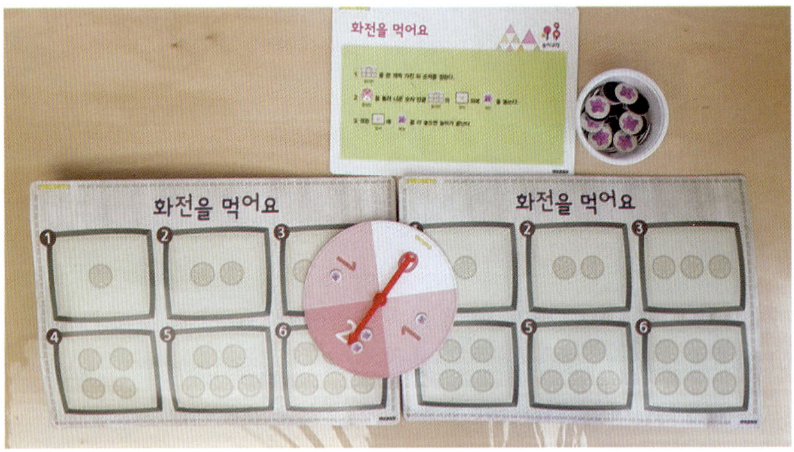
</td></tr>
<tr><td>활동 방법</td><td colspan="3">1. 활동자료를 탐색하면서 이야기를 나눈다.
– 놀이판에 무엇이 그려져 있니? 아이들은 몇 명 있니?
– (화전을 탐색하며) 이것은 무엇일까? 화전을 먹어본 적이 있니?
– 돌림판에는 어떤 숫자가 적혀 있니? 어떻게 사용하는 것일까?
– 만약 ‘0’이 나온다면 어떻게 할까?
– 화전판으로 어떤 놀이를 할 수 있을지 우리 생각해 보자.

2. 다함께 놀이 규칙판을 보며 어떻게 활동해야 하는지 방법을 알아본다.
– 놀이를 할 때에는 어떤 규칙을 지켜야 할까?</td></tr>
</table>

3. **순서를 정하고 활동을 시작한다.**

- 돌림판의 화살표를 돌려보자. 어떤 숫자에서 멈추었니?
- 나온 수만큼 화전을 접시에 담아보자.

참고 사항

- 유아에게 미리 안내하여, 화전이 분실되지 않고 잘 보관되도록 한다.
- 유아 혼자 활동하는 경우, 놀이판의 각 사람에게 두 개씩의 화전을 주는 것으로 하여 좀 더 많은 수를 경험하도록 한다.

<table>
<tr><td>활동 제목</td><td>떡 가게 게임</td><td>대상연령</td><td>만3세</td></tr>
<tr><td>활동 목표</td><td colspan="3">• 친구와 사이좋게 놀이한다.
• 카드와 비교하며 카드와 같은 떡을 담는다.</td></tr>
<tr><td>누리과정 관련요소</td><td colspan="3">• 자연탐구: 생활 속에서 탐구하기–물체의 위치와 방향, 모양을 알고 구분한다.
• 사회관계: 더불어 생활하기–친구와 서로 도우며 사이좋게 지낸다.</td></tr>
<tr><td>활동자료</td><td colspan="3">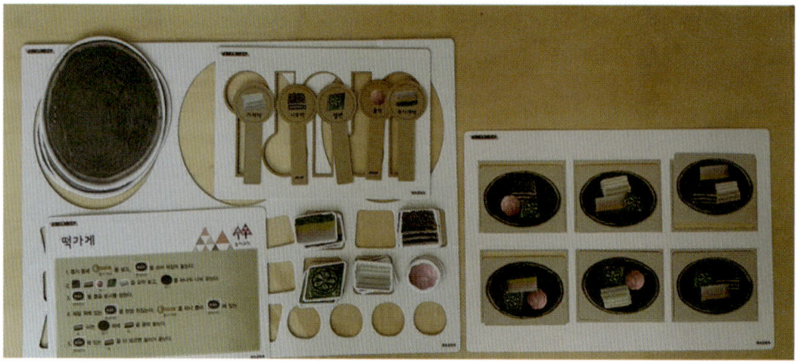</td></tr>
<tr><td>활동 방법</td><td colspan="3">1. 활동자료 용 떡 그림조각을 보며 이야기를 나눈다.
– 여기 있는 떡의 이름을 알고 있니?
– 여기 있는 떡을 먹어본 적이 있니? 있다면 어떤 맛이었니?

2. 떡 뽑기 막대기를 뽑아 나온 떡을 접시에 담아본다.
</td></tr>
</table>

참고 사항	– 떡 조각 그림을 나열해 떡 패턴을 만들어 본다. – 떡의 유래나 만드는 방법에 대해 알아본다. – 조형 영역에서 점토로 떡을 만들어 역할놀이 영역에서 놀잇감으로 사용한다. – '경단'과 같이 간단한 조리방법으로 만들 수 있는 떡을 요리활동과 연계하여 만든 후 간식으로 먹는다.

<table>
<tr><td>활동 제목</td><td>우리 가족을 찾아라</td><td>대상연령</td><td>만4세</td></tr>
<tr><td>활동 목표</td><td colspan="3">• 다양한 가족 구성원이 있다는 것을 알고 구성원에 대해 관심을 가진다.
• 조건에 따라 분류할 수 있음을 안다.</td></tr>
<tr><td>누리과정 관련요소</td><td colspan="3">• 자연탐구: 생활 속에서 탐구하기-일상에서 모은 자료를 기준에 따라 분류한다.
• 자연탐구: 탐구과정 즐기기-궁금한 것을 탐구하는 과정에 즐겁게 참여한다.</td></tr>
<tr><td>활동자료</td><td colspan="3"></td></tr>
<tr><td>활동 방법</td><td colspan="3">1. 놀이판을 보며 이야기를 나눈다.
- 무슨 그림이니?
- 가족들이 무엇을 하고 있니?

2. 각각의 그림 카드를 보며 이야기를 나눈다.
- 여기에 있는 그림 카드는 무엇일까?
- 카드에 가족 중 누가 그려져 있니?
- 무슨 색 옷을 입고 있니?

3. 그림카드에 그려진 사람을 보고 놀이판에서 가족을 찾아 동그라미를 그려 표시한다.</td></tr>
</table>

참고 사항	–'나와 가족' 생활 주제에서 전이활동이나 주의집중용 자료로 사용할 수 있다. –놀이에 익숙해지면 놀이판에 있는 다른 사람을 그림카드로 제작하여 놀이할 수 있다.

2 문학을 통한 유아수학활동

활동 제목	신호등 삼형제	대상연령	만4세
활동 목표	• 동시를 감상하며 운율의 재미와 감성을 키울 수 있다. • 기본 도형과 위치, 방향 등에 대하여 알 수 있다.		
누리과정 관련요소	• 의사소통: 듣기와 말하기–자신의 경험, 느낌, 생각을 말한다. • 자연탐구: 생활 속에서 탐구하기–물체의 위치와 방향, 모양을 알고 구분한다.		
활동자료			
활동 방법	1. 활동자료를 탐색하면서 이야기를 나눈다. – 신호등 막대인형 자료를 탐색한다 – 이것은 무엇일까? 이 막대인형을 보면 무엇이 떠오르니? – 이 막대인형을 가지고 어떤 놀이를 할 수 있을까?		

2. 신호등 동시를 들어본다.

> 네모난 집 속에 동그라미 삼형제
> 빨강은 멈춰요, 노랑은 기다려요, 초록은 가세요
> 서로 이 말만 한대요

- 신호등의 색깔은 어떤 것들이 있니?
- 신호등은 어떤 모양이니?
- 신호등이 들어 있는 곳은 어떤 모양이니?
- 신호등 색깔은 어떤 순서대로 놓여 있니?

3. 역할극을 해 본다.

- 각자 하고 싶은 신호등의 역할을 고른다.
- 거리에 있는 신호등의 모습을 상상하며 모양에 관하여 이야기를 나눈 후 영역에서 놀이를 해 본다(네모, 세모, 동그라미 등 여러 종류의 블록으로 놀이하기, 도형 그림 그려보기).

참고 사항

- 역할극 놀이를 할 때, 각자 하고 싶은 역할의 순서를 정해 본다.
- 교통공원 견학 등 사전활동의 경험을 충분히 회상하게 한다.

<table>
<tr><td>활동 제목</td><td>도깨비산의 틀니소동</td><td>대상연령</td><td>만4세</td></tr>
<tr><td>활동 목표</td><td colspan="3">• 동화를 들으며 즐거움을 느끼고, 상상력을 기른다.
• 전체와 부분, 분류에 대한 개념을 이해한다.</td></tr>
<tr><td>누리과정
관련요소</td><td colspan="3">• 의사소통: 듣기와 말하기–상대방이 하는 이야기를 듣고 관련해서 말한다.
• 자연탐구: 생활 속에서 탐구하기–일상에서 모은 자료를 기준에 따라 분류한다.</td></tr>
<tr><td>활동자료</td><td colspan="3"></td></tr>
<tr><td>활동 방법</td><td colspan="3">1. 동화책 ‘도깨비산의 틀니소동’을 들려준다.
–동화를 듣고 느낀 점을 말해 보자.
–동화에 나온 동물들은 어떤 동물들이었니?
–할머니와 도깨비들은 각각 몇 명이었니?

2. 동물과 사물 등 그림카드를 제시하고, 활동을 시작한다.
–동물카드를 모두 찾아서 파란색으로 묶어본 후 이름을 말해 보자.
–날개가 없는 동물 중 바다에 사는 동물을 모두 찾아 빨간색으로 묶은 후 이름을 말해 보자.
–다리가 4개인 동물 중 뿔이 있는 동물을 찾아 이름을 말해 보자.
–날개가 있는 동물 중 제일 큰 동물과 이름을 말해 보자.
–놀이할 때 지켜야 할 규칙들을 알고 있니?

3. 되풀이 해서 활동을 하고, 이야기를 하면서 유아가 자세히 관찰할 수 있도록 시간을 준다.</td></tr>
</table>

참고 사항	– 분류카드가 분실되지 않도록 하고, 순서를 정해서 시작한다. – 제시된 카드 외에 교실에서 분류할 수 있는 물건들을 찾아보고, 함께 활동해 본다.

활동 제목	복을 타러 간 총각	대상연령	만5세
활동 목표	• 다른 사람의 이야기를 주의 깊게 듣고 이해할 수 있다. • 모양이 달라도 면적과 양이 같음을 알 수 있다.		
누리과정 관련요소	• 의사소통: 듣기와 말하기–상대방이 하는 이야기를 듣고 관련해서 말한다. • 자연탐구: 생활 속에서 탐구하기–물체의 특성과 변화를 여러 가지 방법으로 탐색한다.		
활동자료			
활동 방법	1. 동화책 '복을 타러 간 총각'을 들려준다. – 동화책의 내용을 이해할 수 있니? – '복'이 무엇일까? 2. 길이, 무게, 양에 관하여 이야기 나눈 후 직접 활동을 해 본다. – 이 그릇에 가득 담겨 있는 물을 한 방울도 흘리지 않고 다른 그릇에 모두 부어 볼 수 있겠니? – 이번에는 그릇에 가득 들어 있는 물을 동그란 그릇과 길쭉한 그릇에 옮겨 담아 보자. – 이번에는 그릇에 가득 들어 있는 물을 작은 컵 4개에 모두 부어 보자. 3. 순서를 정하고 활동을 시작한다. – 물이 그릇에 들어 있을 때보다 적을까? 똑같을까?		

	– 그릇의 모양에 따라 물의 양은 같을까 다를까? – 그릇에 있던 물과 작은 컵 4개에 담은 물의 양은 같을까? 다를까? – 저울을 이용해 OO는 △△보다 무겁다, OO와 △△와 □□ 중 OO가 제일 무겁다 등의 실험을 해 본다.   
참고 사항	– 활동 시 물이 쏟아지지 않도록 한다. – 양팔저울을 사용하여 무게를 측정해 볼 수도 있다.

3 과학을 통한 유아수학활동

활동 제목	교실에서 자석에 붙는 물건 찾아보기	대상연령	만5세
활동 목표	• 가설을 세우고 직접 실험을 해 보며 탐구하는 태도를 기를 수 있다. • 기초적인 측정의 개념을 이해한다.		
누리과정 관련요소	• 자연탐구: 생활 속에서 탐구하기-일상에서 길이, 무게 등의 속성을 비교한다. • 자연탐구: 탐구과정 즐기기-궁금한 것을 탐구하는 과정에 즐겁게 참여한다.		
활동자료	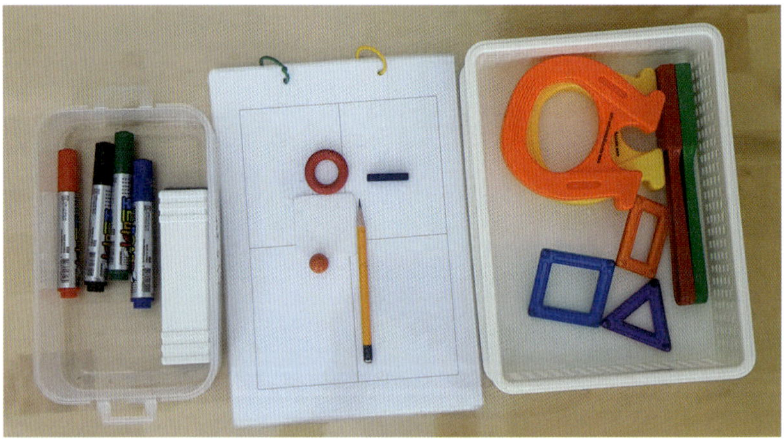		
활동 방법	1. 교실에 있는 물건 중 자석에 붙는 물건에는 어떤 것이 있는지 생각해 본다. - 우리 교실에 있는 물건 중 자석에 붙는 물건을 찾아보자. 2. 자석에 붙는 물건에는 어떤 것들이 있는지 찾아서 실험해 본다. - 종이는 자석에 붙을까? - 구슬은 자석에 붙을까? - 왜 종이는 자석에 붙지 않고 구슬은 자석에 붙을까?		

3. 큰 자석과 작은 자석은 어떤 차이가 있는지 비교해 본다.

- 세모모양의 작은 자석으로 큰 물건을 들어 올릴 수 있을까?
- 큰 말굽 자석으로는 큰 물건을 위로 들어 올릴 수 있을까?

참고 사항	- 다양한 모양의 자석을 이용하여 실험한다.

활동 제목	줄자로 우리 반 놀잇감 크기 재어보기	대상연령	만5세
활동 목표	• 우리반 놀잇감의 크기와 길이를 비교할 수 있다. • 가설을 세우고 결과를 예측해 보면서 탐구력을 기를 수 있다.		
누리과정 관련요소	• 자연탐구: 생활 속에서 탐구하기-일상에서 길이, 무게 등의 속성을 비교한다. • 자연탐구: 탐구과정 즐기기-궁금한 것을 탐구하는 과정에 즐겁게 참여한다.		
활동자료			
활동 방법	1. 놀잇감의 크기를 잴 수 있는 방법에는 어떤 것들이 있는지 이야기를 나눈다. – 놀잇감의 크기를 잴 수 있겠니? 있다면 어떤 방법으로 잴 수 있겠니? 2. 줄자를 소개한다. – 이 도구를 본 적이 있니? – 어디서 보았니? – 언제 사용하는 물건일까? 3. 놀잇감의 크기를 비교해 보고, 예측해 본다. – 색연필과 블록 중 어떤 것이 더 클까? – 왜 그렇게 생각했니?		

PART 4

유아수학교육의 실제

	4. 줄자로 놀잇감을 재어 보고 서로 크기를 비교해 본다. – 이 줄자로 색연필과 블록의 길이를 재어 볼까? – 색연필과 블록의 길이 차이는 얼마나 날까? 
참고 사항	– 각각의 놀잇감의 길이를 잴 때, 고르고 편평한 바닥에 놓고 줄자를 곧게 펴서 길이를 정확하게 재도록 한다.

<table>
<tr><th>활동 제목</th><td>우리 가족과 함께 살고 싶은
행복한 집 설계하기</td><th>대상연령</th><td>만5세</td></tr>
<tr><th>활동 목표</th><td colspan="3">• 평면도면 위에 위치와 방향을 그림으로 표현한다.</td></tr>
<tr><th>누리과정
관련요소</th><td colspan="3">• 자연탐구: 탐구과정 즐기기-궁금한 것을 탐구하는 과정에 즐겁게 참여한다.
• 자연탐구: 생활 속에서 탐구하기-도구와 기계에 관심을 가진다.</td></tr>
<tr><th>활동자료</th><td colspan="3">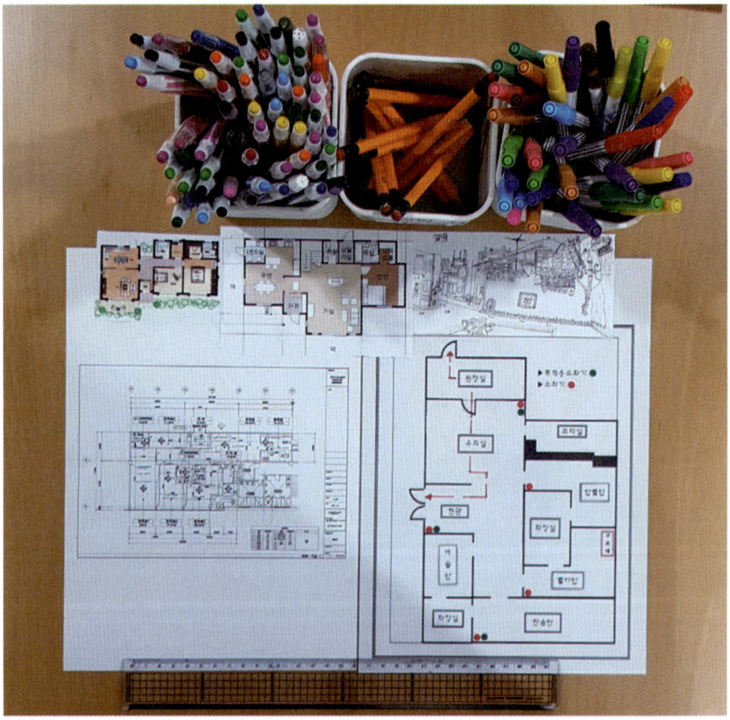</td></tr>
<tr><th>활동 방법</th><td colspan="3">1. 준비해 둔 여러 가지의 다양한 평면도면을 보며 이야기를 나눈다.
– 여기 있는 이 그림이 무슨 그림인지 알고 있니?
– 이것은 무엇을 그림으로 그려놓은 것일까?
– 이 그림에서 어디가 문일까?</td></tr>
</table>

2. 가족과 함께 살고 싶은 집에 대하여 이야기를 나눈다.

- 우리 가족과 함께 살고 싶은 집은 어떤 집이니?
- 집에서 제일 좋은 공간은 어디라고 생각하니?

3. 이야기 나눈 것들을 준비해 둔 도구(자)를 이용하여 그림으로 그려본다.

- 이 도구의 이름이 무엇인지 알고 있니?
- 무엇을 활용하면 편리하게 그릴 수 있을까?
- 여기는 누구의 방이니?
- 집에 특별한 점은 무엇이 있니?
- OO네 가족이 더 행복하게, 함께 잘 살 수 있는 방법에는 무엇이 있을까?

참고 사항	- 어린이집의 단면도를 사진으로 벽면에 게시해 둔다. - 유아가 그린 집 평면도를 게시해 두고 집의 소중함을 느낄 수 있도록 한다.

4 미술을 통한 유아수학활동

활동 제목	낚시터 만들기	대상연령	만5세
활동 목표	• 친구들과 협동하여 만들기를 한다. • 공간과 도형의 개념에 대하여 알 수 있다.		
누리과정 관련요소	• 자연탐구: 생활 속에서 탐구하기–물체의 위치와 방향, 모양을 알고 구분한다. • 예술경험: 창의적으로 표현하기–다양한 미술재료와 도구로 자신의 생각과 느낌을 표현한다.		
활동자료			
활동 방법	1. 유아들과 벽돌 블록, 우레탄 블록, 우드 블록 등으로 낚시터를 만든다. – 낚시가 무엇인지 알고 있니? – 고기 잡는 것을 본 적이 있니? – 어디에서 고기 잡는 것을 보았니? – 낚시터를 어떻게 만드는 것이 좋을까? 2. 유아들이 낚시 놀이를 할 수 있을 정도로 낚시터를 넓게 만든다.		

PART 4
유아수학교육의 실제

3. 낚시터에서 잡은 고기를 넣는 통, 의자 등도 마련한다.

4. 낚싯대와 물고기는 사전에 미술 영역에서 만들어서 사용한다.

참고 사항	– 낚시터에 가 보았거나 고기 잡는 것을 유아가 보았던 경험이 있으면 직접 보고 경험한 것을 만들 수 있도록 한다. – 고기 잡는 곳은 다양하게 있음을 알고 유아들의 다양한 경험을 살려 낚시하는 곳을 만들 수 있도록 한다.

활동 제목	가족사진 액자 만들기	대상연령	만4세
활동 목표	• 여러 가지 가족의 모습을 그리고, 가족사진 액자를 만들 수 있다. • 반복되는 규칙을 알고, 다음에 올 것을 미리 예측할 수 있다.		
누리과정 관련요소	• 예술경험: 창의적으로 표현하기–다양한 미술재료나 도구로 자신의 생각과 느낌을 표현한다. • 자연탐구: 생활 속에서 탐구하기–주변에서 반복되는 규칙을 찾는다.		
활동자료			
활동 방법	1. 행복한 우리가족의 모습을 상상해 보고, 놀이에서 흉내 내본다. 2. 가족의 모습을 그림으로 그려 보고, 가족의 역할을 이야기해 본다. 3. 유아들의 그림을 전시하기 위해 가족사진 액자 만들기를 한다. 4. 유아가 사용할 재료를 탐색하고, 자유롭게 액자를 꾸밀 수 있도록 한다. 5. 규칙적인 재료 사용 시 자연스럽게 수학적 개념을 알 수 있도록 격려한다.		

참고 사항	– 꾸미기 재료를 유아들이 자유롭게 탐색하고 활용할 수 있도록 한다. – 액자 틀은 다양한 재료를 활용하여 준비할 수 있다(나무판, 우드락, 나뭇가지 등).

<table>
<tr><td>활동 제목</td><td>사진에 나오는 우리동네를
그림으로 그려요</td><td>대상연령</td><td>만5세</td></tr>
<tr><td>활동 목표</td><td colspan="3">• 친구와 함께 그림으로 표현한다.
• 우리동네에 있는 여러 건물들 간의 지리적 거리를 이해한다.</td></tr>
<tr><td>누리과정
관련요소</td><td colspan="3">• 자연탐구: 생활 속에서 탐구하기–물체의 위치와 방향, 모양을 알고 구분한다.
• 예술경험: 창의적으로 표현하기–다양한 미술재료와 도구로 자신의 생각과 느낌을 표현한다.</td></tr>
<tr><td>활동자료</td><td colspan="3"></td></tr>
<tr><td>활동 방법</td><td colspan="3">1. 넓은 공간을 확보한 다음 모조전지를 펼쳐놓고 유아들과 둘러 앉는다.

2. 산책 중 보았던 우리동네에 대하여 사진을 보며 이야기를 나눈다.
– 우리가 산책하면서 본 우리동네를 찍은 사진을 가져왔어.
– 어떤 건물들이 있었니?
– 빵집 옆에는 어떤 건물이 있었니?

3. 전지 위에 사진을 올려 놓고 유아들이 자신의 위치에서 건물을 그려 넣을 수 있도록 한다.
– OO가 그린 빵집 앞 건물에는 어떤 것들이 있었니?
– 우리 어린이집에서 은행이 얼마나 떨어져 있었는지 생각나니?</td></tr>
</table>

4. **친구들과 방향, 위치를 바꾸어 그려 본다.**
   - 친구들끼리 자리를 바꾸어 볼까?
   - 자기가 그린 그림이 어떻게 보이니?
   - 친구가 그린 자리를 이어서도 그려 볼까?

5. **전지를 벽에 붙여주고 납작하고 큰 붓을 이용하여 물감으로 색을 칠한다.**

6. **각자 전지에 그려 넣은 건물에 대하여 이야기를 나누어 가며 그림을 완성한다.**

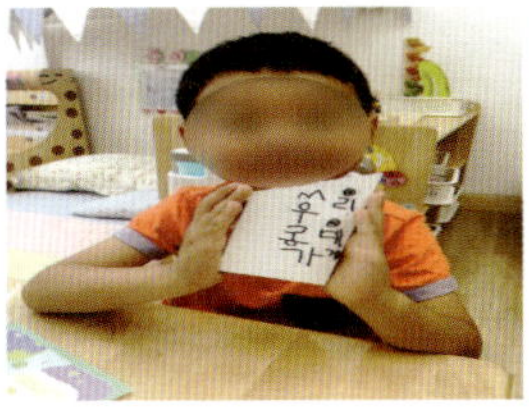

참고 사항

- 우리 동네 사진을 벽면에 전시해 두고 유아들이 건물의 형태와 모양을 잘 관찰할 수 있도록 한다.
- 전지에 그린 그림을 바탕으로 여러 가지 재료들을 이용하여 입체물로 구성하는 활동과 연계해 본다.

5 음악 및 동작활동을 통한 유아수학활동

활동 제목	다양한 수영방법 흉내 내기	대상연령	만5세
활동 목표	• 다양한 수영동작을 신체로 표현한다. • 평면과 입체에 대하여 안다.		
누리과정 관련요소	• 신체운동 · 건강: 신체활동 즐기기–신체 움직임을 조절한다. • 자연탐구: 생활 속에서 탐구하기–위치와 방향을 여러 가지 방법으로 나타내 본다.		
활동자료	  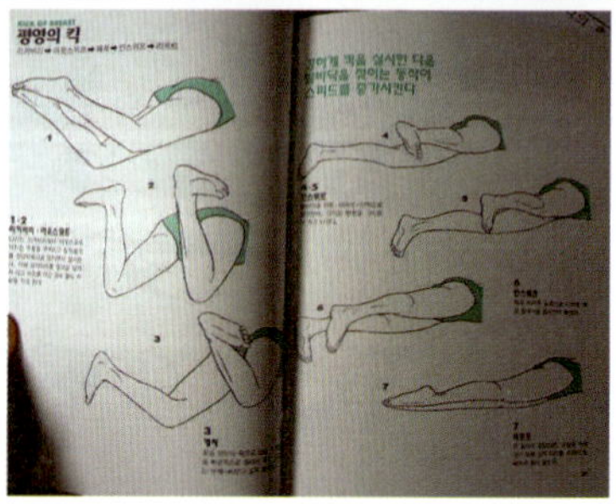		
활동 방법	1. '수영하는 방법 설명서'를 보면서 갖가지 수영방법을 흉내 내본다. 2. 여러 가지의 수영방법을 유아들이 신체활동으로 표현해 볼 수 있도록 한다. – 개 헤엄은 어떻게 하는 걸까? – 물개 헤엄은 어떻게 하는 걸까?		

	– 헬리콥터 수영은 어떻게 하는 걸까?   
참고 사항	– 다양한 사물과 동물 등의 움직임을 평면→평면, 입체→평면, 평면→입체로 전환하며 표현해 볼 수 있다.

활동 제목	뺄까? 말까?	대상연령	만4세
활동 목표	• 후프를 이용하여 발의 움직임을 다양하게 한다. • 한 발을 넣거나 두 발을 넣을 수 있는 패턴을 만든다.		
누리과정 관련요소	• 신체운동 · 건강: 신체활동 즐기기–기초적인 이동 운동, 제자리 운동, 도구를 이용한 운동을 한다. • 자연탐구: 생활 속에서 탐구하기–주변에서 반복되는 규칙을 찾는다.		
활동자료	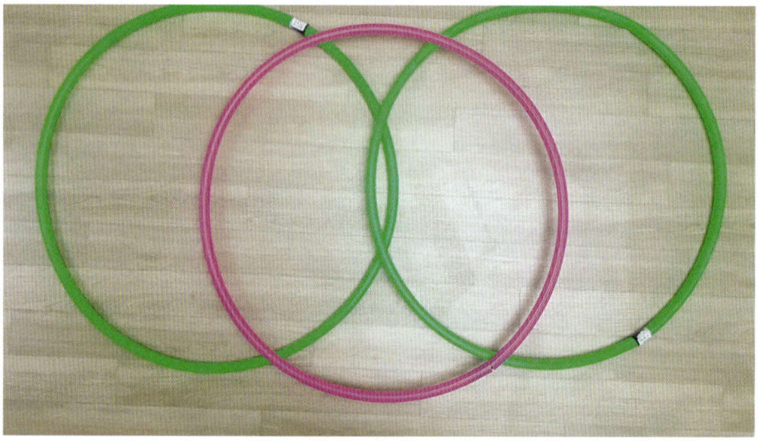		
활동 방법	1. 바깥 바닥에 훌라후프를 두고 어떻게 움직여 볼 수 있을지 이야기를 나눈다. – 훌라후프 안에 들어갈 때는 발을 어떻게 할까? – 두 발로 모을까? – 한 발씩 넣고 빼며 걸어 볼까? 2. 유아가 원하는 방법으로 훌라후프에 발을 넣고 빼거나 또는 걷거나 뛰는 활동을 한다. 3. 움직임을 여러 번 반복하면서 유아가 원하는 패턴으로 훌라후프를 배치하고 다른 방법으로 움직여 볼 수 있는지도 생각해 볼 수 있도록 한다. – 훌라후프를 다른 모양으로 놓는다면 어떻게 놓을까? – 조금 전과 다른 방법으로는 어떻게 발을 넣고 뺄 수 있을까?		

4. 훌라후프 안에 발을 한번씩 또는 두서너 번씩도 넣어보며 빨리 움직이기, 색깔이 다른 훌라후프는 건너뛰기 등 다양한 방법도 제안해 보며 놀이할 수 있도록 한다.

참고 사항 – 훌라후프 대신 타이어를 이용할 수도 있다.

<table>
<tr><td>활동 제목</td><td>'애국가' 지휘해 보기</td><td>대상연령</td><td>만5세</td></tr>
<tr><td>활동 목표</td><td colspan="3">• 박자의 규칙성을 안다.
• 노래에 맞추어 즐겁게 지휘하며, 반복되는 규칙성을 알 수 있다.</td></tr>
<tr><td>누리과정 관련요소</td><td colspan="3">• 자연탐구: 생활 속에서 탐구하기–주변에서 반복되는 규칙을 찾는다.
• 예술경험: 창의적으로 표현하기–신체나 도구를 활용하여 움직임과 춤으로 자유롭게 표현한다.</td></tr>
<tr><td>활동자료</td><td colspan="3">
</td></tr>
<tr><td>활동 방법</td><td colspan="3">1. 지휘사진을 보며 이야기를 나눈다.
– 지휘란 무엇이고, 왜 지휘를 하는 것일까?
– 지휘하는 사람이 어떻게 지휘를 하고 있니?
– 지휘자가 똑같은 동작을 반복적으로 하는 것이 보이니?

2. 지휘의 다양한 동작에 대해 이야기를 나눈다.
– 지휘할 때 또 어떤 다른 모습이 있을까?</td></tr>
</table>

– 음악이 빨라지거나 느려질 때 어떻게 지휘를 할 수 있을까?
– 음악이 시작되면(끝나면) 어떻게 지휘를 해 볼 수 있을까?

3. 애국가를 들려주고 음악에 맞추어 지휘를 해 본다.

4. 직접 지휘를 해 본 느낌을 이야기한다.
– 지휘를 해 보니 어땠니?
– 눈을 감고 지휘해 볼까?
– 눈을 뜨고 할 때와 느낌이 어떻게 다르니?

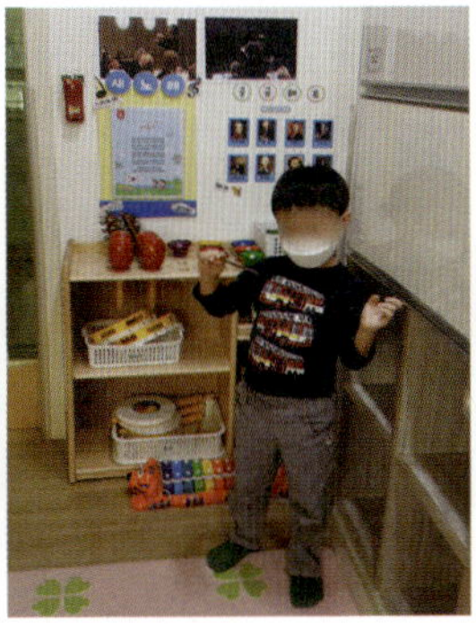

참고 사항	– 세계적으로 유명한 우리나라의 지휘자를 알아 본다(정명훈, 장영주 등). – 음률 영역에 지휘하는 사진을 붙여놓는다. – 지휘봉을 친구 가까이에서 흔들지 않도록 한다.

6 요리활동을 통한 유아수학활동

활동 제목	송편빚기	대상연령	만5세
활동 목표	• 송편만들기에 흥미를 가진다. • 가열과정에서 물체의 변화를 경험한다.		
누리과정 관련요소	• 자연탐구: 생활 속에서 탐구하기–물체의 특성과 변화를 여러 가지 방법으로 탐색한다. • 자연탐구: 탐구과정 즐기기–주변세계와 자연에 대해 지속적으로 호기심을 갖는다.		
활동자료			
활동 방법	1. 여러 가지 송편의 재료를 탐색해 본다. – 여기 있는 재료의 색과 냄새를 살펴 볼까? – 재료를 손으로도 만져 볼까? – 이 재료들로 무엇을 만들 수 있을까? 2. 송편빚기 요리 순서도를 살펴 보고, 반죽과정을 이야기 나누며 반죽한다. 3. 송편 빚을 책상을 닦고, 개인 접시에 반죽을 놓는다. 4. 반죽을 조금씩 떼어 동그랗게 굴린다. 5. 동그랗게 굴린 반죽을 손바닥에 놓고, 납작하게 만든 다음 콩, 고구마 등을 넣고 끝을		

마무리 한다.

6. 빚은 송편을 찜기에 넣고 가열 후 변화를 예측해 보고 살펴본 후 친구들과 함께 먹는다.

참고 사항	– 반죽은 교사가 한다. – 송편이 쪄지는 동안 송편 만드는 과정에 대해 다시 한번 이야기 나누어 지루한 시간을 보내지 않도록 한다.

<table>
<tr><td>활동 제목</td><td>해, 달, 별 모양 쿠키 만들기</td><td>대상연령</td><td>만5세</td></tr>
<tr><td>활동 목표</td><td colspan="3">• 물질의 변화과정을 관찰하고 오감으로 경험한다.
• 공간개념에 대하여 알 수 있다.</td></tr>
<tr><td>누리과정 관련요소</td><td colspan="3">• 자연탐구: 생활 속에서 탐구하기–물체의 특성과 변화를 여러 가지 방법으로 탐색한다.
• 자연탐구: 탐구과정 즐기기–주변세계와 자연에 대해 지속적으로 호기심을 가진다.</td></tr>
<tr><td>활동자료</td><td colspan="3"></td></tr>
<tr><td>활동 방법</td><td colspan="3">1. 하늘에는 어떤 것들이 있는지 알아본다.
– 하늘에는 무엇이 있을까?
– 밤하늘에서는 무엇을 볼 수 있니?
– 하늘과 우주, 낮과 밤에 대하여 이야기 나누어 보자.

2. 준비된 재료를 살펴보고, 순서도를 보면서 활동에 대하여 이야기한다.

3. 요리 활동 시 지켜야 할 안전규칙에 관하여 이야기를 나눈다.

4. 활동을 마무리한 후 만드는 과정을 그림으로 표현한다.</td></tr>
</table>

참고 사항	– 재료 사용이 어려운 경우 시중에 판매되고 있는 쿠키믹스를 사용하도록 한다. – 다 구워진 쿠키를 오븐에서 꺼냈을 때, 뜨거움을 미리 알려주고 안전에 유의할 수 있도록 한다.

활동 제목	봄꽃 꾸미기	대상연령	만4세
활동 목표	• 재료를 탐색하면서 오감 발달을 이룬다. • 숫자를 알고 간단한 연산을 경험한다.		
누리과정 관련요소	• 자연탐구: 생활속에서 탐구하기–물체를 세어 수량을 알아본다. • 자연탐구: 자연과 더불어 살아가기–주변의 동식물에 관심을 가진다.		
활동자료			
활동 방법	1. 체험 활동 후 수확해서 가져온 딸기로 요리활동을 하게 됨을 유아들에게 이야기한다. – 오늘 갔었던 딸기밭을 기억하니? – 딸기의 향과 맛이 어땠니? – 오늘 너희들이 딸기밭에서 따 온 딸기로 봄 꽃을 표현해 보는 요리활동을 할거야. 2. 요리 재료를 살펴보고 어떤 것들이 준비되어 있는지, 맛과 냄새 등은 어떠한지 재료를 탐색한다. 3. 각자 필요한 재료를 개인접시에 담고 봄꽃 꾸미기를 시작한다.		

- OO는 봄꽃을 몇 송이 피울거니?
- 줄기는 몇 개로 표현할거니?

4. 활동을 마무리한 후, 각자 자신의 작품에 관하여 이야기를 나누고 완성된 요리를 먹어본다.

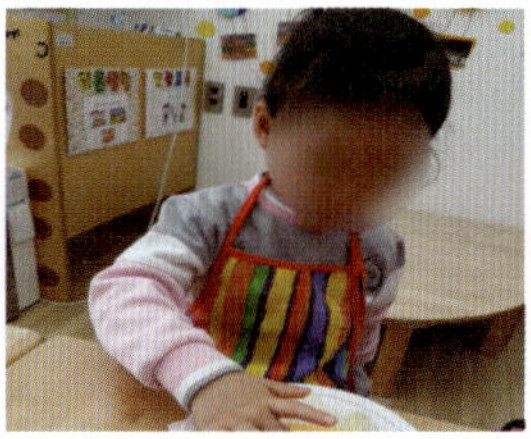

참고 사항

- 요리활동 전 재료를 충분히 탐색하고, 유아들이 자유롭게 재료를 활용하여 표현할 수 있도록 격려한다.

7 야외활동을 통한 유아수학활동

활동 제목	우리 동네 시장가기	대상연령	만4세
활동 목표	• 우리동네 시장을 견학하면서 안전에 대한 규칙을 지킨다. • 시장까지 가는 거리와 시장 안의 가게의 위치, 공간에 대해 안다.		
누리과정 관련요소	• 자연탐구: 탐구과정 즐기기-궁금한 것을 탐구하는 과정에 즐겁게 참여한다. • 자연탐구: 생활 속에서 탐구하기-일상에서 모은 자료를 기준에 따라 분류한다.		
활동자료	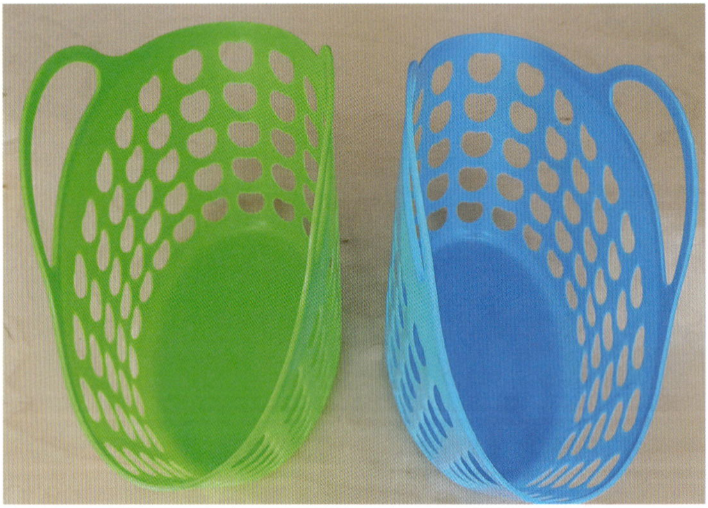		
활동 방법	1. **시장견학 시 알고 싶은 것에 대하여 이야기를 나눈다.** – 시장에 가서 꼭 보고 싶은 것들이 있니? – 시장에 가서 꼭 사고 싶은 것들이 있니? 2. **견학을 가기 전 지켜야 할 약속에 대하여 이야기를 나눈다.** – 시장에 가기 위해서는 무엇을 타야 할까? – 이동할 때 지켜야 할 약속과 시장에 가서 지켜야 할 약속을 말해 보자.		

PART 4

유아수학교육의 실제

3. **시장을 둘러보며 자유롭게 물건을 사보고 관찰한다.**
   - 이곳이 OO시장이야.
   - 너희들이 가보고 싶어했던 곳은 어떤 가게였니?

4. **시장을 다녀온 후 각자 조사한 내용을 서로 이야기하고, 느낌을 공유한 후, 기준을 정해 분류해 본다.**
   - 시장에는 어떤 사람들이 있었니?
   - 어떤 가게들이 있었니?
   - 제일 좋아하는 가게는 어떤 가게였니?

참고 사항

- 견학 전 시장에 관한 사전활동을 충분히 하여 시장에 대한 기본적인 지식과 이해를 바탕으로 시장 조사가 이루어질 수 있도록 한다.
- 시장에서 조사한 것들을 토대로 시장을 직접 구성하고 시장 놀이를 해 볼 수 있다.

활동 제목	우리반 나무 정하고 돌보기	대상연령	만5세
활동 목표	• 나무를 아끼고 사랑하는 마음으로 돌보는 경험을 하며, 이와 더불어 바깥에서 신체활동을 한다. • 나무를 관찰하고 돌보며 생활 속에서 탐구하는 태도를 기른다.		
누리과정 관련요소	• 자연탐구: 생활 속에서 탐구하기–물체의 특성과 변화를 여러 가지 방법으로 탐색한다. • 신체운동 · 건강: 신체활동 즐기기–실내 · 외 신체활동에 자발적으로 참여한다.		
활동자료			
활동 방법	1. **산책을 가기 전 우리반 나무를 어떻게 정할 것인가에 대하여 이야기를 나눈다.** – 텃밭 주변에 어떤 나무가 있을까? – 어떤 나무를 우리반 나무로 정할 수 있을까? 2. **텃밭 주변 여러 종류의 나무들을 관찰하며 각각의 나무들의 특징을 알아본다.** – 이 나무의 키는 얼마나 클까? – 나무를 만져보니 느낌이 어떠니? – 나뭇가지의 모양과 크기는 어떠하니? – 나무 둘레를 재어 볼까? – 이야기 나눈 후 각각의 특징을 그려본다.		

3. **우리반의 나무를 정하고 그 이유를 이야기한다.**
   - 우리반 나무로 정한 이유는 무엇이니?

4. **식물도감에서 우리 반 나무의 이름과 돌보는 방법을 알아본다.**
   - 나무의 이름은 무엇이니?
   - 누가 어떻게 돌봐야 할까?

5. **날을 정하여 나무에 물주기와 돌보기를 한다.**

참고 사항	- 실외 놀이를 할 때마다 우리반 나무를 관찰하고 관심을 가지게 한다. - 나무이름 팻말을 만들어 걸어 둘 수 있도록 한다.

활동 제목	누가누가 더 큰가?	대상연령	만4세
활동 목표	• 실외활동을 통해 자연을 느끼고, 자연의 여러 풍경을 감상할 수 있다.		
누리과정 관련요소	• 자연탐구: 탐구과정 즐기기–주변세계와 자연에 대해 지속적으로 호기심을 가진다. • 자연탐구: 생활 속에서 탐구하기–일상에서 모은 자료를 기준에 따라 분류한다.		
활동자료			
활동 방법	**1. 실외활동을 나가기 전, 안전과 규칙에 대해 충분한 이야기 나누기를 한다.** – 실외활동 시 지켜야 할 약속을 알고 있니? – 사람들이 많이 있는 곳에서는 어떤 예절을 지켜야 할까? **2. 숲으로 가서 자연을 마음껏 느끼며, 탐색하고 풍경을 감상한다.** – 지금 너희들이 있는 곳은 어디니? – 숲에는 어떤 식물들이 있니? – 식물들의 이름을 말해 보고, 크기와 둘레, 색깔 등을 비교해 보자. **3. 나무의 둘레를 몸으로 직접 재어 보고, 길이도 측정해 본다.**		

4. 여러 종류의 식물들을 길이, 크기, 무게 등으로 분류해 보고 그래프로 나타내 본다.

참고 사항	– 실외 활동 시 나뭇가지를 꺾거나 식물을 함부로 훼손하지 않도록 한다.

8 전통놀이를 통한 유아수학활동

활동 제목	제기차기	대상연령	만4세
활동 목표	• 우리나라의 옛 놀이에 대해 관심을 가진다. • 간단한 수 세기와 비교하기를 경험한다.		
누리과정 관련요소	• 자연탐구: 생활 속에서 탐구하기-물체를 세어 수량을 알아보고 비교한다. • 신체운동 · 건강: 신체활동 즐기기-신체 움직임을 조절한다.		
활동자료			
활동 방법	**1. 우리나라의 전통놀이에 대하여 이야기를 나눈다.** - 우리나라의 옛 놀이에 대하여 알고 있니? - 어떤 어떤 놀이가 있는지 알아보자. **2. '제기'에 대하여 이야기를 나누고 '제기'를 보여 준다.** - 이 놀이도구를 무엇이라고 부르는지 알고 있니? - 어떤 방법으로 놀이를 하는지 알고 있니? **3. 교사가 먼저 제기차기 시범을 보인 후 유아들도 할 수 있도록 격려한다.** - 한 발로 서기가 어려운 친구는 먼저 선생님의 손을 잡고 연습해 보자. - 제기에 붙은 막대를 잡고 차면 훨씬 쉽다는 것을 가르쳐 준다.		

4. **각자 제기를 차 본 후 몇 번씩 차 보았는지 횟수를 알아본다.**
- ○○는 몇 번을 찼니?
- 너희들 중 제일 많이 찬 숫자는 무엇이었니?
- 제일 적은 숫자는 무엇이었니?
- 숫자를 종이에 적어보고 그래프로 그려본 후 친구들과 비교해 본다.

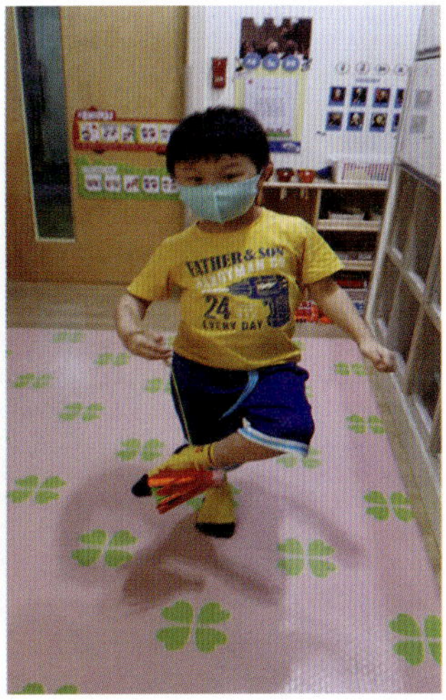

참고 사항	- 제가차기 하기 전 친구들과 부딪치지 않도록 주의시킨다. - 막대기를 잡고 차는 것에 익숙해지면 막대기가 붙어 있지 않은 제기를 제공해 준다.

<table>
<tr><th>활동 제목</th><td>투호놀이</td><th>대상연령</th><td>만4세</td></tr>
<tr><th>활동 목표</th><td colspan="3">• 우리나라의 전통놀이를 즐거워하고 사랑하는 태도를 기른다.
• 공간 및 거리의 개념을 이해한다.</td></tr>
<tr><th>누리과정 관련요소</th><td colspan="3">• 자연탐구: 생활 속에서 탐구하기–물체의 위치와 방향, 모양을 알고 구분한다.
• 사회관계: 더불어 생활하기–약속과 규칙의 필요성을 알고 지킨다.</td></tr>
<tr><th>활동자료</th><td colspan="3">
</td></tr>
<tr><th>활동 방법</th><td colspan="3">1. 우리나라의 전통놀이에 대하여 이야기를 나눈다.
– 우리나라의 전통놀이에는 어떤 것들이 있는지 알고 있니?
– 놀이 시 지켜야 할 규칙에 대하여 이야기해 보자.

2. 투호놀이 도구를 보여 준다.
– 이 도구는 어떤 놀이를 하는 도구일까?
– 이 도구로 놀이를 해 본 적이 있니?
– 어떤 방법으로 놀이를 해야 할까?</td></tr>
</table>

3. **투호놀이를 시작한다.**
   - 화살표 안쪽에서 던져보기로 하자.
   - 화살표 밖에서 던져보자.

4. **더 가까이에서, 더 멀리에서 던졌을 때를 비교해 본다.**
   - 어디에서 던졌을 때 더 많이 들어갔니?
   - 힘을 주고 던졌을 때와 힘을 빼고 던졌을 때 어느 쪽이 더 많이 들어갔니?

5. **방향을 바꿔서 던져보고, 서로 비교해 본다.**

참고 사항	– 투호 던질 때 친구가 맞지 않도록 규칙과 약속을 정해 넓은 공간에서 던질 수 있도록 한다. – 던져서 넣은 횟수를 그래프로 만들 수 있다.

<table>
<tr><th>활동 제목</th><td>윷놀이</td><th>대상연령</th><td>만4세</td></tr>
<tr><th>활동 목표</th><td colspan="3">• 전통놀이에 관심을 가지고, 즐겁게 참여하는 태도를 기른다.</td></tr>
<tr><th>누리과정 관련요소</th><td colspan="3">• 자연탐구: 생활 속에서 탐구하기–주변에서 반복되는 규칙을 찾는다.
• 자연탐구: 탐구과정 즐기기–탐구과정에서 서로 다른 생각에 관심을 가진다.</td></tr>
<tr><th>활동자료</th><td colspan="3"></td></tr>
<tr><th>활동 방법</th><td colspan="3">1. 우리의 전통놀이에 대하여 이야기를 나눈다.
– 전통놀이에 대하여 알고 있는 것을 이야기해 줄 수 있겠니?
– 전통놀이란 무엇일까?

2. 윷을 보여 주고 이야기를 나누어 본다.
– 이 놀이도구의 이름을 알고 있니?
– 윷놀이를 해 본 적이 있니?
– 말판과 말의 쓰임을 알고 있니?

3. 윷놀이를 시작하고, 유아들이 직접 말을 놓을 수 있도록 해 본다.

4. 반복되는 규칙이 있음을 알고 즐겁게 놀이에 참여할 수 있도록 한다.</td></tr>
</table>

참고 사항	– 넓은 공간에서 활동할 수 있도록 한다. – 다른 친구의 말이 흐트러지지 않도록 말판이 아닌 곳에 윷을 던질 수 있도록 한다.

참고문헌

강옥기, 박교식, 강문봉(1991). 교육의 본질 추구를 위한 수학 교육 평가 체제 연구. 한국교육개발원.

계영희(2011). 유아수학교육에 대한 유아교사의 수학적 이해에 대한 탐색적 연구. 한국수학교육학회, 50(1), 119-128.

계영희, 하연희(2015). 누리과정에 기초한 유아수학교육. 동문사.

고선옥, 김경신, 최달희(2014). 아동수학교육. (2017). 공동체.

고선옥, 김경신, 심윤무, 최달희(2014). 아동수학교육. 공동체.

교육과학기술부(2012). 수학교육 선진화 방안 보도자료.

교육부(2013). 3-5세 누리과정.

교육부(2019). 2019 개정 누리과정 고시문.

교육부, 보건복지부(2013). 3-5세 연령별 누리과정 해설서.

교육부, 보건복지부(2019). 2019 개정누리과정 해설서.

교육부, 보건복지부(2019). 2019 개정누리과정 놀이실행자료.

교육부, 보건복지부(2020). 2019 개정 누리과정 놀이운영사례집: 놀이, 유아가 세상을 만나고 살아가는 힘.

교육부, 보건복지부(2020). 2019 개정 누리과정 해설서. 경성문화사.

교육인적자원부(2003). 유아를 위한 자연체험활동 자료.

권민균, 정정희, 이순복, 이혜원, 권덕수, 신금호, 김형재(2017). 유아수학교육. 공동체.

권상구(1999). 유아미술교육. 학문사.

권성민, 강명화, 공영미, 곽은복, 윤혜영, 최윤지(2019). 유아사회교육. 양성원.

권영례(1998). 유아수학교육. 창지사.

권영례(2003). 유아수학교육. 한국방송통신대학교출반부.

권영례(2017). 유아수학교육. 양서원.

권영례, 이영자, 이정욱(1998). 3, 4, 5세 유아를 위한 수학교육과정 모델 개발의 준거. 창지사.

권은서(2017). 구체물을 활용한 소집단 문장에 연산활동이 5세 유아의 수학 능력 및 수학적 태도에 미치는 영향. 부경대학교 교육대학원 석사학위논문.

김갑순(2009). 일상적 경험에 기초한 유아 수교육 활동의 적응 효과. 중앙대학교 대학원 박사학위논문.

김규수, 홍정성, 안연경(2004). 전래동화를 활용한 신체표현활동이 유아의 타인정서인식과 자기 정서조절에 미치는 영향. 열린유아교육연구, 9(4), 357-374.

김나영, 이경열, 정욱호, 홍계옥(2007). 영유아발달. 양서원.
김반재(2013). 아동용 수학능력 평가도구(TEMA)의 국내 표준화를 위한 연구. 경기대학교 대학원 박사학위논문.
김세희(2000). 유아교사를 위한 문학교육. 양서원.
김소향(2004). 수학 게임을 통한 유아의 수학적 지식, 수학적 과정 기술, 수학적 태도에 대한 평가 도구 개발 연구. 덕성여자대학교 대학원 박사학위논문.
김숙령(2011). 예비교사와 교사를 위한 유아 수학교육. 학지사.
김숙자, 김현정(2005). 유아 수놀이 교육. 문음사.
김영실, 김지영, 안진경, 임양금, 최진숙(2020). 유아수학교육. 공동체.
김윤경 글, 이찬우 사진, 김영모(2004). 모양을 찾아봐. 한솔교육.
김은숙(2010). 한국 최초 숲유치원 교육에 관한 연구: 인천대학교 숲유치원을 중심으로. 인천대학교대학원 박사학위논문.
김이영, 곽은복, 김태인, 김현정, 윤정임, 이경희, 장기덕, 장정애(2018). 아동관찰 및 행동연구. 양성원.
김이영, 박경희, 이영미, 임미혜, 최윤희(2019). 유아교육개론. 양성원.
김이영, 백경숙, 전재선, 최윤희, 한용기, 홍성훈(2016). 교육심리학. 양성원.
김이영, 오성숙, 이시진, 이우언, 김정은, 한현지, 홍성희(2020). 영유아발달. 양성원.
김장성(1999). 도깨비산의 틀니소동. (주)웅진씽크빅.
김재현(2001). 브루너(J. Bruner) '지식의 구조'에 대한 탈구조주의적 비판. 영남대학교 대학원 석사학위논문.
김정숙(2012). 유아 수학교육의 효율적 운영을 위한 협력적 실행과정과 의미. 중앙대학교 대학원 박사학위논문.
김정은(2014). 유치원 교사의 수학 교과교육학지식 및 수학에 대한 태도와 수학 교수 효능감 간의 관계. 어린이문학교육연구, 15(3), 383-401.
김정환(2000). 교육연구 및 통계방법. 원미사.
김준권, 서의정, 이범석(2012). 실기교육 방법론. 양서원.
김지영(2004). NCTM의 수학교육 내용기준에 근거한 유아 수학능력 평가도구 개발. 원광대학교 대학원 박사학위논문.
김진아(2008). 고려속요 교수 · 학습 방안 연구: Brunner의 발견학습이론을 중심으로. 동아대학교 교육대학원 석사학위논문.
김태경, 김이영, 김정주, 윤은정, 윤혜영, 이은희(2020). 유아과학교육. 양성원.
김현자, 조미영, 서명원, 박근주, 박경난(2014). 유아수학교육. 창지사.
김현희, 박상희(1999). 유아문학교육. 학지사.
김혜환 글 · 그림(2011). 한조각, 두조각, 세조각. 지경사.

김희선(2005). 신체활동이 유아의 공간개념 형성에 미치는 영향. 중앙대학교 대학원 석사학위논문.
나가노 히로유키(2014). 수학력. 어바웃어북.
나귀옥, 김경희(2008). 유아수학교육 이론과 실제. 학지사.
나귀옥, 김경희(2012). 문제해결력을 기르기 위한 유아수학교육. 학지사.
레오 리오니(2005). 한해 열두달. 마루벌.
류진희, 황환옥, 최명희(2015). 유아를 위한 체육활동. 양서원.
마리 홀 에츠 글 · 그림, 박철주 옮김(2001). 숲속에서. 시공주니어.
마이클 로젠 글, 헬린 옥슨버리 그림, 공경희 옮김(2006). 곰 사냥을 떠나자. 시공주니어.
모리스 샌닥(1994). 깊은 밤 부엌에서. 시공주니어.
문병환(2013). 수학적 표상을 활용한 유아 수학교육 프로그램 개발 및 효과. 전남대학교 대학원 박사학위논문.
문연심(2009). 영유아 수학교육. 양서원.
문연심, 이화영(2005). 통합적 접근에 기초한 영유아 수 · 과학 교육. 양서원.
문연심, 이화영(2006). 통합적 접근에 기초한 영유아 수 · 과학 교육. 양서원.
박나리(2010). 순환학습모형에 따른 유치원 수학활동의 교육과정 수정이 통합된 장애 유아의 수학능력과 수학적 과정기술에 미치는 영향. 이화여자대학교 대학원 박사학위논문.
박송자(2011). 예술 중심 주제 통합 유아교육 과정 운영 사례연구. 홍익대학교 교육대학원 석사학위논문.
박윤자(2012). 협동적 유아 자연친화교육 프로그램 개발 및 효과. 배재대학교 대학원 박사학위논문.
박재옥, 홍길회(2017). 영유아를 위한 수학교육. 동문사.
박정민, 박미경(2016). 아동수학교육. 창지사.
박지영, 황해익(2006). 유아의 수학학습 잠재력에 따른 수학능력 및 수학적 태도의 차이. 유아교육논총, 15(1), 27-47.
배소연, 강민정(2016). 영유아 수학교육. 양서원.
배소연, 서현아, 백혜리, 강민정(2003). 유아를 위한 수학교육론. 양서원.
백경미(2007). 구성주의적 수학교수 · 학습모형을 활용한 유아수학교육 프로그램 개발. 경북대학교 대학원 박사학위논문.
백승선(2018). 창의적 문제해결 모형에 기초한 유아 수학교육 프로그램 개발 및 적용효과. 중앙대학교 대학원 박사학위논문.
보건복지부(2012). 4세 누리과정에 기초한 어린이집 프로그램. 경성문화사.
보건복지부(2012). 5세 누리과정에 기초한 어린이집 프로그램. 경성문화사.
보건복지부(2013). 제3차 표준보육과정 해설서.
보건복지부(2020). 제4차 표준보육과정 고시문.
보건복지부, 육아정책연구소(2013). 제3차 어린이집 표준보육과정 해설서.

샘 맥브래트니 글, 아니타제람 그림, 김서정 옮김(2000). 내가 아빠를 얼마나 사랑하는지 아세요. 한국프뢰벨 주식회사.

서동미(2007). 유치원 생활에서 발생하는 유아의 수학적 경험에 대한 교육적 의미. 중앙대학교 대학원 박사학위논문.

서소정, 문혁준, 김정희, 부성숙, 신희이, 강인숙, 김민석(2020). 아동수학지도. 창지사.

서울특별시 유아교육진흥원(2013). 연령별 누리과정 평가도구.

서정숙(2000). 그림책의 교육적 활용 양상과 문제점. 어린이 문학교육, 창간호, 99-113.

서현아, 윤정진, 좌승화, 이해정, 엄세진(2018). 영유아수학교육의 이해. 창지사.

성연정(2015). 2세 영아의 도구 탐색을 통한 신체활동프로그램 개발 및 효과. 전남대학교 대학원 박사학위논문.

손미애(2010). 수학개념이 포함된 동작활동이 유아의 수학능력 및 수학적 태도에 미치는 영향. 강릉원주대학교 대학원 석사학위논문.

송선아(2012). 협동적 문제해결에 기초한 수학활동이 유아의 공간능력과 수학적 태도에 미치는 효과. 순천향대학교 교육대학원 석사학위논문.

스즈키 마모루(2013). 앞, 옆, 뒤. 뜨인돌어린이.

신승기, 배영권(2015). 에스토니아의 소프트웨어 교육 정책 분석을 통한 교육과정 설계에 대한 시사점 고찰. 정보교육학회논문지, 19(3), 361-372.

신현옥, 김동춘, 이수경, 김영숙(2004). 유아를 위한 수학교육. 교문사.

신혜은, 고태순, 장세희(2017). 유아수학교육. 양서원.

안경숙, 김소향(2015). 영유아수학교육. 양서원.

안노 미쓰마사 글 · 그림(2010). 함께 세어 보아요. 마루벌.

알프 프로이젠 글, 하야시 아키코 그림, 고향옥 옮김(1999). 한 조각, 두 조각, 세 조각.

알프 프로이젠 글 · 그림(2007). 10까지 셀 줄 아는 아기 염소. 한림 출판사.

에드영 글 · 그림, 최순희 옮김(2006). 일곱 마리 눈먼생쥐. 시공주니어.

염지숙(1987). 5, 6, 7세 어린이들의 연역적 추리능력의 발달에 관한 연구. 한국교육문제연구소논문집, 4, 151-164.

유연화, 엄소명, 서정연(2018). 영유아수학교육. 정민사.

유지안(2015). 자연 공간 통합 유아동작활동 실행연구. 강릉원주대학교 대학원 박사학위논문.

윤나리(2014). 협동적 문제해결에 기초한 측정활동이 유아의 수학적 태도와 측정능력에 미치는 영향. 한국교원대학교 대학원 석사학위논문.

윤지혜(2013). 브루너의 발견학습이론과 역할놀이학습을 활용한 교회 교육적 수업모형과 적용. 백석대학교 기독교전문대학원 석사학위논문.

이경우(1985). 유아를 위한 수학교육. 창지사.

이경우, 홍혜경, 신은수, 진명희(1997). 유아 수학교육의 이론과 실제. 창지사.

이경우, 홍혜경, 신은수, 진명희(2000). 유아수학교육의 이론과 실제. 창지사.

이기현(1995). 적목놀이 프로그램이 유아의 수학성취에 미치는 효과. 효성여자학교 대학원 박사학위논문.

이대균(1990). 초등학교 1학년 아동에 대한 소집단 활동중심 교수방법의 적용과 효과. 유아교육연구, 11, 199-219.

이미경. 주형미, 이근호, 이영미, 김영은, 이주연, 김종윤(2016). 21세기 역량 기반 교육과정 개발방향연구 한국교육과정평가-OECD Education 2030-. 한국교육과정평가원.

이상금, 장영희(2003). 유아문학론. 교문사.

이상현, 추성경, 석승희, 김유진, 임은미(2013). 실기교육의 이론과 실제. 양서원.

이숙재, 이봉선, 김경란(2002). 유아미술교육. 창지사.

이시형(2010). 세로토닌하라. 중앙books.

이영애, 유준호(2018). 아동관찰 및 행동연구. 한국방송통신대학교출판문화원.

이은영(2010). 역할놀이를 활용한 유아수학교육 프로그램 구성 및 적용효과. 중앙대학교 대학원 박사학위논문.

이은형(2012). 유아를 위한 자연친화적 수학영역 중심 교육프로그램 개발 및 적용 효과. 중앙대학교 대학원 박사학위논문.

이인학, 박지은, 류관열(2012). 실기교육방법론. 배영사.

이임옥(2002). 동화 들려주기를 통한 수학 활동이 유아의 수학 개념 발달에 미치는 영향. 한국교원대학교 대학원 석사학위논문.

이재민, 김현(2010). 내 사과 누가 먹었지. 노란돼지.

이정욱, 김은정, 이소정(2006). 유아의 공간능력에 관한 연구 동향. 열린유아교육연구, 12(3), 247-273.

이정욱, 유연화(2006). 유아수학교육. 정민사.

이정욱, 유연화(2007). 유아수학교육. 정민사.

이정욱, 유연화(2012). 유아수학교육. 정민사.

이정욱, 임수진, 마혜진, 박진이, 양지애, 이소정(2019). 유아수학교육. 정민사.

이정환, 김지영(1997). 유아교육기관에서의 비형식적 아동 평가의 운영 실태 조사. 한국어린이육영회.

이진희(2019). 부모의 유아수학교육 및 스토리텔링 수학교육에 대한 인식과 가정수학교육 현황. 강릉원주대학교 대학원 석사학위논문.

임부연(2017). 미래사회 준비를 위한 놀이중심 국가수준 유아교육과정 개정방향 모색. 교육혁신연구, 27(4), 59-78.

임주영(2009). 교사의 수학교수 효능감에 따른 유아의 수학적 능력의 차이. 덕성여자대학교 대학원 석사학위논문.

임채식, 임창재, 김의석, 정석환, 김영일(2013). 실기교육방법론. 양서원.

전유정(2012). 소집단 수학토의활동이 유아의 수학능력과 수학태도에 미치는 영향. 아주대학교 교육대학원 석사학위논문.
정솔(2020). 자연물을 활용한 유아 수학교육 활성화를 위한 실행연구. 중앙대학교 교육대학원 석사학위논문.
정연희(2009). 유아수학교육. 창지사.
정원정 글 · 그림(2001). 아기 예수와 숫자 이야기. 몽당연필.
정정희, 백경미, 최효정, 정민영, 홍희주, 정효진(2018). 유아수학교육. 양성원.
조형숙(2005). 수학으로 생각하고 이야기하기. 부산유치원연합회 2005년 유치원교원 직무연수 자료집.
존 버닝햄 글 · 그림, 김원석 옮김(1996). 장바구니. 보림.
존 버닝햄(2009). 비밀파티. 시공주니어.
지성애(2015). 과학과 융합한 유아 미술교수학습 모형 개발 및 효과 분석. 유아교육학논집, 19(6), 337-369.
채영란, 지성애(2008). 유아의 연령에 따른 그리기 표상능력과 인지능력 간의 관계. 유아교육연구, 28(4), 61-82.
채혜경(2005). 유아 수학활동 평가 모형 개발을 위한 기초 연구. 부산대학교 대학원 석사학위논문.
최혜윤(2015). 유아의 신체활동 역량 향상을 위한 협력적 실행연구. 전남대학교 대학원 박사학위논문.
최혜진(2003). 유아수학능력검사 개발 연구. 부산대학교 대학원 박사학위논문.
한국유아교육학회(1996). 유아교육사전. 한구사전연구사.
한유미(2009). 유아수학교육. 창지사.
한유미(2013). 유아수학교육(개정증보). 창지사.
한종화(2003). 탐구중심 유아수학교육 프로그램의 구성 및 적용효과. 중앙대학교 대학원 박사학위논문.
허은미(1999). 복을 타러 간 총각. (주)웅진씽크빅.
홍은주(2006). 유아교육에서의 자연과 자연친화교육. 한국유아교육연구, 3(1), 85-102.
홍은하(2007). 다중지능 이론에 기초한 유아 논리수학(MI-LM) 프로그램이 논리-수학적 지능 및 창의성에 미치는 영향. 숭실대학교 교육대학원 석사학위논문.
홍혜경(1990). 유아의 수 표상능력 발달에 대한 분석과 교육적 활용. 유아교육연구, 19(2), 95-118.
홍혜경(1995). 유아의 수학활동과제를 활용한 평가의 적용에 관한 연구. 유아교육연구, 15(2), 173-191.
홍혜경(2004). 유아수학능력 발달과 교육. 양서원.
홍혜경(2004). 유아-초등 저학년의 연계적 수학교육과정을 위한 기초연구. 유아교육연구, 24(2), 289-310.
홍혜경(2010). 영유아 수학교육의 방향과 과제에 대한 고찰. 한국영유아교원교육학회, 14(4), 29-51.
홍혜경(2010). 영유아를 위한 수학교육. 공동체.
홍혜경(2010). 유아수학능력 발달과 교육(2판). 양서원.

홍혜경(2012). 유아를 위한 수학교육. 공동체.

홍혜경, 이정욱, 정정희(2006). 유아 수학능력검사 도구 개발. 유아교육연구, 26(5), 377-400.

황성숙(2004). 유아의 언어발달을 촉진하는 음악교육 프로그램 개발. 계명대학교 대학원 박사학위논문.

황의명, 조형숙, 서동미(2009). 유아수학교육. 정민사.

황의명, 조형숙, 서동미(2012). 유아수학교육. 정민사.

황의명, 조형숙, 서동미(2017). 유아수학교육. 정민사.

황인주(2015). 현장학습과 연계한 유아수학교육 프로그램 구성 및 적용 효과. 성신여자대학교 대학원 박사학위논문.

황정숙(1996). 유아 수학교육의 효과적 지도: 구체물 조작에 의한 활동중심과 학습지에 의한 교사중심교수방법의 비교 연구. 중앙대학교 대학원 박사학위논문.

황해수(2011). 유아 수학능력 수행평가 체제 개발 및 적용. 신라대학교 대학원 박사학위논문.

황해익(2008). 유아의 수학학습능력에 대한 역동적 평가 도구 개발. 교육평가연구, 21(1), 201-226.

황해익, 송연숙, 이경화, 최혜진, 정혜영, 손원경, 민순영, 남미경, 김남희, 손유진, 이혜은(2004). 유아용 검사편람 I. 정민사.

황해익, 최혜진, 권유선(2014). 아동관찰 및 행동연구. 공동체.

황혜정, 나귀수, 최승현, 박경미, 임재훈, 서동엽(2007). 수학교육학신론. 문음사.

Aiken, L. R. (1970). Attitudes toward mathematics. *Reviews of Educational Research, 40,* 551-596.

Anderson, A. (1997). Families and mathematics: A study of parent-child interaction. *Journal for Research in Mathematics Education*, *28*(4), 484-811.

Apple, D. J. (2000). Clarifying the preschool assessment process: Traditional practices and alternative approaches. *Early childhood Education Journal*, *27*(4), 219-225.

Baroody, A. J. (1987). *Children's mathematical thinking*. NY: Teachers College Press.

Bilton, H. (2010). *Outdoor Play in the Early Years: Management and Innovation* (2nd eds.)., London: David Fulton Publisher framework for preschool. Primary and Special Education Teacher. NY: Teachers College Press.

Bodrova, E. & Leong, D. J. (2010). 정신의 도구: 비고스키 유아교육.(김억환, 박은혜 역) 서울: 이화여자대학교 출판부.(원저 출판연도 2007년).

Bruner, J. S. (1960). 교육의 과정.(이홍우 역). 배영사(원전 출판연도 1960년).

Bruni, J. U. & Seidersteins, R. B. (1990). Geometric concepts and spatial sense. In J. Payne(Ed.), *Mathematics for the child*. Reston, VA: NCTM.

Bryant, P. (1982). The role of conflict and agreement between intellectual strategies in children's idea about measurement. *British Journal of Psychology*, *73*, 242-251.

Carpenter, Carey & Kouba. (1990). A problem solving approach to the operations. In J. N. Payne(ed.), *Mathematics for the young child.* (pp. 111-131). Reston, VA: National Council of Teachers of Mathematics.

Case, R. (1985). *Intellectual development: Birth to adulthood.* Orlando, FL: Academic.

Catron, Carol E. & Allen, Jan. (1999). *Early Childhood Curriculum*, (2nd ed.), Merrill/Prentice Hall; N. J.

Charlesworth, R. (2000). *Experiences in math for young children.* (4th ed.), Stanford. CT: Delmar Thompson Learning.

Clements, D. H. (2004). *Geometric and spatial thinking in the early childhood education.* In D. H. Clements & J. Sarama (eds.), *Engaging young children in mathematics: Standards for early childhood mathematics education* (pp. 267-297). Mhawah, NJ: Lawrence Erlbaum Associate, Pub.

Copley, J. V. (2000). *The Young Child and Mathematics.* Washington, DC: NAEYC.

Del Grande, J. J. (1990). Firms train valued workers. *Arithmetics Teacher*, *37*(6), 14-20.

DeVries, R. & Kolberg, L. (1987). *Constructivist early education: Overview and comparison with other program.* DC: NAEYC.

Ernest, P. (2006). 수학교육철학[The philosophy of mathematics education]. (이중권, 강문봉, 백석윤, 장혜윤, 황우형 역). 경문사(원저 출판연도 1991년).

Feiler, R. (2004). Early childhood mathematics instruction: Seeing the opportunities among the challenges. In D. H. Clements & J. Sarama (Eds.). *Engaging young children in mathematics: Standards for early childhood mathematics education.* Mahwah, NJ: Lawrence Erlbaum Associates.

Fleege, P. (1997). *Assessment in an integrated curriculum and developmentally appropriate practice: Birth to age eight.* New York: State University to New York Press.

Geist, E. A. (2009). Children are born mathematicians: Supporting mathematical development, birth to age 8. *Upper Saddle River*, NJ: Pearson.

Geist, E. A. (2010). The Anti-Anxiety Curriculum: Combating Math Anxiety in the Classroom. *Journal of Instructional Psychology*, *37*(1), 24-31.

Genkins, E. F. (1975). The concept of bilateral symmetry in young children. In M. F. National Council of Teachers of Mathematics, NCTM. (1989). *Curriculum and evaluation standards for school mathematics.* Reston, VA: Author.

Ginsberg, H. P. (2006). Mathematics play and playful mathematics: A guide for early education. In

Dorothy G. S, Roberta M. G, & Kathy Hirsh-Pasek (Eds.), *Play learning: How play motivates and enhances children's cognitive and social-emotional growth*(pp. 145-165). NY: Oxford University Press.

Goodwin, W. L. & Driscoll, L. A. (1980). *Handbook for measurement and evaluation in early childhood education*. San Francisco: Jossey-Bass.

Greenberg, M. (1979). Your children need music, Englewood Cliffs, NJ: Prentice Hall. A guide for early education. In Dorothy G. S, Roberta M. G, & Kathy Hirsh-Pasek (Eds.), *Play learning: How play motivates and enhances children's cognitive and social-emotional growth* (pp. 145-165). NY: Oxford University Press.

Irvin, D. M. & Bushnell, M. M. (1980). *Observational strategies for child, study*. New York: Holt, Rinehart and Winstorn.

Kennedy, L. M. & Tipps, S. (2000). *Guiding children's learning of mathematics*. Belmont, CA: Wadsworth.

Klibanoff, R, S., Levine, S, C., Huttenlocher, J., Vasilyeva, M. & Hedges, L, V.(2006). Preschool Children's Mathematical Knowledge: The Effect of Teacher "Math Talk". *Developmental Psychology*, *42*(1), 59-69.

Kontos, S. & Wilcox-Herzog, A. (1997). Influences on children's competence on early childhood classrooms. *Early Childhood Research Quarterly*, *12*(3), 247-262.

McAfee, I. & Leong, D. J. (2002). *Assessing and guiding young children's development and learning*. Boston, MA: Allyn & Bacon.

McClure, E. R., Guernsey, L., Clements, D. H., Bales, S. N., Nichols, J., Kendall-Taylor, N. & Levine, M. H. (2017). STEM Starts Early: Grounding Science, Technology, Engineering, and Math Education in Early Childhood. In Joan Ganz Cooney Center at Sesame Workshop. *Joan Ganz Cooney Center at Sesame Workshop*. 1900 Broadway, New York, NY 10023.

NAEYC & NCTM. (2002). *Early childhood mathematics promoting good beginning. position statement*: http://www.naeyc.org/resource/position Department statement.

National Council of Teachers of Mathematics, NCTM. (1989). *Curriculum and evaluation standards for school mathematics*. Reston, VA: Author.

National Council Teachers of Mathematics. (1992). *Professional standards for theaching mathematics*. Reston, VA: NCTM.

National Council Teachers of Mathematics. (1995). *Assessment standards for school mathematics*. Reston, VA: NCTM.

National Council Teachers of Mathematics. (2000). *Principles and standards for school mathematics*.

Reston, VA: NCTM.

NCTM. (1989). *Curriculum and evaluation standards for school mathematics.* Reston, VA: The National Council of Teacher of Mathematics, Inc.

NCTM. (2000). *Principles and standards for school mathematics*. Reston, VA: NCTM.

NCTM. (2002). Eager to learn: Education our preschoolers. Washington DC: National Academy of Sciences.

NCTM. (2006). *Curriculum focal points and connection for pre-kindergarten*. Reston, VA: National Council of Teachers of Mathematics.

NCTM. (2007). 학교수학을 위한 원리와 규준(Principles and Standards for School Mathematics, 류희찬, 조완영, 이경화, 나귀수, 김남균, 방정숙 역). 서울: 경문사.(원저 출판연도 2007년).

Nodelman, P. (2001). 어린이 문학의 즐거움. 김서정 역. 서울: 시공사.

Piaget, J. (1954). *The construction of reality in the child*. New York: Basic Books.

Piaget, J. (1965). *The moral judgment of the child*. New York: Free Press. (Original work published 1932).

Piaget, J. & Inhelder, B. (1971). *Mental imagery in the child*. New York: Basic Books.

Piaget, J. & Inhelder, B. (1975). *The origin of the idea of chance in children*. London Routledge & Kegan Paul.

Piaget, J. & Inhelder, B. (1967). *The child's conception of space.* F. J. Langdon & J. L. Lunzer, Trans. New-York: Norton.

Piaget, J., Inhelder, B. & Szeminska, A. (1960). *The child's conception of geometry*. New York: Norton.

Rosser et al., Ensing, S. S., Glider, P. J. & Lane, S. (1984). An information-processing analysis of children's accuracy in prediction appearance of rotated stimuli. *Child Development, 55*, 2204-2211.

Rosskopf(Ed.), *Children's Mathematical Concept: Six Piagetian Studies in Mathematics Education* (pp. 5-43). NY: Teacher College Press.

Rowan, T., Mumme, J. & Shepherd, N. (1990). Communicating in mathematics. *Arithmetic Teacher*, *38*(1), 18-22.

Schilling, W. A. (2002). Mathematics, music, and movement: Exploring concepts and connections. *Early Childhood Education Journal*, *29*(3), 179-184.

Shaw, J. M. & Blake, S. S. (1998). Assessment and evaluation. In J. M. Shaw & S. S. Blake (Eds.), *Mathematics for young children*. Upper Saddle River, NJ: Merrill Prentice-Hall.

Smith, S. P. (1997). *Early Childhood Mathematics*. Needham Heights, MA: Allyn and Bacon.

Smith, S. S. (2000). *Early childhood mathematics* (4th ed.). Boston, MA: Allyn and Bacon.

Spodek, B. & Saracho, O. (1990). Early childhood curriculum construction and classroom practice. *Early Child Development and Care*, *61*, 1-10.

Vygotsky, L. S. (1978). *Mind in Society*. Cambridge, MA: Harvard University.

Ward, C. S. (1993). *Development versus academic mathematics education: Effects on problem-solving performance and attitude toward mathematics in Kindergarten*. Doctoral Dissertation, Peabody College for Teachers of Vanderbilt University.

Wellhousen, K. & Kieff, J., A. (2001). *Constructivist approach to Block Play in the early childhood*. New York: Delmar.

Wilson. R. A. (1995). Nature and young children: A natural connection. *Young Children*, *50*(6), 4-11.

Wood, T. & Turner-Vorbeck, T. (2001). Extending the conception of mathematics teaching. In T. Wood, B. S. Nelson, & J. Warfield (Eds.). *Beyond classical pedagogy: Teaching elementary school mathematics*. Mahwah, NJ: Lawrence Erlbaum Associates.

Wortham, S. C. (2001). *Assessment in early childhood education*. Upper Saddle River, NJ: Merrill/Prentice Hall.

Wynn, K. (2000). Findings of addition and subtraction in infants are robust and consistent: Reply to Wake Langer. *Child Development*, *71*(6), 1535-1536.

찾아보기

인 명

내 용

ㄱ

ㄴ

ㄷ

ㅁ

ㅂ

ㅅ

저 / 자 / 소 / 개

■ **김이영**

계명대학교 대학원 심리학박사(임상 및 상담심리 전공)

현, 수성대학교 유아교육과 교수

〈논문 및 저서〉 영유아발달, 정신건강론, 교육심리학 외 다수

■ **김경림**

강원대학교 대학원 교육학박사(유아교육 전공)

현, 경북전문대학교 사회복지학과 겸임교수

〈논문 및 저서〉 부모양육역량 외 다수

■ **김경아**

강원대학교 대학원 교육학박사 수료(유아교육 전공)

현, 어린이집 원장

〈논문 및 저서〉 영유아의 어린이집 적응 프로그램 효과에 대한 메타분석

숲 유치원 관련 연구의 연구방법 동향 분석

문학활동이 유아의 사회·정서발달에 미치는 효과 분석 외 다수

■ **남궁선혜**

이화여자대학교 대학원 문학박사(유아교육학 전공)

현, 대전보건대학교 유아교육과 교수

〈논문 및 저서〉 유아창의성교육의실제, 유아교육과정, 보육교사인성론 외 다수

■ 박병기

공주대학교 교육대학원 교육학석사(유아특수교육 전공)

현, 대덕대학교부속유치원장

　 대덕대학교 유아교육과 겸임교수

〈논문 및 저서〉 장애영 · 유아의 사회적 지원체계에 대한 부모의 인식 및 만족도 외 다수

■ 박상아

이화여자대학교 대학원 문학석사(유아교육 전공)

현, 한서대학교 보건상담복지학과 강사

〈논문 및 저서〉 유치원 만5세 유아들의 또래갈등에 관한 질적연구 외 다수

■ 원혜경

덕성여자대학교 대학원 교육학박사(유아교육학 전공)

현, 강동대학교 유아교육과 교수

〈논문 및 저서〉 영아발달, 유아발달, 영유아발달 외 다수

■ 윤미경

강원대학교 교육학박사 수료(유아교육 전공)

전, 경북전문대학교 사회복지학과 겸임교수

〈논문 및 저서〉 보육교사의 유아과학교육 외 다수

유아수학교육

1판 1쇄 인쇄 — 2020년 8월 3일
1판 1쇄 발행 — 2020년 8월 7일

저　　자 - 김이영 김경림 김경아 남궁선혜 박병기 박상아 원혜경 윤미경

발 행 인 - 강철원
발 행 처 - 양성원
주　　소 - 경기도 파주시 검산로 173번길 29-20
전　　화 - 031-946-3861(代)
팩　　스 - 031-946-3864
이 메 일 - tnwpub@naver.com
홈페이지 - tnwpub.co.kr
출판등록 - 2015년 8월 31일 제 2015-000211 호

ISBN 979-11-6126-293-2

정가 20,000원